계명교양총서 43

사기정선

사마천 지음 ● 제해성 역주

계명대학교출판부

태사공(太史公) 사마천(司馬遷) 소상(塑像)

사마천사(司馬遷祠)
중국(中國) 섬서성(陝西省) 한성시(韓城市) 교외

사마천묘(司馬遷墓)
중국(中國) 섬서성(陝西省) 한성시(韓城市) 교외

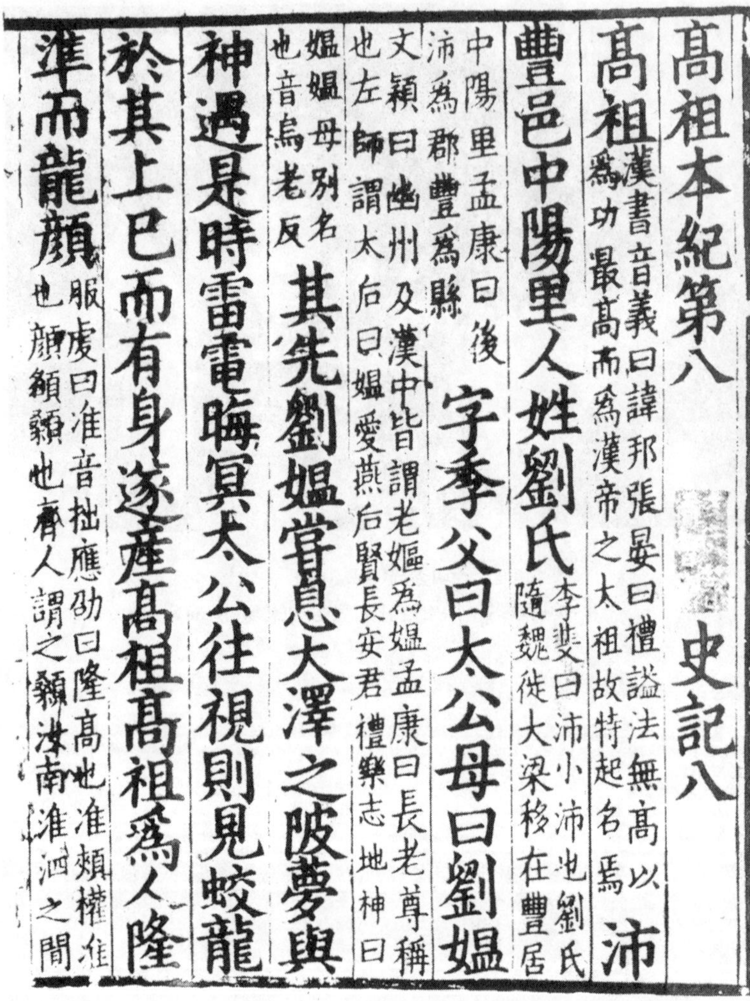

高祖本紀第八　史記八

高祖漢書音義曰諱邦張晏曰禮謚法無高以爲功最高而爲漢帝之太祖故特起名焉沛豐邑中陽里人姓劉氏李斐曰沛小沛也劉氏隨魏徙大梁移在豐居中陽里孟康曰後沛爲郡豐爲縣字季父曰太公母曰劉媪文穎曰幽州及漢中皆謂老嫗爲媪孟康曰長老尊稱也左師謂太后曰媪愛燕后賢長安君禮樂志地神曰媪媪母別名也音烏老反其先劉媪嘗息大澤之陂夢與神遇是時雷電晦冥太公往視則見蛟龍於其上已而有身遂產高祖高祖爲人隆準而龍顏服虔曰准音拙應劭曰隆高也准頰權准也顏額顙也齊人謂之顙汝南淮泗之間

송(宋) 소흥(紹興) 회남로(淮南路)

전운사(轉運司) 각본(刻本) 『사기(史記)』

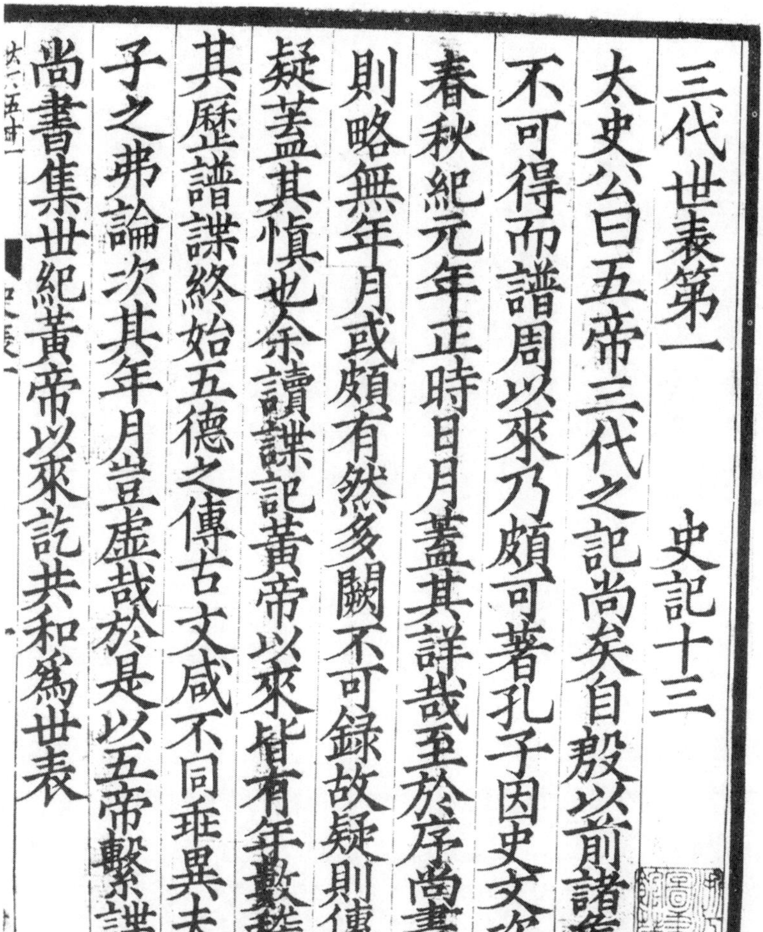
三代世表第一　史記十三
太史公曰五帝三代之記尚矣自殷以前諸侯
不可得而譜周以來乃頗可著孔子因史文次
春秋紀元年正時日月蓋其詳哉至於序尚書
則略無年月或頗有然多闕不可錄故疑則傳
疑蓋其慎也余讀諜記黃帝以來皆有年數稽
其歷譜諜終始五德之傳古文咸不同乖異夫
子之弗論次其年月豈虛哉於是以五帝繫諜
尚書集世紀黃帝以來訖共和爲世表

송(宋) 촉각(蜀刻) 대자본(大字本) 『사기(史記)』

머 리 말

『사기(史記)』는 기원전 1세기경 중국 전한(前漢)의 태사공(太史公) 사마천(司馬遷)이 편찬한 중국 최초의 정사(正史)이다. 오제(五帝)로부터 한(漢)의 무제(武帝)에 이르기까지 2,500여 년의 중국의 역사와 그 주변 민족의 역사를 기록한 고전이라는 점에서 오늘을 사는 현대인의 흥미를 끌뿐 아니라, 기전체(紀傳體)라는 새로운 역사 서술 방법을 창안하여 역사서의 동양적인 원형을 이루게 되었다는 점에서도 관심의 대상이 아닐 수 없다. 저자 사마천은 궁형(宮刑)이라는 치욕적인 거세(去勢) 형벌을 받아 입은 상처와 이로 인한 불효자의 오명을 부친의 유언인 『사기』의 완성에 전력투구함으로써 중국 최초의 일대 장편 서사시(敍事詩)를 탄생시켰다. 전체 130권의 방대한 역사 기록 속에는 그의 인간주의적인 인생관과 역사관에 의한 인간세계가 생생하게 그려져 있다. 중국 최초의 체계적인 사서를 편찬한 목적을 저자는 「임안에게 보내는 편지(報任少卿書)」에서 "하늘과 인간의 관계를 구명하고 고금의 변화를 관통하는 원리를 밝혀 스스로 독자적인 이론과 체계를 이루려는 것(究天人之際, 通古今之變, 成一家之言)"이라고 분명히 밝히고 있다. 그는 한 시대의 지식인으로서 죽음을 무릅쓰고 자신이 옳다고 생각하는 일에 대해서 당당히 의견을 내세웠으며,

자신의 어려운 현실과 울분 및 하늘에 대한 의구심을 역사 서술을 통해서 해결하였다. 사마천은 단지 현실 속에서의 굴욕에 패배하지 않고 자신의 역사 서술이 미래에 분명 긍정적으로 평가받을 것을 확신하고 자신의 목표를 실천하였다. 그 결과 궁형이라는 신체적, 정신적 고통을 완전히 극복하고 중국인 최초로 정사를 저술한 위대한 역사가로 청사에 길이 빛나게 되었다. 이처럼 『사기』는 당대의 역사를 후세에 올바로 전하겠다는 역사가로서의 사명감과 자긍심으로 충만한 사마천이 남긴 불후의 명작이다.

『사기』가 세상에 나온 지 2,150년이 지난 오늘날에도 여전히 사람들에게 많이 읽히고 또 흥미를 주는 것은 과연 무엇 때문인가? 첫째, 그것은 『사기』가 정통 사서이면서도 인간의 활동을 중심으로 역대 왕조의 흥망성쇠와 중대 사건의 전개과정을 서술함으로써 역사 인물의 전기를 통해 한 시대의 인간을 탐구하는 인간학의 교과서 같은 역할을 해왔기 때문이다. 『사기』는 중국 역사 속의 격동기를 살았던 온갖 유형의 인물과 다양하고 복잡한 인간관계를 설명한 책으로서, 역사적 사실의 충실한 기초 위에서 각기 다른 계급과 계층의 역사적 인물들의 서로 다른 모습을 성공적으로 묘사하였으며, 광활한 사회생활의 면면을 펼쳐 보임으로써 역사에 대한 작가의 수준 높은 개괄력과 탁월한 식견을 보여주었다.

둘째, 일반 독자들에게 중국 사서로만 알려져 있는 『사기』는 사실상 문학작품으로서도 전혀 손색이 없기 때문이다. 『사기』는 역사적 사실의 기록이면서도 한 천재적 작가의 예술적 창조물인 것이다. 그래서 근·현대 중국의 문단을 대표하는 대문호 노신(魯迅)은 이를 두고 "역사학자의 절창이요, 운율이 없는 「이소」(史家之絶唱, 無韻之「離騷」)"라고 찬탄한 바 있다. 『사기』는 중국 산문의 발전 과정에서 선진(先秦)시기 산문의 성과를 집대성하여 중국 고문의 전형을 마련한 빼어난 역사 산문 작품이며, 같은 문장이라도 읽는 사람의 소양과 처한 상황에 따라 달리 읽히고 해석되는 훌륭한 고전이다. 사마천이 중국 최초로 기전체라는 인물 중심의 역사 서술 방식을 채택하여 중요 역사 인물을 생동적으로 묘사하였기 때문에 중국 문학사에서 『사기』는 '전기문학(傳記文學)'의 효시로 평가받고 있다. 사마천에 의해 묘사된 역사 인물의 전기는 선명한 개성, 생동감 넘치는 이야기, 희극 색채를 띤 갈등, 생생한 목소리와 다를 바 없는 대화, 예상을 뛰어넘는 편장의 구도 등을 두루 갖춤으로써 독립적 문학 가치를 갖고 있을 뿐만 아니라 영원한 예술적 생명력을 획득할 수 있었다. 창조성 넘치는 사마천의 문학적 실천은 이후의 중국 소설 창작과 희극 창작에도 훌륭한 귀감이 되는데, 특히 후세의 고문가들은 『사기』의 창작 방법(제재 선택, 형식 체제, 서사 기교, 인물 묘사, 환경 묘사, 심미 사상

등)과 언어 사용의 스타일로부터 많은 도움을 얻었다.

셋째, 사마천은 절대적 권력 앞에서 양심을 굽히지 않은 죄로 궁형에 처해졌던 비극적 인물이었으며, 그런 비극을 『사기』의 저술로 승화시킨 정신은 그 이후 암울한 시대의 많은 인물들의 정신적 지주가 되었기 때문이다. 현실의 부정부패를 과감히 비판하고 정의와 의리를 찬송하는 내용은 사마천 『사기』 이후의 그 어느 중국 사서에서도 찾아보기 힘들다. 이외에도 사마천은 자신의 불행한 처지를 되뇌며 인류의 보편적 과제인 인간의 운명에 대해서도 심도 있게 탐구하였기에 우리는 『사기』를 읽으며 인생의 의미, 처세의 방법, 인간관계 등에 대해서도 깊이 사색하게 된다. 단 한 권의 책이 문학 · 사학 · 철학을 두루 포괄하는 것도 어렵지만, 그 속에서 강자의 부당한 핍박에 대해 강도 높게 비판하고 그와 동시에 약자에 대한 인간적인 동정심을 진하게 표현했기 때문에 『사기』가 오늘날까지도 인류 전체의 고전으로 평가받고 있는 것이다.

본서는 『사기』의 일부분을 역주한 것으로서 책이름을 『사기정선(史記精選)』이라 하였지만, 우리 대학의 '교양총서'인 점을 감안하여 독자의 수준에 맞추고자 가려 뽑은 원문을 가급적 직역하고, 인명과 지명 등 보충 설명이 필요한 부분에는 상세한 주석을 달았다. 또 해설을 통해 저자 사마천의 생애와 『사기』의 편찬과 완성 및 그 구성과 내용을 간결하게 정리하여 『사기』 전서(全書)의 면모를 파악할 수 있도록 하였다. 아울러 독자의 이해를 돕고자 「사마천과 『사기』 관련 중요 사건 연보」와 「서주(西周)-춘추(春秋)-전국(戰國)-진(秦)-서한(西漢)시기 전도(全圖)」를 책 끝에 부록으로 제시하였다.

'교양총서'가 요구하는 분량을 감안하여 책을 만들다 보니 130편이나 되는 방대한 원서의 일부 문장만 가려 뽑아야 하는 제약이 따랐다. 그 결과 많은 분량의 원문을 통하여 다양한 역사 인물의 활동을 소개하지는 못했지만, 최대한 역사적 의의가 있으며 내용도 재미있는 역사 인물들의 전기를 정선하려고 하였다. '본기'에서는 한고조(漢高祖) 유방(劉邦)과 패권을 다툰 서초패왕(西楚霸王) 항우(項羽)의 사적을 기록한 「항우본기」 1편을 뽑아 역주하였다. '세가'에서는 중국 최고의 성인(聖人)인 공자(孔子)의 일대기를 기록한 「공자세가(孔子世家)」와 초한전(楚漢戰)에서 한고조 유방의 참모로 활약한 개국공신 유후(留侯) 장량(張良)의 사적을 기록한 「유후세가」 2편을 뽑아 역주하였다. '열전'에서는 고죽국(孤竹國)의 공자(公子)인 백이(伯夷)와 숙제(叔齊)의 인품을 기록한 「백이열전」, 초평왕(楚平王)이 부친과 형을 죽이자 복수하기 위해 오나라로 망명하였다가 오왕(吳王) 합려(闔閭)에게 등용되어 손무(孫武)와 함께 초나라를 무찌른 오자서(伍子胥)의 사적을 기록한 「오자서열전」, 제(齊)나라 왕족으로 평소 3천 명의 식객(食客)을 두었으며 계명구도(鷄鳴狗盜)의 고사로 유명한 전국시대 사공자(四公子)의 한 사람인 맹상군(孟嘗君) 전문(田文)의 사적을 기록한 「맹상군열전」, 초나라 회왕(懷王) 때 관리를 지냈으나 혼탁한 세상을 한탄하여 「회사(懷沙)」의 부(賦)를 짓고 멱라강(汨羅江)에 몸을 던져 자살한 애국 시인 굴원(屈原)과, 굴원이 죽은 지 100년이 지나 상수(湘水)에서 부를 지어 굴원을 추모하였으며 평소 높은 식견으로 나라를 위해 충성을 다했으나 여의치 않아 슬픔 속에 죽었던 가생(賈生)의 사적을 기록한 「굴원가생열전」, 춘추전국시대의 다섯 명의 자객(刺客)인 조말(曹沫), 전제(專諸), 예양(豫讓), 섭정(聶政), 형가(荊軻)의 전기를 기록한 「자객열전」 등 모두 5편을 뽑아 역주하였다. 역주할 때 참고한 원문의 단락 구분은 '二十四史標點本 『史記』(北京中華書局, 1990年版)'와 '韓兆琦 編著 『史記箋證』(江西人民出版社, 2005年版)'을 저본(底本)으로 삼았다.

오늘날 취업률의 고저로 대학 교육의 질을 평가하는 세상에서 대학의 본질과 사명인 학문 연구와 전수만을 운운한다면 시대상황을 제대로 인식하지 못하는 후진형 교수로 낙인찍힐지 모르겠으나, 학문은 인간이 인간을 위해서 하는 것이기에 우리 인간에게 무엇이 가장 소중한 것인가를 모르고서는 학문을 할 근거가 성립되지 않는다고 꼭 말하고 싶다. 과학이 급속도로 발달하고 사회가 갈수록 복잡다단해지기 때문에 지금 우리 눈앞에 닥친 현실적인 문제를 분석하고 연구하는 것도 대학 교육의 절실한 당면과제이겠지만, 그보다 먼저 동서양의 선현들이 유구한 역사 속에서 이룩한 위대한 인생의 통찰인 고전을 읽지 않고서는 이런 현실적인 문제를 정확하게 분석하고 냉철하게 연구할 수 없을 것이다. 중국과 같은 한자문화권(漢字文化圈)에 속한 우리나라의 대학생들이 중국 최초의 정사인 동시에 위대한 전기문학 작품으로 평가받는 『사기』의 일부분이나마 읽고서 그 저자 사마천과의 소중한 만남을 통하여 상실된 인간성을 회복하고 실추된 인문정신을 고취하여 자신의 미래에 대한 이상을 가질 수 있는 계기를 마련한다면 역주자로서는 그나마 다행이라고 생각한다.

2006년 12월
대구 성서에서
제 해 성

제1장 본기本紀

항우본기項羽本紀

항적(項籍)은 하상(下相)[1] 사람으로 자는 우(羽)라고 하며, 처음에 군대를 일으켰을 때 나이가 24세였다. 그의 계부(季父)[2]는 항량(項梁)이며, 항량의 부친은 초(楚)나라의 장수 항연(項燕)으로 진(秦)나라의 장수 왕전(王翦)에게 죽임을 당한 사람이다. 항씨는 대대로 초나라의 장수로서 항국(項國)[3]의 제후로 봉해졌으므로 성을 항씨(項氏)로 하였다.

항적은 어렸을 때 글을 배웠으나 제대로 익히지 못한 채 검술을 배웠는데, 이 또한 다 마치지 못하였다. 항량이 노하여 꾸짖자 항적은 대답

---

1) 하상: 패국(沛國)의 상현(相縣) 하류를 하상현이라고 하며, 상은 패국에서 시작하는 물 이름.

2) 계부: 아버지의 작은 동생. 형제간의 서열은 백(伯), 중(仲), 숙(叔), 계(季)로 나타낸다.

3) 항국: 지금의 하남성(河南省) 심구현(沈丘縣)에 위치한 춘추시대(春秋時代)의 나라 이름.

하였다. "글은 성명을 기록하는 것으로 족할 뿐이며, 검술은 한 사람만을 대적할 뿐으로 배울 만하지 못하니, 만인을 대적하는 일(병법)을 배우겠습니다."

그래서 항량은 항적에게 병법을 가르치니 항적은 크게 기뻐하였으나 대략 그 뜻만을 이해하고는 또한 끝까지 배우려 하지 않았다. 항량은 일찍이 역양현(櫟陽縣)[4]에 갇힌 적이 있었는데, 기현(蘄縣)의 옥관(獄官)인 조구(曹咎)에게 부탁하여 역양의 옥관인 사마흔(司馬欣)에게 서신을 보내도록 함으로써 일을 무사히 마무리할 수가 있었다. 항량은 사람을 죽이고 항적과 함께 원수를 피해서 오중현(吳中縣)[5]으로 갔는데, 오중의 현명한 인재들은 모두 항량의 밑에서 나왔다. 오중에 큰 역사(役事)와 상사(喪事)가 있을 때마다 항량은 항상 주관하여 일처리를 하였는데, 은밀히 병법을 사용해서 빈객과 젊은이들을 배치하고 조직함으로써 그들의 재능을 알아두었다. 진시황(秦始皇)이 회계산(會稽山)[6]을 유람하고 절강(浙江)을 건너는데, 항량과 항적이 함께 그 행차 모습을 지켜보았다. 항적이 말하였다. "저 사람의 자리를 내가 대신할 수 있으리라!"

항량이 그 입을 손으로 막으며 말하였다. "경망스러운 말을 하지 말라. 삼족(三族)[7]이 멸하게 된다!"

그러나 항량은 이 일로 인하여 항적을 범상치 않은 재목이라고 여기

4) 역양현: 진(秦)나라의 현 이름. 지금의 섬서성(陝西省) 임동(臨潼) 북쪽.
5) 오중현: 지금의 강소성(江蘇省) 소주시(蘇州市).
6) 회계산: 지금의 절강성(浙江省) 소흥현(紹興縣) 동남쪽.
7) 삼족: 부모, 형제, 처자 또는 부족(父族), 모족(母族), 처족(妻族)을 말한다.

게 되었다. 항적은 키가 여덟 자(尺)가 넘고 힘은 커다란 청동 솥(鼎)을 들어올릴 만했으며, 재주와 기개도 범상치 않아 오중의 자제들조차도 모두 이미 항적을 두려워하였다.

진이세(秦二世)[8] 원년 7월, 진섭(陳涉) 등이 대택(大澤[9])에서 군대를 일으켰다. 그 해 9월 회계(會稽)[10]의 군수 은통(殷通)이 항량에게 제의하였다. "강서(江西)[11] 지역은 모두가 반란을 꾀했으니, 이는 또한 하늘이 진(秦)을 멸망시키려는 때가 온 것이오. 내가 듣기에 먼저 하면 남을 제압하나 나중에 하면 남에게 제압을 당한다고 하니, 나는 군대를 일으켜 그대와 환초(桓楚)를 장수로 삼고자 하오."

이때에 환초는 택중(澤中)에 도망하여 있던 터라, 항량은 군수에게 말하였다. "환초는 도망하여 그가 있는 곳을 아는 자가 없는데, 오직 항적만이 그곳을 알고 있습니다."

항량은 즉시 밖으로 나와 항적에게 검을 가지고 처소 밖에서 기다리도록 분부하였다. 그리고 항량은 다시 들어가 군수와 대좌하여 말하였다. "청컨대 항적을 부르시어 환초를 불러오라는 명을 받들게 하십시오."

---

8) 진이세: 진시황(秦始皇)이 죽자 환관(宦官) 조고(趙高)와 승상(丞相) 이사(李斯)가 모의하여 황제로 세운 시황의 막내아들 호해(胡亥).

9) 대택: 기현(蘄縣)에 속한 향(鄕)으로 지금의 안휘성(安徽省) 숙현(宿縣) 동남쪽.

10) 회계: 지금의 강소성 남부, 절강성 대부분, 안휘성 남부를 직할지로 하는 군(郡) 이름으로, 군수부(郡守府)는 오현(吳縣).

11) 강서: 장강(長江) 이북지역의 통칭. 장강의 강남지역은 강동(江東), 강북지역은 강서(江西)라고 부른다.

군수가 "그렇게 하시오!"라고 하니, 항량이 항적을 불러들였다. 잠시 후, 항량이 항적에게 눈짓을 하여 "행동할 때다!"라고 말하자, 항적은 마침내 검을 뽑아서 군수의 머리를 베었다. 항량이 군수의 머리를 들고 그 도장과 도장을 매는 끈(印綬)을 차니, 군수의 문하들은 크게 놀라서 소란스러운 와중에, 항적이 쳐 죽인 사람은 수십에서 100명에 가까웠다. 이리하여 군수부(郡守府) 안의 사람들이 모두 놀라서 땅에 엎드리고는 감히 일어나지를 못했다. 그리하여 항량은 이전에 알던 세력 있는 관리들을 불러서 대사를 일으킨 바를 설명하였다. 마침내 오중에서 군대를 일으켜 수하를 보내어 관할 현을 거두고 정예군 8천 명을 얻었다. 항량은 오중의 호걸들을 각각 교위(校尉), 후(候), 사마(司馬) 등의 직위에 임명했다. 그때 등용되지 못한 한 사람이 항량에게 불평하자, 항량은 그 이유를 설명하였다. "이전에 그대에게 어떤 사람의 상사(喪事)에 일을 맡겨 보았는데, 그때 일을 잘 처리하지 못했기 때문에 그대를 임용하지 않았다."

이에 모든 사람들이 탄복하였다. 그리하여 항량은 회계군의 군수가 되고 항적은 부장(副將)이 되어 관할 현들을 다스렸다.

광릉(廣陵)[12] 사람 소평(召平)이 진왕 진섭(陳涉)을 위해 광릉을 빼앗으려고 하였으나 함락시키지 못하였다. 진왕이 이미 패하여 도망가고 또한 진의 군사가 장차 자기를 공격해 올 것이라는 소문을 듣고는 이내 강을 건너서 진왕의 명을 사칭하여 항량을 초왕(楚王) 상주국(上柱國)[13]으로 봉하고는 말하였다. "강동(江東)은 이미 평정되었으니 급히

---

12) 광릉: 지금의 강소성 양주시(揚州市)에 현성(縣城)을 둔 현.

13) 상주국: 초나라의 상경(上卿)으로 상국(相國)에 상당하는 명예직.

군대를 이끌고 강서(江西)로 가서 진나라를 쳐라."

항량은 이내 8천 명의 군사를 이끌고 강을 건너서 서쪽으로 갔다. 그런데 진영(陳嬰)이 이미 동양(東陽)[14]을 함락시켰다는 소식을 듣고는 사신을 보내어 연합하여 함께 서쪽으로 진격하려고 하였다. 진영은 본래 동양의 영사(令史)[15]로 현에 살았는데, 평소에 신의가 있고 매사에 신중하여 후덕하고 덕망이 높은 어른(長者)으로 칭해졌다. 동양현의 젊은이들이 그 현령을 죽이고 수천 명이 모여서 수장을 모시고자 하였으나 마땅한 사람이 없자 이내 진영에게 청하였다. 진영은 맡을 수 없다고 사양하였으나 사람들은 결국 억지로 진영을 수장으로 삼으니, 현에서 그를 따르는 자가 2만 명이 되었다. 그런데 젊은이들은 진영을 왕으로 세우고자 하여 따로 푸른 천의 모자를 쓴 창두군(蒼頭軍)을 만들어 다른 군대와 구별하고 특별히 궐기한 뜻을 나타내었다. 진영의 모친이 진영에게 충고하였다. "내가 너희 가문으로 시집 온 이래 이제껏 너의 조상 중에 귀하게 된 사람이 있었다는 것을 들어보지 못했다. 그런데 지금 갑자기 네가 왕명을 얻는다는 것은 상서로운 일이 못 된다. 이는 차라리 남의 밑에 있는 것보다 못한데, 거사가 성공하면 후(侯)에 봉해질 수 있고 거사가 실패했을 경우라도 쉽게 도망갈 수 있으니 이는 네가 세상 사람들이 지목하는 사람이 아니기 때문이다."

그래서 진영은 감히 왕이 되지 못하고, 그 군관들에게 의견을 말하였다. "항씨는 대대로 장수의 집안이며 초나라에서도 명망이 높소. 그러니 지금 대사를 일으키고자 함에 그 사람이 아니면 안 될 것이오.

---

14) 동양: 지금의 강소성 우이현(盱眙縣) 동남쪽에 있었던 현 이름.

15) 영사: 현령(縣令) 휘하의 관리.

우리가 명문세족에 의탁하면 진의 멸망은 틀림없을 것이오."

이리하여 여러 군사들이 그의 말을 따라서 자신의 병졸들을 데리고 항량의 휘하에 들어갔다. 항량이 회수(淮水)[16]를 건너자 경포(黥布)[17]와 포장군(蒲將軍) 또한 군대를 이끌고 휘하에 드니, 무릇 6, 7만 명의 군대가 하비(下邳)[18]에 진을 쳤다.

이때 진가(秦嘉)가 이미 경구(景駒)를 초나라 왕으로 세우고, 팽성(彭城)[19] 동쪽에 진을 치고서 항량의 군대를 막으려고 하였다. 항량이 군관들에게 말하였다. "진왕(陳王)이 제일 먼저 봉기하였으나 전세는 불리하게 되고 지금은 소재조차 알 길이 없다. 그런데 지금 진가가 진왕을 배반하고 경구를 왕으로 세웠으니 이는 대역무도(大逆無道)한 일이다."

항량은 즉시 진군하여 진가를 공격하였다. 진가의 군대가 패하여 도망가게 되자 항량은 그들을 호릉(胡陵)[20]까지 추격하였다. 반격하던 진가가 하루 싸우고 죽자 그의 군대는 투항하였고, 경구는 양(梁)[21] 지역으로 달아나서 그곳에서 죽었다. 항량은 진가의 군대를 병합하고 나서 호릉에 진을 치고는 장차 군대를 이끌고 서쪽으로 진격하려고 하였다. 장함(章邯)의 군대가 율현(栗縣)[22]에 이르니 항량은 별장(別將)[23] 주계석

---

16) 회수: 하남성 동백산(桐柏山)에서 발원하여 안휘성, 강소성을 거쳐서 황하(黃河)로 흘러 들어가는 강.

17) 경포: 영포(英布). 이마에 먹으로 글자를 새기는 형벌인 경형(黥刑)을 받았으므로 경포라고 하였다.

18) 하비: 지금의 강소성 비현(邳縣) 서남쪽.

19) 팽성: 지금의 강소성 서주시(徐州市).

20) 호릉: 지금의 산동성(山東省) 어대현(魚臺縣) 동남쪽.

21) 양: 전국시대(戰國時代) 위(魏)나라의 지역으로, 지금의 하남성 동부 일대.

22) 율현: 지금의 하남성 하읍현(夏邑縣).

(朱鷄石)과 여번군(余樊君)으로 하여금 맞서서 싸우도록 하였으나 여번군은 전사하고 주계석의 군대는 패하여 호릉으로 도주하니, 항량은 군사를 이끌고 설현(薛縣)[24]에 진입하여 주계석을 죽였다. 그보다 먼저 항량은 항우에게 별도로 양성(襄城)[25]을 공격하게 하였는데, 양성은 수비가 굳건하여 쉽게 함락되지 않았다. 그러나 항우는 결국 성을 함락시키고 나서, 모두 산 채로 땅에 묻어 버리고 돌아와서 항량에게 보고하였다. 항량은 진왕이 확실히 죽었다는 소식을 듣고는 여러 별장들을 설현에 불러 모아서 대사를 의논하였다. 이때 패공(沛公)[26] 역시 패(沛)에서 군사를 일으키고는 참석하였다.

거소(居鄛)[27] 사람 범증(范增)은 나이 70세로, 평소 출사하지 않고 자신의 집에서 기거하며 기묘한 계책을 생각하기를 좋아했는데, 그가 항량을 찾아가서 유세하였다. "진승(陳勝)의 패배는 본래 당연한 것이었습니다. 진(秦)이 육국(六國)을 멸하였는데, 그중 초나라가 가장 무고하였습니다. 회왕(懷王)이 진나라에 들어가서 돌아오지 못하신 이후 초나라 사람들은 오늘에 이르기까지 회왕을 가련히 여기고 있습니다. 그런 까닭에 초남공(楚南公)이 '초나라에 설령 세 집[28]밖에 남아 있지 않다

---

23) 별장: 주력부대(主力部隊)를 도와서 작전을 수행하는 부대의 장수.

24) 설현: 지금의 산동성 등현(滕縣) 남쪽.

25) 양성: 지금의 하남성 양성현(襄城縣).

26) 패공: 유방(劉邦)은 군대를 일으키며 스스로 패공이라고 했는데, 초나라의 현령(縣令)을 공(公)이라고 하였다.

27) 거소: 거소(居巢)라고도 하며, 지금의 안휘성 소현(巢縣) 서남쪽.

28) 세 집: '세 집(三戶)'의 의미로 두 가지 설이 있는데, 하나는 '초나라의 호수(戶數)가 극히 적음'을 의미하며, 다른 하나는 '초나라의 왕족으로 소(昭), 굴(屈), 경(景)의 세 성'을 가리키는 것이라고 하나 확실치 않다.

고 하더라도 진을 멸망시킬 나라는 반드시 초나라이다'라고 하였습니다. 그런데 지금 진승이 제일 먼저 봉기하여 초나라의 후손을 세우지 아니하고 스스로 왕이 되었으니 그 세력이 오래가지 않는 것입니다. 지금 그대께서 강동에서 군사를 일으키시니 벌 떼같이 일어난 초의 장수들이 모두 다투어 그대에게 귀의하는 것은 그대가 대대로 초나라의 장수로서 다시 초나라의 후손을 왕으로 세울 수 있으리라 여겼기 때문입니다."

이리하여 항량은 그 말을 그럴 듯하다고 여기고는 민간에서 남의 양치기 노릇을 하던 회왕의 손자 웅심(熊心)을 찾아서 왕으로 세우고 초회왕(楚懷王)이라고 하니, 이는 백성들이 바라던 바를 따른 것이었다. 진영은 초나라의 상주국이 되어 다섯 개의 현을 식읍(食邑)으로 받고 회왕과 함께 우이(盱眙)에 도읍을 정하였으며, 항량은 스스로 무신군(武信君)이라고 하였다.

수개월 후, 항량은 군사를 이끌고 항보(亢父)[29]를 공격하고 제나라의 전영(田榮)[30], 사마용저(司馬龍且)[31]의 군대와 함께 동아(東阿)[32]를 구원하여, 동아에서 진군(秦軍)을 크게 격퇴하였다. 전영은 즉시 군대를 이끌고 돌아가서 제나라 왕인 전가(田假)를 쫓아내니, 전가는 초나라로 달아났고 전가의 상국(相國)인 전각(田角)은 조(趙)나라로 도망하였으며, 전각의 동생 전간(田間)은 원래 제(齊)나라의 장수였으나 조나라에 머물

---

29) 항보: 지금의 산동성 제녕시(齊寧市) 남쪽.

30) 전영: 제(齊)나라의 왕족으로 전담(田儋)의 동생.

31) 사마용저: 원래 제나라 사람이었으나, 후에 초나라의 용장으로 당시 사마에 임용되었다.

32) 동아: 지금의 산동성 동아현 서남쪽 아성진(阿城鎭)에 있었던 고성(古城).

며 감히 돌아가지 못하였다. 전영은 전담(田儋)의 아들 전불(田市)을 제나라 왕으로 세웠다. 항량이 동아 일대에 진을 치고 있던 진군(秦軍)을 무찌르고 나서, 퇴각하는 진군을 추격하며 제군(齊軍)에 수차례 사자를 보내서 함께 서쪽으로 진격할 것을 재촉하였다. 그러자 전영이 조건을 말하였다. "초나라가 전가를 죽이고, 조나라가 전각과 전간을 죽인다면 군대를 보내겠다."

항량이 대답하였다. "전가는 동맹국의 왕으로서 이제 신세가 곤궁해져 내게 몸을 맡겼으니, 차마 죽이지 못하겠다."

조나라 역시 전각과 전간을 죽이는 것으로써 제나라와 흥정하려고 들지 않자, 제나라는 끝내 군사를 보내서 초나라를 도우려고 하지 않았다. 항량은 패공과 항우를 시켜 별도로 성양(城陽)[33]을 공격하게 하여 전멸시키고, 서쪽으로 진격하여 복양(濮陽)[34]의 동쪽에서 진군을 격퇴하니 진군은 복양으로 철수하였다. 이에 패공과 항우가 정도(定陶)[35]를 공격했으나 정도가 함락되지 않자 그곳을 버리고 서쪽을 공격하여 옹구(雍丘)[36]에 이르러 진군을 크게 격퇴하고 이유(李由)[37]의 목을 베었다. 그러고 나서 회군하여 외황(外黃)[38]을 공격했으나 외황은 함락되지 않았다.

항량은 동아에서 출발하여 서쪽으로 정도에 이를 때까지 두 차례나

---

33) 성양: 성양(成陽)이라고도 하며, 지금의 산동성 견성현(鄄城縣) 동남쪽.
34) 복양: 지금의 하남성 복양현 서남쪽.
35) 정도: 지금의 산동성 정도현 서북쪽.
36) 옹구: 지금의 하남성 기현(杞縣).
37) 이유: 이사(李斯)의 아들로 당시 삼천군수(三川郡守)를 맡고 있었다.
38) 외황: 지금의 하남성 민권현(民權縣) 서북쪽.

진군을 무찔렀고 항우 등이 또 이유의 목을 베자, 더욱 진나라를 경시하며 교만한 기색을 보였다. 그리하여 송의(宋義[39])가 항량에게 간언하였다. "전투에서 이겼다고 장수가 교만해지고 병졸들이 나태해진다면 패하게 됩니다. 지금 병졸들이 다소 나태해지고 있는데, 진군은 날로 증가하고 있으니 신은 그것이 두렵습니다."

항량은 듣지 않고서 송의를 제나라에 사신으로 보냈는데, 도중에 제나라의 사신인 고릉군(高陵君) 현(顯)을 만났다. 송의가 물었다. "공께서는 무신군을 만나시려는 것입니까?"

현이 대답하였다. "그렇소이다."

그러자 송의가 말하였다. "신이 생각건대 무신군의 군사는 반드시 패할 것이니, 공께서 천천히 가신다면 죽음을 면할 수 있을 것이나 급히 가신다면 화를 입게 될 것입니다."

과연 진나라는 모든 군사를 일으켜서 장함(章邯)을 지원하여 초군을 공격, 정도에서 크게 격퇴하니 항량은 전사했고, 패공과 항우는 외황을 버리고 진류(陳留[40])를 공격했으나 진류의 수비가 견고하여 함락시킬 수 없었다. 패공과 항우가 서로 모의하였다. "지금 항량의 군대가 크게 격퇴되어 병사들이 두려워하고 있다."

그래서 그들은 여신(呂臣[41])의 군대와 함께 군사를 이끌고 동쪽으로 진격하였다. 여신은 팽성 동쪽에 진을 치고, 항우는 팽성 서쪽에 진을

39) 송의: 원래 초나라의 영윤(令尹)이었으나, 이 당시에는 항우의 부대에 있었다.

40) 진류: 지금의 하남성 개봉시(開封市) 동남쪽.

41) 여신: 초나라의 장수로 나중에 유방(劉邦)에게 귀순하여 영릉후(寧陵侯)에 봉해졌다.

치고, 패공은 탕(碭)[42]에 진을 쳤다.

장함이 항량의 군사를 무찌른 후, 초나라의 군대는 근심할 것이 없다고 여기고는 황하를 건너서 조나라를 공격하여 크게 격퇴하였다. 이때 조나라는 조헐(趙歇)이 왕이었고, 진여(陳餘)가 장수, 장이(張耳)가 재상으로 있었는데, 모두 거록(鉅鹿)[43]으로 도망쳐 버렸다. 장함은 왕리(王離)와 섭간(涉間)에게 명하여 거록을 포위하게 하고 자신은 그 남쪽에 진을 치고는 용도(甬道)[44]를 만들어서 군량을 조달하였다. 진여는 조나라의 장수로서 군사 수만 명을 거느리고 거록 북쪽에 진을 치고 있었으니, 이것이 이른바 '하북(河北)의 군대'였다.

초나라 군대가 정도에서 크게 패한 후, 회왕은 두려워하여 우이를 떠나 팽성으로 가서는 항우와 여신의 군대를 병합하여 친히 통솔하였다. 그리고 여신을 사도(司徒)[45]로 삼고, 그의 부친 여청(呂青)을 영윤(令尹)[46]으로 삼았으며, 패공을 탕군(碭郡)의 군장(郡長)으로 삼고 무안후(武安侯)에 봉하여 탕군의 군대를 거느리게 하였다.

이전에 송의가 만났던 제나라의 사신 고릉군 현이 초나라 군중에 있을 때, 초왕을 알현하면서 말하였다. "송의는 무신군의 군사가 반드시 패할 것이라고 말했는데, 며칠 후 무신군의 군대가 과연 패하였습

---

42) 탕: 지금의 안휘성 탕산현(碭山縣) 남쪽.

43) 거록: 지금의 하북성 평향(平鄉) 서남쪽에 있었던 진(秦)나라의 현.

44) 용도: 양쪽 측면에 방호(防護)를 하기 위해 담을 쌓은 길.

45) 사도: 서주(西周) 때에 처음 설치한 관직으로 국가의 토지와 백성들을 관장하였다. 여기서는 후방 부대를 관장하는 군수관(軍需官)을 말한다.

46) 영윤: 초나라의 군정대신(軍政大臣).

니다. 군대가 아직 싸우기도 전에 미리 그 패배의 조짐을 알았으니 이는 병법을 안다고 말할 만합니다."

왕이 송의를 불러 함께 대사를 의논하고는 크게 기뻐하며 그를 상장군(上將軍)으로 삼았고, 항우는 노공(魯公)에 봉해져서 차장(次將)이 되었으며, 범증은 말장(末將)이 되어서 조나라를 구원하기로 하였다. 여러 별장들이 모두 송의의 휘하에 속하게 되니, '경자관군(卿子冠軍)'[47]이라고 불렀다. 그런데 군대가 안양(安陽)[48]에 이르러 46일 동안을 머물며 진격하지 않으니, 항우가 의견을 말하였다. "제가 듣건대 진군이 조왕을 거록에서 포위하고 있다고 하니, 급히 군사를 이끌고 강을 건너서 초나라는 그 바깥을 공격하고 조나라는 안에서 호응한다면 진군을 반드시 격퇴할 수 있을 것입니다."

송의가 반대하였다. "그렇지 않소. 소를 물어뜯는 등에(虻)가 이(蝨)를 죽일 수는 없는 것이오. 지금 진나라가 조나라를 공격하는데, 전쟁에서 승리를 한다 해도 병졸들은 피로해질 것이니 우리는 그 지친 틈을 이용할 것이오. 진이 승리하지 못할 경우 우리가 군사를 이끌고 북을 치며 전진하여 서쪽을 친다면, 반드시 진나라를 함락시킬 수 있을 것이오. 그러니 먼저 진나라와 조나라가 싸우도록 하는 것보다 못할 것이오. 갑옷과 무기로 무장하고 실전을 치르는 데는 내가 공보다는 못하지만, 앉아서 책략을 운용하는 데는 공이 나보다 못할 것이오."

그리하여 군중에 군령을 내렸다. "호랑이같이 사납거나 양같이 제멋

---

47) 경자관군: 경자(卿子)는 당시 남자에 대한 미칭(美稱)으로 공자(公子)와 같으며, 관군(冠軍)은 군의 우두머리를 말한다. 송의가 당시 상장군이었으므로 이러한 호칭이 생겼다.

48) 안양: 지금의 산동성 조현(曹縣)의 동남쪽.

대로 하거나 승냥이같이 탐욕스럽거나 성질이 거세어서 부릴 수 없는 자는 모두 목을 베겠다."

그러고 나서 그의 아들 송양을 제나라에 보내어 제나라 왕을 돕게 하려는데, 몸소 무염(無鹽)[49]까지 전송하고는 성대한 연회를 열어 술을 마셨다. 날은 춥고 비가 거세어 사졸들은 추위와 허기에 지치게 되었다. 그러자 항우가 말하였다. "장차 죽을힘을 다해서 진나라를 공격해야 하는데도 오랫동안 머물며 행군하지 않더니, 지금 흉년이 들어서 백성들은 궁핍하고 사졸들은 토란과 콩으로 끼니를 때우며 군영에는 저장된 군량이 없는 걸 보고서도 성대한 연회를 열어 술을 마시기만 할 뿐, 군사를 이끌고 강을 건너 조나라의 군량을 먹으며 조나라와 함께 힘을 합쳐 진나라를 공격하지 않으면서, 그저 '그들이 지친 틈을 이용하리라'고만 말하고 있다. 진나라의 강대함으로 지금 막 일어난 조나라를 공격한다면, 그 세력은 조나라를 함락시킬 것이 당연한데, 조나라가 함락되고 진나라가 강해진 뒤에 무슨 지친 틈을 이용하겠다는 것인가? 또 우리 군사가 지금 막 정도에서 패전한 터라 왕께서 좌불안석하시어 온 나라의 병사를 깡그리 모아서 오로지 장군의 휘하에 속하게 하셨으니 국가의 안위는 이번 거사(擧事)[50]에 달려 있다. 그런데도 지금 사졸을 돌보니 아니하고 그 사사로운 정만을 따르니 사직을 보존하려는 신하가 아니다."

그리하여 항우는 아침에 상장군 송의를 찾아가 그의 막사에서 송의의 머리를 베고 군중에 군령을 내렸다. "송의는 제나라와 함께 초나라

49) 무염: 지금의 산동성 동평현(東平縣) 동남쪽.

50) 거사: 조(趙)나라와 협력하여 진(秦)나라를 치는 일을 가리킨다.

를 배반할 모의를 꾸몄으므로, 초왕께서 은밀히 나에게 그를 주살하도록 하셨다."

그러자 당시 여러 장수들은 모두 두려워서 복종하고 감히 저항하지 못하며 말하였다. "처음 초나라를 세운 것은 장군의 집안이시니 지금 장군께서 난신(亂臣)을 주살하셨습니다."

이에 서로들 모두 항우를 임시 상장군으로 세우고, 사람을 보내서 송의의 아들을 제나라까지 추격하게 하여 그를 죽였다. 그러고 나서 환초를 보내어 회왕에게 보고하게 하자, 회왕은 항우를 상장군으로 삼고 당양군(當陽君), 포장군 등을 모두 항우의 휘하에 배속시켰다.

항우가 경자관군 송의를 죽이게 되자, 그의 위엄이 온 초나라를 진동시키고 명성은 제후들에게까지 전해졌다. 그러고 나서 당양군과 포장군에게 병사 2만 명을 이끌고 장하(漳河)[51]를 건너서는 거록을 구원하게 하였으나, 싸움에 큰 성과를 거두지 못하고 진여가 또 구원병을 요청하였다. 그러자 항우가 군사를 이끌고 장하를 건너서는 배를 모두 가라앉히고 솥과 시루 등의 취사도구를 깨뜨리고 막사를 불사른 뒤, 3일분의 군량만을 휴대함으로써 사졸들에게 필사적으로 싸울 것과 추호도 살아 돌아올 마음이 없음을 나타내었다. 이리하여 거록에 도착하자마자 왕리(王離)를 포위하고 진나라의 군사와 여러 차례 접전하여 그들의 용도(甬道)를 끊어서 크게 격퇴하였으며, 소각(蘇角)을 죽이고 왕리를 포로로 잡았다. 섭간은 초나라에 투항하지 않고 분신자살하였다. 이때 초나라 군은 제후군(諸侯軍) 가운데 으뜸이었으니, 거록을 구원하

51) 장하: 산서성(山西省) 동남부에서 발원하여 청장(淸漳)과 탁장(濁漳)이 합류된 후에 하북성과 하남성의 변경을 경유하여 동남쪽의 위하(衛河)로 흘러 들어간다.

고자 달려온 제후군이 10여 진영이었으나 감히 함부로 군대를 움직이지 못하고, 초나라 군이 진나라 군을 공격할 때에도 여러 장수들은 모두 자신의 진영에서 관전만 할 뿐이었다. 초나라 군사는 전원이 다 한 명이 열 명을 대적할 정도로 용맹스럽지 않는 이가 없었고, 그들의 고함소리가 하늘을 진동시키니 제후군은 모두 두려워하지 않는 이가 없었다. 진나라 군을 무찌르고 난 뒤, 항우가 제후군의 장수들을 불러 원문(轅門)[52]에 들게 하자, 모두 다 무릎걸음으로 앞으로 나오며 감히 고개를 들어 쳐다보지 못하였다. 이때부터 항우는 비로소 제후군의 상장군이 되니 제후들이 모두 그의 휘하에 소속되었다.

장함은 극원(棘原)[53]에 군대를 주둔시키고, 항우는 장하 남쪽에 주둔시켜 서로 대치한 상태로 싸우지 않았다. 그런데 진나라 군이 여러 차례 퇴각하자, 이세(二世) 황제는 사람을 보내어 장함을 꾸짖었다. 장함은 두려워서 장사(長史)[54] 사마흔(司馬欣)을 보내 알현을 청하게 했는데, 그가 함양(咸陽)[55]에 이르러 사마문(司馬門)[56]에 사흘을 머물렀는데도 조고(趙高)는 만나주지 않으며 불신하는 마음을 품고 있었다. 장사 사마흔은 두려워서 자신의 부대로 돌아가면서도 감히 왔던 길로

---

52) 원문: 원(轅)은 수레의 앞 양쪽에 대는 긴 채. 고대에 군대가 주둔할 때 수레로 군영(軍營)을 만들었는데 수레의 끌채 두 개를 세워서 군문(軍門)으로 삼았으므로 원문(轅門)이라고 하였다.

53) 극원: 지금의 하북성 평향현(平鄕縣) 남쪽.

54) 장사: 대장군(大將軍) 또는 승상(丞相) 수하의 속관(屬官)으로 지금의 비서장(秘書長)에 해당한다.

55) 함양: 지금의 섬서성 함양시(咸陽市) 동북쪽.

56) 사마문: 황궁의 외문(外門). 항상 사마(司馬)에게 위병(衛兵)들의 파수를 지휘하게 하였으므로 사마문이라고 칭한다.

가지 못했는데, 과연 조고가 사람을 보내 그를 추격하게 하였으나 미처 따라잡지 못하였다. 사마흔은 자신의 부대로 돌아와서 장함에게 보고하였다. "조고는 궁중 안에서 정권을 마음대로 주무르고 있고 그 아래에는 제대로 일할 만한 자가 없습니다. 지금 전쟁에서 이기게 되면 조고는 반드시 우리의 공로를 시기할 것이며, 전쟁에 패해도 죽음을 면할 수 없게 될 것입니다. 그러하니 장군께서는 심사숙고하시기 바랍니다."

진여도 장함에게 설득하는 서신을 보내었다. "백기(白起)는 진나라의 장수가 되어 남쪽으로 언영(鄢郢)[57]을 정벌하고, 북쪽으로 조(趙)의 장수 마복군(馬服君) 조괄(趙括)을 땅에 묻었으며, 성을 공격하고 땅을 빼앗은 것이 이루다 셀 수 없이 많은데도 결국은 죽임을 당하고 말았습니다. 또 몽염(蒙恬)은 진나라의 장수로서 북쪽으로 융인(戎人)[58]을 쫓아내고, 유중(楡中)[59] 지역 수천 리를 개척하였으나 끝내는 양주(陽周)[60]에서 참살을 당했으니, 이것은 어찌 된 까닭입니까? 공이 너무 많아서 진나라가 모두 녹봉을 줄 수 없기 때문에 법을 구실로 그들을 죽인 것입니다. 지금 장군께서 진나라의 장수가 되신 지 3년이 되었는데 잃은 병력이 10만을 헤아리니 봉기하는 제후들이 점차 더 많아지고 있습니다. 저 조고는 평소 아첨만을 일삼은 지가 이미 오래되었는데, 지금 사태가 다급해지고 또 이세 황제가 자신을 죽일까 두려워하기

---

57) 언영: 전국시대(戰國時代) 초나라의 국도(國都). 지금의 호북성 의성현(宜城縣) 남쪽.

58) 융인: 흉노족(匈奴族)을 가리킨다.

59) 유중: 요새 이름. 지금의 섬서성 북부 및 내몽고(內蒙古) 하투(河套) 일대.

60) 양주: 지금의 섬서성 자장현(子長縣) 북쪽.

때문에 법을 빌미로 장군을 주살(誅殺)함으로써 자신에 대한 책망을 막고, 사람을 보내어 장군을 대신하게 함으로써 그 화에서 벗어나고자 하는 것입니다. 장군께서 밖에서 머문 지가 오래되니 조정과의 틈이 많아져서 공이 있다고 해도 죽임을 당할 것이요, 공이 없다고 해도 죽임을 당할 것입니다. 또 하늘이 진나라를 멸망시키고자 한다는 것은 어리석은 자나 지혜로운 자를 막론하고 다 아는 일입니다. 지금 장군께서 안으로는 직접 간언(諫言)할 수 없고, 또 밖으로는 망국의 장수로서 홀로 외로이 서서 오래도록 버티려고 하시니 어찌 슬프지 않겠습니까? 장군께서는 어찌하여 병사를 돌리어 제후들과 연합하고 함께 진나라를 공격할 것을 맹약하여 그 땅을 나누어 가진 뒤 왕이 되려고 하지 않으십니까? 이렇게 하시는 것과 자신의 몸이 부질(鈇質)[61]에 엎드리게 되고 처자식마저 살육당하는 것 중에서 어느 것이 낫겠습니까?"

장함은 주저하며 항우에게 몰래 군후(軍候) 시성(始成)을 보내어 협약하고자 하였다. 협약이 이루어지기 전에 항우가 포장군을 시켜 밤낮으로 병사를 이끌고 삼호(三戶)[62]를 건너서 장하 남쪽에 주둔하게 하고는 진나라와 싸움을 벌여서 다시 그들을 무찌르게 하였다. 항우는 모든 병사를 이끌고 오수(汙水)[63]에서 진나라 군을 공격하여 크게 격퇴하였다.

장함이 항우에게 사람을 보내어 맹약(盟約)하고자 하니, 항우가 군

---

61) 부질: 도끼로 허리를 자르는 형벌 또는 그 형구(刑具).

62) 삼호: 장하(漳河)의 나루터. 지금의 하북성 자현(磁縣) 서남쪽.

63) 오수: 하북성 태항산(太行山)에서 발원하여 동남쪽으로 장하(漳河)에 유입되는 지금의 하북성 임장현(臨漳縣) 서쪽에 있는 강.

리(軍吏)를 불러서 모의하였다. "군량이 부족하니 그 맹약에 응할까 한다."

군리들이 모두 "좋습니다"라고 하며 찬성하자, 항우는 원수(洹水)의 남쪽 은허(殷虛)에서 만날 것을 약조하였다. 맹약하고 난 뒤, 장함은 항우를 만나서 눈물을 흘리며 조고의 여러 악행을 말하였다. 항우는 장함을 옹왕(雍王)으로 세워서 초나라 군중에 있게 하고, 장사 사마흔을 상장군으로 임명하여 진나라 군의 선봉으로 삼았다.

군대가 신안(新安)[64]에 이르렀을 때였다. 제후군의 장병들이 예전에 요역(徭役)과 변경 수비에 동원되어 진나라를 지나갈 때에 진나라의 장병들이 그들을 아주 무례하게 대했었다. 그런데 지금 진나라 군이 제후군에게 항복하자, 제후군의 장병들은 이 승세에 편승하여 그들을 노예처럼 부리고 진나라의 장병들을 학대하고 모욕하는 일이 많았다. 그러자 진나라의 장병들이 저희들끼리 수군거리며 말하였다. "장함 장군 등이 우리들을 속여 제후들에게 투항하도록 했는데, 지금 만일 관내(關內)에 들어가서 진나라를 무찌른다면 아주 좋은 일이나 만일 그러지 못한다면 제후군들은 우리를 포로로 하여 동쪽으로 퇴각할 것이니, 진나라는 우리의 부모와 처자식을 죄다 죽일 것은 분명한 일이다."

제후군의 장수가 몰래 그 계책을 듣고서 항우에게 보고하였다. 그러자 항우는 경포와 포장군을 불러서 계책을 말하였다. "진나라의 장병들이 아직도 그 수가 많은 데다 마음으로 복종한 것이 아니니, 관중(關中)에 이르러서 우리에게 복종하지 않는다면 틀림없이 일이 위태롭게 될 것이므로 그들을 죽이고 장함, 장사 사마흔, 도위(都尉)[65] 동예(董翳)

64) 신안: 지금의 하남성 민지현(澠池縣) 동쪽.

만을 데리고 진나라에 들어가는 편이 더 낫겠다."

이리하여 초나라 군은 밤에 진나라 군을 습격하여 진나라 병졸 20여 만 명을 신안성 남쪽에 생매장하였다.

항우는 진나라의 땅을 공략하여 평정시키려고 함곡관(函谷關)에 도착하였으나 관을 지키는 병사가 있어서 들어갈 수 없었고, 또한 패공이 이미 함양을 함락시켰다는 소식마저 듣자 크게 노하여 당양군 등을 보내어 함곡관을 공격하도록 하였다. 항우가 마침내 관내에 들어가서 희수(戲水)[66] 서쪽에 이르렀다. 이때 패공은 패상(霸上)[67]에 주둔하고 있어서 항우와 아직 서로 만나지 못하고 있었는데, 패공의 좌사마(左司馬) 조무상(曹無傷)이 사람을 시켜서 항우에게 일러바쳤다. "패공이 관중의 왕이 되고 자영을 재상으로 삼아 진귀한 보물을 모두 다 차지하려고 한다."

그러자 항우가 크게 노하여 말하였다. "내일 아침 병사들을 잘 먹이고 패공의 군대를 격퇴하리라!"

이때 항우의 병사는 40만 명으로 신풍(新豐)[68]의 홍문(鴻門)[69]에 있었고, 패공의 병사는 10만 명으로 패상에 있었다. 범증은 항우에게 권하였다. "패공은 산동(山東)[70]에 있을 때 재화를 탐하고 미색을 좋아하였

---

65) 도위: 장군보다 지위가 조금 낮은 무관(武官) 관직.

66) 희수: 여산(驪山)에서 발원하여 지금의 섬서성 임동현(臨潼縣) 동쪽을 지나 위수(渭水)로 흘러 들어가는 강.

67) 패상: 패수(霸水) 서쪽의 백록원(白鹿原). 지금의 섬서성 서안시(西安市) 동남쪽.

68) 신풍: 지금의 섬서성 임동현 동북쪽.

69) 홍문: 신풍현 동쪽에 있는 산언덕 이름으로, 지금은 항왕영(項王營)이라 한다.

는데, 지금 관내에 들어가서는 재물을 취하지 아니하고 부녀자를 가까이 하지 않으니 이는 그의 뜻이 작은 데에 있지 않다는 것입니다. 제가 사람을 시켜 그 기(氣)를 살펴보게 하였더니 모두 용과 범의 기세로 오색 찬연하니 이는 곧 천자의 기세입니다. 급히 공격하시어 기회를 잃지 마소서."

초나라의 좌윤(左尹)[71] 항백(項伯)은 항우의 계부(季父)였는데 평소에 유후(留侯) 장량(張良)[72]과 친하였다. 장량은 이때 패공을 따르고 있었다. 항백은 밤에 패공의 군영으로 달려가서는 은밀히 장량을 만나 모든 일을 상세히 알리고 함께 가자면서 권하였다. "패공을 따라서 함께 죽지 마십시오."

그러자 장량이 말하였다. "신은 한왕(韓王)을 위해서 패공을 따르고 있는데 패공이 지금 위태로운 일이 있다고 하여 도망가는 것은 의롭지 못한 일입니다. 이 사실을 패공께 아뢰지 않을 수 없군요."

장량은 곧 들어가서 패공에게 전부 보고하였다. 패공이 크게 놀라며 말하였다. "이를 어찌하면 좋은가?"

장량이 물었다. "누가 대왕께 그러한 계책을 말했습니까?"

패공은 대답하였다. "어떤 소견 좁은 사람[73]이 나에게 '관(關)을 막고

---

70) 산동: 효산(崤山)의 동쪽으로 당시 육국(六國)의 땅을 가리킨다.

71) 좌윤: 초나라의 관직 이름으로 영윤(令尹)의 다음 자리.

72) 유후 장량: 자는 자방(子房)이며 유방(劉邦)의 주요 모신(謀臣)으로 나중에 유후(留侯)로 봉해졌다. 유(留)는 지금의 강소성 패현(沛縣) 동남쪽.

73) 원문은 '추생(鯫生)'인데, '추'란 잉어과에 속하는 민물고기(돌잉어) 또는 잔 물고기로 소견이 좁은 사람을 뜻하며, 고대에 사람을 욕하거나 스스로를 낮추어 부를 때 사용하였다.

서 제후들을 받아들이지 않는다면 진나라 땅에서 왕 노릇을 할 수 있을 것입니다'라고 권하기에 그 말을 따랐소."

장량이 물었다. "대왕의 병졸이 항왕을 당해낼 수 있으리라 생각하십니까?"

패공이 잠자코 있다가 말하였다. "물론 못 당하지요. 장차 이를 어찌하면 좋겠소?"

장량이 말하였다. "항백에게 청하여 패공께서는 감히 항왕을 배반하지 않을 것이라고 말하십시오."

패공이 물었다. "그대는 어떻게 항백과 친분을 가지셨소?"

장량이 대답하였다. "신이 진나라에 있을 때에 그와 함께 교유하였는데, 항백이 사람을 죽여 신이 그를 살려준 적이 있었습니다. 그래서 지금 위급한 일이 생기자 다행스럽게도 찾아와서 제게 알려주었습니다."

패공이 물었다. "두 사람 중 누가 연장이오?"

장량이 대답하였다. "항백이 신보다 연장입니다."

그러자 패공이 말하였다. "그대가 항백을 불러서 들게 해주시오. 내가 그를 형으로 섬길 것이오."

그러자 장량이 나가서 항백을 불러들이니, 항백은 즉시 들어와서 패공을 알현하였다. 패공은 술잔을 들어 축수(祝壽)하고 혼인을 맺자고 약조하며 말하였다. "나는 관내(關內)에 들어온 뒤, 터럭만큼 작은 물건도 감히 가까이하지 아니하고, 아전과 백성들의 호적을 정리하고 부고(府庫)[74]를 잘 관리하며 장군을 기다리고 있었습니다. 장수를 보내어

74) 부고: 궁정(宮廷)의 문서와 재보(財寶)를 넣어두는 창고.

관을 지키게 한 것은 다른 도적의 출입과 비상사태에 대비하기 위해서였습니다. 밤낮으로 장군이 오시기만을 바라고 있었는데, 어찌 감히 반역을 하겠습니까? 원컨대 장군께서 신이 감히 배은망덕하지 않다는 것을 상세히 말씀해 주십시오."

그러자 항백이 허락하며 패공에게 덧붙여 말하였다. "내일 아침 일찍 오셔서 항왕께 사죄하지 않으면 안 될 것입니다."

패공은 대답하였다. "그렇게 하겠습니다."

이리하여 항백은 그날 밤에 왔던 길을 되돌아가 군영에 이르러 패공의 말을 상세히 항왕에게 보고하였다. 이어서 항왕을 설득하였다. "패공이 먼저 관중을 쳐부수지 않았다면 공이 어찌 들어올 수 있었겠습니까? 지금 그가 커다란 공이 세웠음에도 그를 공격하려고 하신다면 이는 의롭지 못한 일이니, 잘 대우해 주는 것이 좋을 듯합니다."

항왕이 그것을 받아들였다. 이튿날 아침 패공은 100여 기(騎)를 대동하고 항왕을 만나러 왔는데, 홍문(鴻門)에 이르러서 사죄하였다. "신은 장군과 함께 사력을 다해서 진나라를 공격했으니, 장군께서는 하북(河北)에서 싸움을 벌이시고 신은 하남(河南)에서 싸움을 벌였습니다만, 본의 아니게 먼저 관중에 진입하여 진나라를 무찌르고 이곳에서 다시 장군을 뵐 수 있게 되었는데, 지금 소인배의 참언이 장군과 신으로 하여금 틈이 생기게 하였습니다."

그러자 항왕이 말하였다. "이는 패공의 좌사마인 조무상이 말한 것이오. 그렇지 않았다면 내가 무엇 때문에 이렇게 했겠소?"

항왕은 그날 함께 술을 마시기 위해서 패공을 머무르게 하니, 항왕과 항백은 동쪽을 향해서 앉았고 아부(亞父)[75]는 남쪽을 향해서 앉았는데, 아부는 곧 범증이다. 또 패공은 북쪽을 향해서 앉았고 장량은 서쪽을 향해서 배석하였다. 범증이 항왕에게 여러 차례 눈짓을 하며 허리에 차고 있던 옥결(玉玦)[76]을 들어서 암시한 것이 세 차례였으나, 항왕은 묵묵히 응답하지 않았다. 그러자 범증이 일어나서 밖으로 나와 항장(項莊)[77]을 불러서 말하였다. "군왕의 사람됨이 모질지 못하시니, 그대는 들어가서 앞에서 축수(祝壽)를 올리고 축수를 마친 뒤 검무(劍舞)를 출 것을 청하라. 그러다가 기회를 보아서 패공을 앉은자리에서 쳐 죽여라. 그렇지 않으면 그대들은 모두 장차 패공에게 포로가 될 것이다."

그러자 항장이 즉시 들어가서 축수를 올렸다. 축수가 끝나자 그는 청하였다. "군왕과 패공께서 주연을 여시는데 군중에 취흥을 돋울 만한 것이 없으니 검무를 춰도 되겠습니까?"

항왕이 "좋다"라고 허락하니 항장은 검을 뽑아서 춤을 추는데, 항백 또한 검을 뽑아 일어나서 춤을 추며 항상 몸으로 패공을 감싸주니 항장이 그를 공격할 수가 없었다. 이때 장량이 군문(軍門)에 갔다가 번쾌(樊噲)[78]를 만났다. 번쾌가 물었다. "오늘 일이 어떠합니까?"

장량이 대답하였다. "심히 위급하다. 지금 항장이 검을 뽑아서 춤을 추는데 그 의도는 오로지 패공을 해치는 데에 있다."

---

75) 아부: 범증(范增)의 별명. 부친에 버금가는 사람에 대한 존칭.

76) 옥결: 허리에 차는 옥기(玉器)의 일종으로 고리 모양으로 한 쪽이 트여 있다.

77) 항장: 항우의 사촌 동생.

78) 번쾌: 패(沛) 땅 사람으로 여후(呂后)의 매부. 원래는 개를 잡는 백정이었으나 유방과 함께 군대를 일으켜 수차례 전공을 세워 나중에 좌승상(左丞相)이 되었고 무양쾌(舞陽噲)에 봉해졌다.

번쾌가 말하였다. "이는 급박한 일입니다. 신이 들어가 패공과 생사를 같이하기를 청합니다.[79]"

번쾌는 즉시 검을 차고 방패를 들고는 군문으로 들어갔다. 파수(把守)를 서는 위사(衛士)가 막으며 들여보내려 하지 않자, 번쾌가 방패를 비껴서 치니 위사들이 땅에 엎어졌다. 번쾌가 마침내 들어가서 장막을 젖히고 서쪽을 향해 서서 눈을 부릅뜨고 항왕을 노려보았는데, 머리카락은 위로 곤두서고 눈자위도 다 찢어져 있었다. 항왕이 (만일의 사태에 대비하기 위해) 검을 만지며 무릎을 세워 앉고서는 물었다. "그대는 무엇 하는 자인가?"

장량이 대답하였다. "패공의 참승(參乘)[80] 번쾌라는 자입니다."

항왕이 말하였다. "장사로구나! 그에게 술 한 잔을 주라!"

즉시 큰 잔에 술이 주어졌는데, 번쾌는 감사의 절을 하고 일어나 선 채로 마셨다. 그러자 항왕이 말하였다. "그에게 돼지 다리를 주어라!"

즉시 익히지 않은 돼지 다리 하나를 주었다. 번쾌는 방패를 땅에 엎어놓고 그 위에 돼지 다리를 올려놓고는 검을 뽑아서 잘라서 먹었다. 항왕이 말하였다. "장사로구나! 더 마실 수 있겠는가?"

번쾌가 대답하였다. "신은 죽음도 피하지 않는 사람인데 술 한 잔을 어찌 사양할 수 있겠나이까! 진왕에게 흉악한 마음이 있어, 다 죽이지 못할 것이 우려되는 듯 사람을 죽이고, 만들어 놓은 형벌을 다 사용하

---

79) 원문은 '여지동명(與之同命)'으로 두 가지 해석이 있다. 하나는 '유방과 생사를 같이 하겠다'는 해석이고, 다른 하나는 '목숨을 걸고 항우를 치겠다'는 해석이다.

80) 참승: '배승(陪乘)'이라고도 하는데, 수레의 오른쪽에서 서서 호위를 하는 호위병에 해당하는 관직.

지 못할 것을 걱정하는 듯 사람에게 형벌을 내리니, 천하가 모두 그에게 등을 돌렸습니다. 회왕께서 여러 장수들과 약조하시기를 '먼저 진나라를 무찌르고 함양에 들어가는 자를 왕으로 세우리라'고 하셨는데, 지금 패공께서는 먼저 진나라를 무찌르고 함양에 진입하셨지만 터럭만큼 작은 물건이라도 감히 가까이 취하는 바 없으며, 궁실을 굳게 잠그고는 다시 패상으로 돌아와서 군대를 주둔시켜 대왕께서 오시기를 기다리고 계셨습니다. 일부러 장수를 보내어 관(關)을 지키도록 한 이유는 다른 도적들의 출입과 비상사태에 대처하기 위한 것이었습니다. 애써 수고를 하고 공로 또한 이처럼 높은데 봉후(封侯)의 상을 내리시지 못할망정 소인배의 쓸데없는 말을 들으시고 공이 있는 사람을 죽이려고 하시니, 이는 멸망한 진나라의 뒤를 이을 뿐이니 대왕을 위해서 그 같은 일은 하시지 않는 것이 옳다고 생각합니다."

항왕은 아무런 응답을 하지 않고 "앉아라!"고 하니 번쾌는 장량을 따라서 앉았다. 번쾌가 앉은 지 얼마 되지 않아 패공이 일어나서 측간(厠間)을 가면서 번쾌를 밖으로 불러내었다.

패공이 나간 뒤 항왕은 도위(都尉) 진평(陳平)[81]에게 패공을 불러오게 하였다. 패공이 번쾌에게 물었다. "지금 나오며 하직인사도 하지 않았으니 어떻게 하는 것이 좋겠소?"

번쾌가 대답하였다. "큰일을 할 때에는 세세한 예절은 신경 쓰지 않는 법이며, 큰 예절을 행할 때는 작은 허물을 사양치 않는 것입니다. 지금 저들이 바야흐로 칼과 도마가 되고, 우리는 그 위에 놓인 물고기

81) 진평: 하남성 양무(陽武) 사람으로 항우의 부하였으나 나중에 유방의 모사(謀士)가 되어 관직이 상국(相國)에 오른다.

신세가 된 지경에 무슨 하직인사를 하려고 하십니까?"

패공은 마침내 그곳을 떠나며 장량에게 남아서 사죄하도록 하였다. 장량이 물었다. "대왕께서는 오실 때 무슨 선물을 가지고 오셨습니까?"

패공이 대답하였다. "백벽(白璧)[82] 한 쌍을 가져와서 항왕에게 바치려고 하였으며, 옥두(玉斗)[83] 한 쌍은 아부에게 주고자 하였는데, 그 성난 모습을 대하고는 감히 바치지를 못하였소이다. 그러니 공께서 나를 대신해서 바쳐주시오."

장량이 말하였다. "삼가 말씀대로 받들겠나이다."

이때 항왕의 군대는 홍문 아래에 있었고 패공의 군대는 패상에 있었으니 서로 떨어진 거리가 40리였다. 패공은 자신의 수레와 말을 내버려둔 채 몸만 빠져나와서 홀로 말을 타고, 검과 방패를 들고 도보로 수행하는 번쾌, 하후영(夏侯嬰), 근강(靳强), 기신(紀信)[84] 등 네 사람과 함께 여산(酈山)[85]을 내려와서 지양(芷陽)[86]의 샛길을 이용하였다. 떠나기 전에 패공은 장량에게 부탁하였다. "이 길을 통해서 우리 군영까지는 20리 밖에 되지 않으니, 내가 군영에 도착했다고 생각되거든 공께서는 즉시 들어가시오."

패공이 나간 뒤 샛길을 통해서 군영에 도착할 때쯤 장량은 들어가서

---

82) 백벽: 고리 모양의 흰 구슬.

83) 옥두: 옥으로 만든 술잔.

84) 하후영은 패(沛) 땅 사람으로 유방을 따라서 봉기하여 나중에 여음후(汝陰侯)에 봉해졌다. 근강은 곡옥(曲沃) 사람으로 유방의 부하로서 나중에 분양후(汾陽侯)에 봉해졌다. 기신은 유방의 장수로 나중에 항우에 의해서 불타 죽었다.

85) 여산: 지금의 섬서성 임동현 동남쪽.

86) 지양: 지금의 섬서성 서안시 동북쪽.

사죄하였다. "패공께서 술을 이기지 못하여 하직인사를 드릴 수가 없었습니다. 그리하여 삼가 신으로 하여금 백벽 한 쌍을 받들어 대왕 폐하께 재배의 예를 올리며 바치게 하고, 옥두 한 쌍은 대장군께 재배의 예를 올리며 바치게 하였나이다."

항왕이 물었다. "패공은 (지금) 어디에 계신가?"

장량이 대답하였다. "대왕께서 심히 질책하려는 마음이 있으시다는 것을 듣고 빠져나가서 홀로 떠났는데 이미 군영에 도착했을 것입니다."

그러자 항왕은 백벽을 받아서 자리 위에 두었는데, 아부는 옥두를 받아서 땅에 놓고는 검을 뽑아 그것을 내려쳐 깨뜨리며 탄식하였다. "에이! 어린아이와는 함께 대사를 도모할 수 없어! 항왕의 천하를 빼앗을 자는 반드시 패공일 것이며, 우리는 이제 그의 포로가 될 것이다."

패공은 군영에 도착하자마자 즉시 조무상을 베어 죽였다.

며칠 후 항우는 군대를 이끌고 서쪽으로 진격하여 함양을 도륙(屠戮)하고, 투항한 진나라 왕자 영(嬰)을 죽이고는 진나라의 궁실을 불태웠는데 3개월 동안 타고도 꺼지지 않았다. 또 그 재화와 보물 및 부녀자들을 차지하고 동쪽으로 돌아오니, 어떤 사람이 항왕에게 권고하였다. "관중(關中)은 사방이 산하로 막혀 있고 땅이 비옥하니 도읍으로 삼아 패왕(霸王)이 될 만한 곳입니다."

그러나 항왕은 진나라 궁실이 이미 모두 불에 다 타버린 것을 보았고, 또 마음속으로 고향이 그리워서 동쪽으로 돌아가려고 하며 말하였다. "부귀한 뒤에 고향에 돌아가지 않는 것은 비단 옷을 입고 밤길을 가는 것과 같으니 누가 그것을 알아주겠는가!"

그러자 항왕에게 권고했던 사람이 탄식하며 말하였다. “사람들이 초나라 사람은 원숭이(沐猴)가 관(冠)을 쓴 격일뿐이라고 말하더니, 과연 그렇구나!”

이 말을 들은 항왕은 그를 팽살(烹殺)[87]하였다.

항왕이 사자(使者)를 보내어 회왕에게 보고를 올려 명을 청하니, 회왕이 말하였다. “약조대로 하라!”

회왕을 높여서 의제(義帝)[88]로 추대하였다. 항왕은 스스로 왕이 되고자 하여 먼저 여러 장상(將相)들을 왕으로 삼으며 말하였다. “처음에 천하에 난이 일어났을 때, 임시로 제후의 후예들을 왕으로 세워 진나라를 토벌하였소. 그러나 갑옷을 입고 무기를 쥐고 거사하여, 비바람을 맞으며 들판에서 3년을 지내고서 마침내 진나라를 멸하고 천하를 평정한 것은 모두 장상 여러분과 나의 힘이오. 의제께서는 비록 공은 없으시나 그 땅을 나누어 왕이 되게 함이 마땅할 것이오.”

여러 장수들이 모두 “옳소!”라고 하며 찬성하였다. 이어서 천하를 나누어 여러 장수들을 후(侯)와 왕으로 세웠다. 항왕과 범증은 패공이 천하를 차지할까 의심했으나 이미 그와 강화하였고, 또 약조를 어기는 것이 꺼림칙하고 제후들이 그를 배반할 것이 두려워서 은밀히 모의하였다. “파(巴)와 촉(蜀)[89]은 길이 험하여, 진나라의 유배 죄인들이 모두 촉에 보내어져 살고 있다.” 이어서 “파와 촉 역시 관중(關中)의 땅이

---

87) 팽살: 고대에 죄인을 솥에 넣고 물에 삶아 죽이는 형벌.

88) 의제: 명목상의 황제라는 뜻으로, 항우가 회왕을 의제로 받든 것은 거짓 황제라는 의미와 같다.

89) 파는 지금의 사천성(四川省) 동부지역에 있던 진(秦)나라의 군(郡)이며, 촉은 지금의 사천성 서부지역에 있던 진나라의 군이다.

다[90]"라고 하였다.

그 결과 패공을 한왕(漢王)으로 세워서 파, 촉, 한중(漢中)[91]의 왕으로 봉하고, 남정(南鄭)[92]에 도읍하게 했다. 그러고 나서 관중을 삼분(三分)[93]하여 항복한 진나라 장수들을 왕으로 삼아서 한왕을 견제하게 했으니, 항왕은 장함을 옹왕(雍王)으로 삼아서 함양 서쪽의 왕으로 봉하고 폐구(廢丘)[94]에 도읍하게 하였다. 또 장사 사마흔은 본디 역양의 옥관이었던 자로 일찍이 항량에게 은혜를 베푼 적이 있었고, 도위 동예는 본디 장함에게 초나라에 투항할 것을 권유한 자였으므로, 사마흔을 새왕(塞王)으로 세워서 함양 동쪽에서 황하에 이르는 지역의 왕으로 삼았고 역양에 도읍하게 하였으며, 동예를 적왕(翟王)으로 세워서 상군(上郡)[95]의 왕으로 삼았고 고노(高奴)[96]에 도읍하게 하였다. 그리고 위왕(魏王) 표(豹)를 서위왕(西魏王)으로 바꾸고 하동(河東)[97]의 왕으로 삼았고 평양(平陽)[98]에 도읍하게 하였다. 하구(瑕丘)[99]의 신양(申陽)은 장이(張耳)의 총신(寵臣)으로서 먼저 하남(河南)을 함락시키고 황하 강변에서

---

90) 파와 촉은 그 위치가 관서(關西)에 있지만 전국시기에 진(秦)나라에 속했기 때문에 관중의 땅이라고 한 것이다.

91) 한중: 지금의 섬서성 진령(秦嶺) 이남 지역.

92) 남정: 지금의 섬서성 한중시(漢中市).

93) 삼분: 관중을 옹(雍), 새(塞), 적(翟)의 삼국으로 나누었다.

94) 폐구: 지금의 섬서성 흥평현(興平縣) 동남쪽.

95) 상군: 지금의 섬서성 북부와 인근 내몽고 지역.

96) 고노: 지금의 섬서성 연안(延安) 동북쪽.

97) 하동: 지금의 산서성(山西省) 서남부지역.

98) 평양: 지금의 산서성 임분시(臨汾市) 서남쪽.

99) 하구: 지금의 산동성 곤주(袞州) 동북쪽.

초나라 군을 맞아들였으므로 신양을 하남왕으로 세우고 낙양(雒陽)[100]에 도읍하게 하였다. 한왕(韓王) 성(成)은 옛 도읍을 그대로 하여 양책(陽翟)에 도읍하게 하였다. 조나라 장군 사마앙(司馬卬)은 하내(河內)[101]의 평정에 여러 차례 공을 세웠으므로 그를 은왕(殷王)으로 세워서 하내의 왕으로 삼고 조가(趙歌)[102]에 도읍하게 하였다. 조왕(趙王) 헐(歇)은 대왕(代王)[103]으로 옮기게 하고, 조나라 재상 장이는 평소 현능(賢能)하고 또 관중에 들어올 때 함께 따라왔기에 그를 상산왕(常山王)[104]으로 세워서 조 땅의 왕으로 삼고 양국(襄國)[105]에 도읍하게 하였다. 당양군 경포는 초나라 장수로서 전공이 항상 으뜸이었으므로 구강왕(九江王)[106]으로 세워서 육(六)[107]에 도읍하게 하였다. 파군(鄱君) 오예(吳芮)는 백월(百越)[108]을 이끌고 제후군을 도왔으며, 또 관중에 들어올 때 함께 따랐으므로 그를 형산왕(衡山王)으로 세우고 주(邾)[109]에 도읍하게 하였다. 의

---

100) 낙양: 삼천군(三川郡)의 군청이 있던 곳으로, 지금의 낙양시(洛陽市) 동북쪽.

101) 하내: 지금의 하남성 황하 이북지역과 산서성 동남지역 및 하북성 남부지역. 고대 제왕이 주로 하동과 하북 일대에 도읍을 정했으므로 당시 황하 이북을 '하내(河內)'라고 하고 황하 이남을 '하외(河外)'라고 하였다.

102) 조가: 지금의 하남성 기현(淇縣) 동북쪽.

103) 대: 지금의 하북, 산서 두 성의 북부에 걸친 지역.

104) 상산: 지금의 하북성 중부인데 산서성 동부와 중부지역에 아울러 걸쳐있다. 본래는 '항산(恒山)'이었으나 한문제(漢文帝) 유항(劉恒)의 휘(諱)를 피하기 위해서 상산(常山)이라고 하였다.

105) 양국: 지금의 하북성 형태시(邢台市) 서남쪽.

106) 구강: 지금의 안휘성, 하남성의 회하(淮河) 이남과 호북성 황강현(黃岡縣) 동쪽과 강서성에 있었던 군(郡) 이름.

107) 육: 지금의 안휘성 육안현(六安縣) 북쪽.

108) 백월: 지금의 강남의 각 성에 거주하는 소수민족으로 부족이 너무 많아 백월로 통칭한다.

제의 주국(柱國)[110] 공오(共敖)는 군사를 이끌고 남군(南郡)[111]을 쳐서 공이 많으므로 그를 임강왕(臨江王)으로 세우고 강릉(江陵)[112]에 도읍하게 하였다. 연왕(燕王) 한광(韓廣)을 요동왕(遼東王)[113]으로 옮기게 하고, 연나라 장수 장도(臧荼)는 초나라 군대를 따라서 조나라를 구원했고 관중에 들어올 때 함께 따랐으므로 그를 연왕(燕王)으로 세우고 계(薊)[114]에 도읍하게 하였다. 제왕(齊王) 전불(田市)은 교동왕(膠東王)으로 옮기게 하고, 제나라 장수 전도(田都)는 제후군을 따라서 함께 조나라를 구원하고 관중에 들어올 때 함께 따랐으므로 그를 제왕(齊王)으로 세우고 임치(臨菑)[115]에 도읍하게 하였다. 이전에 진나라에 멸망당한 제왕(齊王) 전건(田建)의 손자 전안(田安)은 항우가 막 황하를 건너서 조나라를 구원할 때 제북(濟北)의 여러 성을 함락시킨 뒤 그 병사를 이끌고 항우에게 투항하였으므로 그를 제북왕(濟北王)으로 세우고 박양(博陽)[116]에 도읍하게 하였다. 전영(田榮)은 여러 번 항량을 배반하고 또한 군사를 이끌고 초군을 따라서 진나라를 치려고 하지 않았으므로 봉지(封地)를 주지 않았다. 성안군(成安君) 진여(陳餘)는 장수의 인(印)을 버리고 관중

---

109) 주: 지금의 호북성 황강현 서북쪽.

110) 주국: 본래 국도(國都)를 보위하는 관직이었으나 나중에 최고 무관이나 훈관(勳官)의 관직이 되었다. 상주국(上柱國)이라고도 한다.

111) 남군: 지금의 호북성 홍호(洪湖) 서쪽과 사천성 무산(巫山) 동쪽지역.

112) 강릉: 본래 초나라의 영도(郢都)로 지금의 호북성 강릉현.

113) 요녕: 지금의 요녕성(遼寧省) 대릉하(大陵河) 동쪽.

114) 계: 지금의 북경시(北京市) 서남쪽.

115) 임치: 임치(臨淄)라고도 하며, 지금의 산동성 치박시(淄博市) 동북쪽.

116) 박양: 지금의 산동성 태안(泰安) 동남쪽의 박현(博縣) 고성(故城). 일설에는 산동성 박평현(博平縣) 서북쪽의 박평진(博平鎭)이라고도 한다.

에 진입할 때 따라오지 않았지만 평소에 현능하다는 명성이 있었으며 조나라에 대해서도 공이 있었으므로, 남피(南皮)[117]에 있다는 소식을 듣고는 그 부근의 세 현(縣)을 봉지로 주었다. 파군(鄱君)의 장수 매현(梅鋗)은 공이 많으므로 10만 호(戶)의 후(侯)에 봉하였다. 항우는 스스로 왕위에 올라서 서초패왕(西楚霸王)[118]이라고 하고 구군(九郡)[119] 지역의 왕이 되어 팽성(彭城)에 도읍을 정했다.

한(漢) 원년[120] 4월, 제후들이 휘하의 군대를 철수시키고 각자 자신의 나라로 갔다. 항왕도 함곡관을 나와서 자신의 나라로 와서는 사자를 보내어 의제에게 천도하게 하며 말하였다. "옛 제왕은 영토가 사방 천리로, 반드시 강의 상류에 거주하셨습니다."

사자에게 의제를 장사(長沙)[121]의 침현(郴縣)[122]으로 옮기도록 하고 의제의 행차를 재촉하니 의제의 여러 신하들이 점차 의제를 배반하였다. 이에 항왕은 몰래 형산왕과 임강왕을 시켜 장강(長江) 가운데에서 그를 죽이도록 하였다. 한왕(韓王) 성(成)은 전공이 없었으니, 항왕은 그

---

117) 남피: 지금의 하북성 남피현(南皮縣) 동북쪽.

118) 서초패왕: 초나라에는 남초, 북초, 동초, 서초의 구분이 있었는데, 항우가 도읍을 세운 팽성은 서초에 위치했으므로 스스로를 '서초패왕'이라고 하였다. 패왕은 패주(霸主), 제왕(諸王)의 맹주(盟主)라는 뜻이다.

119) 구군: 양(梁), 초(楚)의 일부 지역으로 지금의 하남성 동부, 산동성 서남부와 강소성, 안휘성 일부 지역이다.

120) 한 원년: 기원전 206년, 유방이 한왕(漢王)에 봉해진 해.

121) 장사: 지금의 호남성 자강(資江) 동쪽에서 광동성(廣東省), 광서성(廣西省) 일부에 이르는 지역이다.

122) 침현: 지금의 호남성 침현.

가 자신의 나라로 돌아가지 못하게 한 뒤 함께 팽성으로 가서 왕을 폐하여 후(侯)로 삼았다가 얼마 후에 그를 죽였다. 장도는 자신의 나라로 가서 한광을 요동으로 쫓아내려고 하였으나, 한광이 듣지 않자 무종(無終)[123]에서 한광을 공격하여 죽이고는 그 땅을 빼앗아서 자신의 봉지로 삼았다.

전영은 항우가 제왕(齊王) 전불(田市)를 교동으로 옮기게 하고 제나라 장수 전도(田都)를 제왕으로 세웠다는 소식을 듣고는 크게 노하였다. 그리하여 그는 제왕을 교동으로 보내지 않고 제나라를 근거지로 하여 반란을 일으키고 전도를 맞아 싸웠다. 전도는 초나라로 도주했는데, 제왕 전불은 항왕이 두려워서 교동으로 도망쳐서 왕위에 올랐다. 그러자 전영이 노하여 그를 추격하여 즉묵(卽墨)[124]에서 죽였다. 전영은 스스로 제왕에 즉위하여 서쪽으로 제북왕 전안을 공격하여 죽이고 삼제(三齊)[125]를 모두 자신의 봉지로 삼았다. 전영은 팽월(彭越)에게 장수의 인(印)을 주고 양(梁) 땅에서 반란을 일으키게 하였다. 진여는 몰래 장동(張同)과 하열(夏說)을 보내서 제왕 전영에게 권유하였다. "항우가 천하의 주재자가 되었으니 이는 불공평한 일입니다. 지금 본래 왕이었던 사람을 나쁜 땅의 왕으로 삼고, 자기의 여러 신하와 장수들을 좋은 땅의 왕으로 삼았으며, 원래의 군주 조왕(趙王)을 쫓아내어 북쪽의 대(代)에 거주하게 하였으니, 저는 그럴 수 없는 일이라고 생각합니다. 듣건대 대왕께서 군대를 일으키시고 또한 불의를 따르지 않는다고 하시니,

123) 무종: 지금의 천진시(天津市) 계현(薊縣).

124) 즉묵: 지금의 산동성 평도현(平度縣) 동남쪽.

125) 삼제: 제 땅의 세 나라, 즉 제(齊), 교제(膠齊), 제북(齊北).

바라옵건대 대왕께서 저에게 군사를 지원해 주시어 상산(常山)을 공격하게 하여 조왕의 원래 영토를 회복케 하시고 이 나라를 방어 막으로 삼으시기를 청합니다."

제왕은 이를 허락하고 군사를 조나라로 파견했다. 진여는 삼현(三縣)의 군사를 모두 징발하여 제나라와 힘을 합쳐서 상산을 공격하여 크게 격퇴하니 장이는 도망쳐서 한(漢)나라로 돌아갔다. 진여는 원래의 조왕 헐을 대(代)에서 맞이하여 조나라로 돌아가게 하니, 조왕은 진여를 세워 대왕(代王)으로 삼았다.

이때에 한왕(漢王)은 회군(回軍)하여 삼진(三秦)을 평정하였다. 항우는 한왕이 이미 관중을 모두 병합하고는 동쪽으로 진격하려고 하며 제나라와 조나라가 그를 배반했다는 소식을 듣고 크게 노하였다. 그는 곧 옛 오령(吳令), 정창(鄭昌)을 한왕(韓王)으로 삼아서 한군(漢軍)을 견제하도록 하고 소공(蕭公) 각(角) 등에게 팽월을 공격하게 하였다. 그러나 팽월은 소공 각 등을 패퇴시켰다. 한왕(漢王)은 장량으로 하여금 한(韓)나라를 시찰하도록 하고, 항왕에게 서신을 보냈다. "한왕은 직위를 잃었으니[126] 관중을 얻을 수 있다면 약속대로 즉시 멈추어 감히 동쪽으로 진격하지 않을 것이오."

또 제나라와 조나라의 반란을 알리는 서신을 항왕에게 보냈다. "제나라가 조나라와 함께 초나라를 멸망시키고자 합니다."

이 때문에 초나라는 서쪽을 치려던 생각을 없애고 북으로 제나라를 공격하였다. 항왕은 구강왕 경포에게서 군사를 징발했는데, 경포는 병

---

126) 원문은 '漢王失職'으로, 유방이 사전 약조에 의해서 마땅히 얻어야 할 관중의 왕 자리를 얻지 못하였음을 뜻한다.

을 핑계로 나아가지 않고는 장수에게 수천 명의 군사를 거느리고 행군하게 하자, 이 일로 항왕은 경포를 원망하게 되었다. 한(漢) 2년 겨울, 항우가 마침내 북으로 성양(城陽)에 이르자, 전영 역시 군대를 거느리고 회전(會戰)하였다. 전영이 이기지 못하고 평원(平原)[127]으로 달아나자 평원의 백성들이 그를 죽였다. 항우는 마침내 북진하여 제나라 성곽과 집들을 불살라 없애버리고, 항복한 전영의 군졸들을 생매장했으며, 노약자와 부녀들을 묶어서 포로로 삼고는 제나라의 북해(北海)[128]까지 진격하니 많은 사람이 죽고 많은 곳이 파괴되었다. 제나라 사람들이 서로 모여서 반란을 일으키려고 하자, 전영의 동생 전횡(田橫)이 제나라의 살아남은 병졸 수만 명을 거두어서 성양에서 반란을 일으켰다. 항왕이 그곳에 남아서 여러 차례 싸움을 벌였으나 함락시킬 수가 없었다.

한(漢) 2년 봄에 한왕이 다섯 제후[129]들의 병사 56만 명을 통솔하여 동으로 초나라를 치고자 하였다. 항왕이 이 소식을 듣고서 즉시 여러 장수들에게 제나라를 공격하도록 하고는 자신은 정예군 3만 명을 이끌고 남쪽으로 진격하여 노현(魯縣)[130]을 지나서 호릉(胡陵)을 나왔다. 4월, 한왕이 이미 팽성에 들어가서 그 재화와 보물 및 미녀들을 차지하고 날마다 성대한 주연을 베풀었다. 항왕은 서쪽 소현(蕭縣)에서부터

127) 평원: 지금의 산동성 평원현 서남쪽.

128) 북해: 고대에는 북방의 편벽한 지역을 통칭하나, 한대(漢代)에는 지금이 산동성 동북쪽에 북해군(北海郡)을 설치했다.

129) 다섯 제후: 장이, 신양, 정창, 위표, 사마앙을 가리킨다. 일설에는 '천하의 병사를 일으키다.'라는 뜻으로 보기도 한다.

130) 노현: 지금의 산동성 곡부현(曲阜縣).

새벽에 한군(漢軍)을 공격하고 동쪽으로 진격하여 팽성에 이르렀으며, 정오 무렵 한군을 크게 격퇴시켰다. 한군은 모두 도망치다가 곡수(穀水)[131]와 사수(泗水)[132]에 빠졌으며, 여기서 한나라 병졸 10여만 명을 죽였다. 한나라 병졸들이 모두 남쪽 산으로 도망치니 초군은 또 추격하여 영벽(靈壁)[133]의 동쪽 수수(睢水)[134]에까지 이르렀다. 한군이 퇴각하여 초군에 밀리게 되니 많은 병사들이 죽게 되었는데, 한나라 병졸 10여만 명이 모두 수수에 빠져서 수수가 이로 인해 흐르지 않을 정도였다. 초군이 한왕을 겹겹이 포위하자, 이때 큰바람이 서북쪽에서부터 일어나 나무를 부러뜨리고 집을 날려버리며 모래와 돌을 흩날리니, 사방이 칠흑처럼 어두워지며 바람이 초군을 향해서 불어 닥치기 시작했다. 초군이 어지러이 흩어지니 한왕은 수십 기(騎)의 병사와 함께 도망칠 수 있었다. 패현을 거쳐서 가족들을 데리고 서쪽으로 가고자 하였으나, 초군도 사람을 보내어 패현까지 추격하여 한왕의 가족들을 붙잡게 하였다. 한왕의 가족들은 모두 도망하여 한왕과 만날 수가 없었다. 한왕은 도중에 효혜(孝惠)와 노원(魯元)[135]을 만나 이들을 수레에 태우고 길을 재촉하였다. 초군의 기병이 한왕을 뒤쫓아 오니 한왕은 다급하여 효혜와 노원을 수레 아래로 밀쳐 떨어뜨렸으나, 등공(滕公)[136]이

131) 곡수: 팽성의 동쪽을 거쳐서 남쪽으로 회수(淮水)로 흘러 들어간다.

132) 사수: 곡수와 함께 팽성의 동쪽을 거쳐서 남쪽으로 회수(淮水)에 이른다.

133) 영벽: 지금의 안휘성 회북시(淮北市) 서남쪽.

134) 수수: 수하(濉河)라고도 하며, 지금의 안휘성 영벽, 강소성 수녕(睢寧) 등을 지난다.

135) 효혜, 노원: 유방의 적자(嫡子)인 혜제(惠帝) 유영(劉盈)과 딸 노원공주.

136) 등공: 하후영(夏侯嬰). 일찍이 등현의 현령으로 있었으므로 등공이라고 칭했다. 당시 태복(太僕)의 지위로서 유방의 수레를 몰았다.

매번 내려가서 그들을 수레에 태웠으니 이렇게 하기가 세 차례나 되었다. 등공은 항의하였다. "비록 상황이 아무리 다급하고 말도 빨리 달리게 할 수가 없지만, 그들을 어찌 버리려고 하십니까?"

이러다가 마침내 기병들의 추적을 벗어날 수가 있었다. 그런 후 태공(太公)과 여후(呂后)를 찾았으나 서로 만나지 못했는데, 심이기(審食其)가 태공과 여후를 따라서 샛길로 가며 한왕을 찾다가 도리어 초군을 만나게 되었다. 초군은 마침내 그들을 데리고 돌아와서 항왕에게 보고하니 항왕은 그들을 늘 군영에 두었다.

이때에 여후의 오빠 주여후(周呂侯)가 한(漢)을 위해서 군사를 이끌고 하읍(下邑)[137]에 주둔하고 있었으니, 한왕은 샛길을 통해서 그에게 몸을 맡기고는 조금씩 한나라의 병사들을 모았는데, 형양(滎陽)[138]에 이르자 모든 패잔군들이 다 모여들었다. 소하(蕭何)[139]도 징집장부에도 없는 관중의 노약자를 모두 징발하여 형양으로 가니 그 위세는 다시 크게 떨쳐지게 되었다. 초군이 팽성에서 시작하여 계속 승세를 타고서 패주하는 한군을 추격하여, 형양 남쪽의 경읍(京邑)과 색읍(索邑) 사이에서 한군과 접전하였는데, 한군이 초군을 패퇴시키자 초군은 형양을 지나서 서쪽으로 진격할 수 없게 되었다.

팽성을 구원하러 갔던 항왕이 한왕을 추격하여 형양에 이르니, 전횡도 이때를 이용하여 제나라를 수습하고는 전영의 아들 전광(田廣)을 제

---

137) 하읍: 지금의 안휘성 탕산현(碭山縣).

138) 형양: 지금의 하남성 형양현 동북쪽에 있던 고대 군사요지.

139) 소하: 패현 사람으로 진말(秦末)에 유방을 도와서 봉기하여 한 왕조 건립에 중요한 역할을 하였다.

나라 왕으로 세웠다. 한왕이 팽성에서 패하자, 제후들은 모두 다시 초나라에 귀순하고 한나라를 배반하였다. 한군은 형양에 주둔해서 황하로 통하는 용도(甬道)를 수축하여 오창(敖倉)[140]의 양식을 조달하였다. 한(漢) 3년, 항왕이 여러 차례 한군의 용도를 침범하여 식량을 탈취하자, 군량이 부족해진 한왕은 두려워서 강화를 요청하고 형양 서쪽을 한의 영토로 하였다.

항왕이 이에 응하려고 하자, 역양후(歷陽侯) 범증이 반대하였다. "지금이 한군을 해치우기가 쉬울 때입니다. 그런데 지금 놓아주고 취하지 않는다면 나중에 반드시 후회할 것입니다."

그러자 항왕은 범증과 함께 급히 형양을 포위하니, 한왕은 이를 우려하여 범증과 항왕을 이간질시키는 진평의 계책을 사용하였다. 항왕의 사신이 오자, 태뢰구(太牢具)[141]를 준비하여 그에게 내놓으려고 하다가는 항왕의 사신을 보고 거짓으로 놀란 표정을 지으며 말하였다. "나는 아부(亞父)의 사신인 줄 알았더니, 알고 보니 항왕의 사신이었구나!"

한왕은 다시 가지고 들어가게 하고 형편없는 음식을 가져와서 항왕의 사신을 대접하였다. 사신이 돌아와서 항왕에게 보고하자, 항왕은 범증과 한왕이 사통하고 있는 것으로 의심하여 조금씩 그의 권력을 빼앗기 시작하였다. 그러자 범증이 크게 노하여 말하였다. "천하의 일이 대체로 정해졌으니, 이젠 군왕 스스로 하실 수 있게 되었습니다.

---

140) 오창: 진나라가 형양의 북쪽에 있는 오산(敖山)에 만든 곡식 창고.

141) 태뢰구: 태뢰는 본래 소, 양, 돼지의 세 가지 희생(犧牲)을 갖춘 제수(祭需) 또는 요리를 말한다. 여기서는 풍성한 주연(酒宴)을 뜻한다.

바라옵건대 저의 늙은 몸을 돌려주시어 평민(卒伍)으로 돌아가게 해주십시오."

항왕이 이를 허락하였다. 그러나 그는 팽성에 이르기도 전에 등에 종기가 나서 죽었다.

한나라 장수 기신(紀信)이 한왕에게 권유하였다. "사태가 이미 위급해졌으니 제가 대신 왕의 모습으로 변장하여 초군을 속이게 해주십시오. 그 틈을 타서 왕께서는 빠져나가실 수 있을 것입니다."

한왕은 밤중에 형양의 동문으로 갑옷을 입은 여자 2천 명을 내보내자 초군이 사방에서 공격해왔다. 기신은 좌독(左纛)[142]을 단 황제의 수레(黃屋車)를 타고 나와 말하였다. "성안에 양식이 떨어져서 한왕이 항복코자 하노라."

초군이 모두 만세를 불렀다. 한편 한왕은 수십 기의 병사와 함께 성의 서쪽 문으로 나와서 성고(成皐)[143]로 달아났다. 항왕이 기신을 보자 물었다. "한왕은 어디에 있느냐?"

기신이 "한왕은 이미 떠나셨소"라고 대답하자, 항왕은 기신을 불에 태워 죽였다.

한왕이 어사대부(御史大夫)[144] 주가(周苛), 종공(樅公), 위표(魏豹)에게 형양을 지키도록 하였다. 그런데 주가와 종공이 모의하였다. "나라를 배반한 왕과는 함께 성을 지킬 수 없다."

---

142) 좌독: 황제가 타는 수레의 왼쪽에 다는 검정 소의 꼬리나 꿩 꼬리로 만든 장식물.

143) 성고: 지금의 하남성 형양현 서북쪽.

144) 어사대부: 감찰 업무를 총괄하는 대부로 부승상(副丞相)에 해당하는 관직 이름.

그들은 함께 위표를 죽였다. 초군은 형양성을 함락시킨 뒤 주가를 생포하였다. 항왕이 주가에게 회유하였다. "나의 장수가 되면 공을 상장군으로 삼고 3만 호(戶)의 후에 봉하리라."

주가가 욕하며 꾸짖었다. "그대가 빨리 한나라에 항복하지 않으면 이제 한군이 그대를 사로잡을 것이니 그대는 한왕의 적수가 되지 못한다."

항왕이 노하여 주가를 물에 삶아 죽였으며, 아울러 종공도 죽였다.

한왕은 형양을 벗어난 뒤 남으로 완(宛)[145]과 섭(葉)[146]에 가서 구강왕 경포를 만나 함께 행군하면서 병사를 모집하여 다시 성고로 들어가서 수비하였다. 한(漢) 4년, 항왕이 진군하여 성고를 포위하자, 한왕은 도망하여 겨우 등공과 함께 성고의 북문을 나서 황하를 건너 수무(修武)[147]로 달아나 장이(張耳)와 한신(韓信)의 군대에 몸을 맡겼다. 그러자 여러 장수들도 조금씩 성고를 빠져나와서 한왕을 따르니, 초군은 마침내 성고를 함락시키고 서쪽으로 진군하려고 하였다. 한군은 군사를 보내어 공(鞏)[148]에서 초군에 항거하여 서쪽으로 오지 못하게 하였다.

이때에 팽월이 황하를 건너서 동아(東阿)에서 초군을 공격하여 초나라 장군 설공(薛公)을 죽였다. 항왕이 친히 동쪽으로 진격하여 팽월을 공격하고, 한왕은 회음후(淮陰侯)의 군대를 얻어 황하를 건너서 남쪽으로 진격하려고 하였다. 그러나 정충(鄭忠)이 한왕에게 권유하자, 한왕

145) 완: 지금의 하남성 남양시(南陽市).

146) 섭: 지금의 하남성 섭현(葉縣) 남쪽.

147) 수무: 지금의 하남성 획가현(獲嘉縣)의 소수무(小修武).

148) 공: 지금의 하남성 공현(鞏縣) 서남쪽.

은 진격을 멈추어 하내(河內)에 방벽을 쌓고, 유고(劉賈)에게 군사를 거느리고 팽월을 도와서 초군의 군량을 불태우도록 하였다. 그러자 항왕이 동쪽으로 공격하여 그들을 무찌르고 팽월을 패주시켰다. 한왕은 군대를 이끌고 황하를 건너서 다시 성고를 탈취하고, 광무(廣武)[149]에 주둔하여 오창(敖倉)의 양식을 먹었다. 항왕이 동해(東海)[150]를 평정하고 난 뒤, 서쪽으로 돌아와서 한군과 함께 광무에 진을 치고는 서로 수개월간을 대치하였다.

당시 팽월이 여러 차례 양(梁) 땅에서 반란을 일으켜서 초군의 군량을 끊자, 항왕이 이를 근심하였다. 그리하여 그는 제사용 높은 도마를 준비하여 태공(太公)을 그 위에 올려놓고 한왕에게 통고하였다. "지금 빨리 투항하지 않으면 내 태공을 삶아 죽이겠다."

그러자 한왕이 응대하였다. "나와 항우는 모두 신하로 복종하여 회왕의 명을 받고 '형제가 되기로 약속한다'라고 하였으니 나의 아버지가 곧 그대의 아버지이거늘, 그대의 아버지를 반드시 삶고야 말겠다면 내게도 국 한 그릇을 나누어주기 바란다."

그러자 항왕이 노하여 태공을 죽이려고 하니 항백이 만류하였다. "천하의 일이란 아직 알 수 없는 것이며, 또한 천하를 도모하는 자는 자신의 집안을 돌보지 않는 법이니, 그를 죽인다고 한들 이익이 없고 화만 더하게 될 뿐입니다."

항왕이 태공을 놓아주었다.

초군과 한군이 오랫동안 서로 대치하며 결판을 내지 못하자, 장정들

---

149) 광무: 지금의 하남성 형양현 동북쪽 광무산(廣武山)에 있던 성(城) 이름.
150) 동해: 동방(東方)을 통칭하여 동해라고 하였다.

은 군역에 시달리고 노약자들은 육상과 수상의 운송(轉漕)에 지치게 되었다. 항왕이 한왕에게 제의하였다. "천하가 여러 해 동안 혼란스러웠던 것은 오로지 우리 두 사람 때문이다. 바라건대 한왕과 겨루어 자웅을 가리고, 무고한 천하의 백성들을 고달프게 하지 말기로 하자."

그러자 한왕이 웃으며 거절하였다. "나는 차라리 지혜를 다툴지언정 힘을 다툴 수는 없다."

항왕이 장사(壯士)에게 나가서 싸움을 걸도록 하니, 한군에 말을 타고 활을 잘 쏘는 누번(樓煩)[151]이 있었는데, 초군이 싸움을 세 번 걸어오자 누번이 갑자기 활을 쏘아서 그를 죽였다. 항왕이 크게 노하여 직접 갑옷을 입고 창을 집어들고는 싸움을 걸었는데, 누번이 그에게 활을 쏘려고 하자 항왕이 눈을 부릅뜨고 꾸짖으니 누번은 감히 쳐다보지도 못하고 손 또한 화살을 쏘지 못하고는 마침내 진지 속으로 도망쳐 들어가 감히 다시 나오지 못하였다. 한왕이 사람을 보내서 몰래 알아보니 그가 바로 항왕임을 알고는 크게 놀랐다. 그러자 항왕이 한왕 근처로 나아가 서로 광무산 골짜기를 사이에 두고 대화를 나누었다. 한왕이 그의 죄목을 나열하자 항왕은 노하여 일전을 벌이고자 하였으나, 한왕이 응하지 않자 항왕은 숨겨 두었던 쇠뇌(弩)[152]를 쏘아서 한왕을 맞히니 한왕은 부상을 입고 성고로 도망쳐 들어갔다.

항왕은 회음후가 하북을 함락시킨 후 제나라와 조나라를 무찌르고 초나라도 공격하려고 한다는 소식을 듣고 용저(龍且)에게 그를 공격하

---

151) 누번: 서북 변경의 소수민족. 그들은 대체로 말 타기와 활쏘기에 능하므로 활을 잘 쏘는 사람을 누번이라고 칭했다.

152) 쇠뇌: 여러 개의 화살이나 돌을 잇달아 쏘게 되어 있는 큰 활.

도록 하였다. 회음후가 용저와 접전하고 있는데, 한군의 기장(騎將) 관영(灌嬰)이 공격하여 초군을 크게 격퇴시키고 용저를 죽였다. 한신은 이로써 스스로 제왕(齊王)이 되었다. 항왕은 용저의 군대가 패했다는 소식을 듣고 두려워지자 우이(盱眙) 사람 무섭(武涉)을 시켜 회음후에게 권고하도록 하였으나, 회음후는 듣지 않았다. 이때에 팽월이 다시 반란을 일으켜서 양 땅을 함락시키고 초군의 군량을 끊었다. 항왕은 해춘후(海春侯) 대사마 조구(曹咎) 등에게 자신의 계획을 말하였다. "성고를 삼가 지키기만 하오. 한군이 싸움을 걸어와도 절대로 싸우지 말고, 한군이 동쪽으로 오지 못하게만 하면 되오. 나는 15일이면 반드시 팽월을 주살하고 양 땅을 평정한 뒤 다시 장군을 따르겠소."

항왕은 즉시 동쪽으로 가서 진류(陳留)와 외황을 공격하였다.

외황은 쉽게 함락되지 않다가 며칠이 지난 뒤에야 항복을 하였다. 항왕은 노하여 15세 이상의 남자를 성의 동쪽으로 끌고 오도록 하고 그들을 생매장시키려고 하였다. 외황 현령(縣令)의 문객(舍人) 중 한 사람의 13세 된 아들이 항왕을 찾아와 설득하였다. "팽월이 강압적으로 외황을 위협하니 외황 사람들은 두려워서 우선 항복하고는 대왕을 기다렸습니다. 그런데 대왕께서 오셔서는 또 모두 생매장시키려고 하시니 백성들이 어찌 의탁하고자 하는 마음이 생기겠습니까? 여기서부터 동쪽으로 양 땅의 10여개 성이 모두 두려워서 항복하려고 하지 않을 것입니다."

항왕은 그 말이 그럴듯하다고 여기고는 생매장 당할 뻔한 외황 사람들을 사면해 주었다. 그러자 동쪽으로 수양(睢陽)[153]에 이르기까지 그

153) 수양: 지금의 하남성 상구현(商丘縣) 남쪽.

소식을 듣고는 모두 다투어 항왕에게 투항하였다.

한편, 한군이 과연 여러 차례 싸움을 걸어와도 초군은 나오지 않았다. 한군에서 사람을 시켜서 대엿새 동안 초군을 욕하게 하자, 대사마가 노하여 병사들에게 사수(汜水)[154]를 건너게 하였다. 사졸(士卒)들이 반쯤 건널 때 한군이 공격하여 초군을 크게 격퇴시키고 초나라의 진귀한 보물을 모두 차지하였다. 대사마 조구와 장사 예(翳), 새왕(塞王) 사마흔이 모두 사수에서 목을 찔러 자살하였다. 대사마 조구는 원래 기현에서 옥관을 지낸 자였고, 장사 사마흔 또한 본래 역양현의 옥리였는데, 두 사람은 일찍이 항량에게 은덕을 베푼 것이 있었기 때문에 항왕이 신임하였다. 이때 항왕은 수양에 있었는데, 해춘후의 군대가 패했다는 소식을 듣고는 즉시 군대를 이끌고 돌아왔다. 한군은 종리매(鍾離昧)를 형양의 동쪽에서 포위하고 있었는데, 항왕이 도착하자 한군은 초군을 두려워하여 모두 험난한 지역으로 달아났다.

이때 한군은 식량이 풍부했으나 항왕의 군사들은 지치고 군량마저 떨어진 상태였다. 한왕이 육고(陸賈)[155]를 보내 항왕에게 권유하여 태공을 풀어주도록 요청했으나 항왕은 듣지 않았다. 한왕이 다시 후공(侯公)을 보내어 항왕에게 권유하니, 항왕이 한왕과 천하를 둘로 나누어 홍구(鴻溝)[156] 서쪽을 한나라의 영토로 하고, 홍구 동쪽을 초나라의 영토로 하기로 약조하였다. 항왕은 태공을 풀어줄 것을 허락하고는 즉시

154) 사수: 지금의 하남성 공현(鞏縣) 동남쪽에서 발원하여 황하(黃河)로 흘러 들어간다.

155) 육고: 한왕의 변사(辯士)로 나중에 관직이 태중대부(太中大夫)에 이른다.

156) 홍구: 전국시기 위(魏)나라가 개척한 황하와 회수(淮水)를 통하는 운하.

한왕의 부모와 처자식을 돌려보내니, 한나라 군사들이 모두 만세를 외쳤다. 한왕이 후공을 평국군(平國君)에 봉하고 다시는 만나려고 하지 않았다. 그러고 나서 말하였다. "그는 천하의 능변가로서, 그가 거처하는 나라를 망하게 할 것이므로 평국군이라고 칭한 것이다."

항왕은 약조를 마친 뒤 군대를 철수시켜서 동쪽으로 돌아갔다.

한왕이 서쪽으로 돌아가고자 하자, 장량과 진평이 설득하였다. "한이 천하의 거의 절반을 차지했고 제후들도 모두 귀의했습니다. 그런데 초나라 군사들은 지치고 군량도 떨어졌으니, 이는 하늘이 초나라를 망하게 하려는 때입니다. 그러니 차라리 이 기회를 틈타 빼앗는 것이 좋을 것입니다. 지금 만일 놓아주고 공격하지 않는다면 이는 이른바 '호랑이를 길러 스스로 우환을 남겨 두는 것'입니다."

그러자 한왕이 그 말을 따랐다. 한(漢) 5년, 한왕이 항왕을 양하(陽夏)[157] 남쪽까지 추격하여 진을 치고는 회음후 한신, 건성후 팽월과 회합하여 초군을 공격하기로 약조하였다. 그런데 한군이 고릉(固陵)[158]에 이르러도 한신과 팽월의 군대가 오지 않았다. 그러자 초군이 한군을 공격하여 크게 격퇴하니, 한왕은 다시 진지로 들어가서 참호를 깊게 파고 수비만 하였다. 한왕이 장자방(張良)에게 계책을 물었다. "제후가 약조를 따르지 않으니 어찌해야 좋겠소?"

장자방이 대답하였다. "초군이 장차 망하려고 하는데, 한신과 팽월은 아직 나누어 받은 땅이 없으므로 그들이 오지 않는 것은 정말 당연한 일입니다. 군왕께서 천하를 그들과 함께 나눌 수만 있으시면 지금

157) 양하: 지금의 하남성 태강현(太康縣).

158) 고릉: 지금의 하남성 태강현 남쪽에 있던 촌락.

이라도 즉시 그들을 오게 할 수 있을 것입니다. 만일 그럴 수 없으시면 사태는 알 수 없게 됩니다. 군왕께서 진현(陳縣) 동쪽에서 해안 지역까지를 모두 한신에게 주시고, 수양(睢陽) 이북에서 곡성(穀城)[159]까지를 팽월에게 주셔서 각자 스스로를 위해서 싸우게 한다면 초나라는 쉽게 패배하게 될 것입니다."

한왕이 "좋소"라고 하였다. 그러자 사신을 보내어 한신과 팽월에게 통고하였다. "힘을 합쳐서 초군을 공격하시오. 초군이 격퇴되면 진현 동쪽에서 해안 지역까지를 제왕(齊王)에게 줄 것이며, 수양 이북에서 곡성까지를 팽상국(彭相國)에게 줄 것이오."

사신이 도착하자 한신과 팽월은 모두 대답하였다. "지금 진군하기를 청합니다."

그리고 한신은 즉시 제(齊)에서 진군하였고 유고(劉賈)의 군대도 수춘(壽春)[160]에서 함께 진군하여 성보(城父)[161]를 전멸시키고 해하(垓下)[162]에 이르렀다. 대사마 주은(周殷)이 초나라를 배반하여 서현(舒縣)[163]의 군사로 육현(六縣)을 도륙하고, 구강(九江)의 병졸을 동원하여 유고와 팽월을 따라 모두 해하에 모여서는 항왕을 향해서 진격하였다.

항왕의 군대는 해하에 방벽을 구축하고 있었는데, 군사 수는 적고 군량은 다 떨어진 데다 한군과 제후의 군대에게 여러 겹으로 포위되어 있었다. 밤에 한군이 사방에서 모두 초나라의 노래를 부르니 항왕이

---

159) 곡성: 지금의 산동성 평음현(平陰縣) 서남쪽 동아진(東阿鎭).

160) 수춘: 지금의 안휘성 수현(壽縣).

161) 성보: 지금의 안휘성 박현(亳縣) 동남쪽.

162) 해하: 지금의 안휘성 영벽현(靈壁縣) 동남쪽.

163) 서현: 지금의 안휘성 노강현(盧江縣) 서남쪽.

이에 크게 놀라서 말하였다. "한군이 이미 초나라 땅을 모두 빼앗았단 말인가? 어찌하여 초나라 사람이 이리도 많은가?"

항왕은 한밤중에 일어나서 장중(帳中)에서 술을 마셨다. 항왕에게는 우(虞)[164]라는 이름의 미인이 있었는데 항상 총애를 받으면서 시종(侍從)하였고, 또 추(騅)라는 이름의 준마가 있었는데 항상 이 말을 타고 다녔다. 항왕은 강개(慷慨)한 심정으로 비통함을 노래하며 스스로 시를 지어 읊었다.

> 힘은 산을 뽑을 수 있고, 기개는 온 세상을 덮을 수 있건만
> 시운(時運)이 불리하여 애마 추(騅)도 내달리지 않는구나!
> 추가 내달리니 않으니 내 무엇을 하겠는가?
> 우(虞)여! 우여! 그대를 어찌해야 좋을꼬?[165]

항왕이 여러 차례 노래 부르니 우미인(虞美人)도 따라서 불렀다. 항왕의 뺨에 몇 줄기 눈물이 흘러내리니 좌우에서 모두 눈물을 흘리며 차마 쳐다보지 못하였다.

이때 항왕이 바로 말에 올라타니, 휘하 장사 중에서 말을 타고 따르는 자가 800여 명이 되었다. 그날 밤에 그들은 포위를 뚫고 남쪽으로 나가서 질주하였다. 날이 밝자 한군은 비로소 이 사실을 알고 기장(騎將) 관영에게 5천의 기병을 이끌고 추격하도록 하였다. 항왕이 회수를 건너니 그를 따라오는 자는 이제 100여 기(騎)뿐이었다. 항왕이 음릉(陰

---

164) 우: 우미인. 항우가 포위 당하자, 그의 노래에 맞추어 춤춘 뒤 자살하였다.
165) 力拔山兮氣蓋世, 時不利兮騅不逝! 騅不逝兮可奈何, 虞兮虞兮奈若何?

陵)[166]에 이르러 길을 잃게 되어 한 농부에게 길을 물으니, 농부가 속여 "왼쪽이오!"라고 하여 왼쪽으로 가다가 큰 늪[167]에 빠지게 되었는데, 이로 인해서 한군이 바짝 추격하게 되었다. 항왕이 다시 군사를 이끌고 동쪽으로 가서 동성(東城)[168]에 이르니 겨우 28기만 남았고, 추격하는 한군의 기병은 수천이었다. 항왕이 스스로 생각해도 도저히 벗어날 수가 없어서, 그 기병에게 말하였다. "내가 군사를 일으킨 지 지금 8년이 되었다. 몸소 70여 차례의 전투를 벌이며 내가 맞선 적은 격퇴시키고 내가 공격한 적은 굴복시켜 일찍이 패배를 몰랐으며, 끝내는 천하의 패권을 차지하게 되었다. 그러나 지금 결국 이곳에서 곤궁한 지경에 몰렸으니, 이는 하늘이 나를 망하게 하는 것이지 결코 내가 싸움을 잘하지 못한 죄가 아니니다. 오늘 정녕 결사적으로 그대들을 위해서 통쾌히 싸워서 기필코 세 차례 승리하고, 그대들을 위해서 포위를 뚫고 적장을 참살하고 적군의 깃발을 쓰러뜨려서 그대들에게 하늘이 나를 망하게 하는 것이지 내가 싸움을 잘못한 죄가 아님을 알게 하겠노라."

그는 기병을 넷으로 나누어 사방으로 향하게 하였다. 한군이 겹겹이 포위하니, 항왕은 그 기병에게 말하였다. "내가 그대를 위해서 저 장수를 무찌르리라."

그는 기병들에게 사방으로 말을 달려 내려가도록 하고 산[169]의 동쪽 세 곳에서 나누어 만날 것을 기약하였다. 이에 항왕은 크게 소리치며

---

166) 음릉: 지금의 안휘성 정원현(定遠縣) 서북쪽.

167) 원문은 '대택(大澤)'으로 지금의 안휘성 정원현 서남쪽에 있는 미구(迷溝)가 당시 항우가 빠졌던 늪이라고 전해진다.

168) 동성: 지금의 안휘성 정원현 동남쪽.

169) 산: 지금의 안휘성 화현(和縣) 북쪽의 사궤산(四潰山)이라고 전해진다.

아래로 말을 달려가니, 한군은 바람에 초목이 쓰러지듯 모두 전멸 당하였고, 항왕은 마침내 한나라 장수 한 명의 목을 베었다. 이때 기장이었던 적천후(赤泉侯)[170]가 항왕을 추격하자 항왕이 눈을 부릅뜨고 그를 꾸짖으니, 적천후는 사람과 말이 모두 놀라서 몇 리 밖으로 달아났다. 항왕은 산의 동쪽 세 곳에서 그의 기병들을 만났다. 한군은 항왕의 소재를 알 수가 없게 되자, 군사를 셋으로 나누어 초군을 다시 포위하였다. 항왕이 말을 내달려서 다시 한나라 도위(都尉) 한 명을 베어 죽였고, 100여 명을 죽인 뒤 다시 그의 기병들을 모으니 기병 2명이 죽었을 뿐이었다. 항왕이 기병들에게 "자! 어떠냐?"라고 묻자, 기병들이 모두 엎드려서 "대왕의 말씀과 같사옵니다"라고 하였다.

이때에 항왕은 동쪽으로 오강(烏江)[171]을 건너려고 하였다. 오강의 정장(亭長)이 배를 강 언덕에 대고 기다리다가 항왕에게 말하였다. "강동(江東)이 비록 작지만 땅이 사방 천리요, 백성들의 수가 수십만에 이르니, 그곳 또한 족히 왕이 되실 만한 곳입니다. 바라옵건대 대왕께서는 얼른 건너십시오. 지금 신에게만 배가 있어 한군이 이곳에 온다 해도 강을 건널 수는 없을 것입니다."

항왕이 웃으며 거절하였다. "하늘이 나를 망하게 하려는데, 내가 건너서 무얼 하겠는가? 또한 내가 강동의 젊은이 8천 명과 함께 강을 건너 서쪽으로 갔었는데 지금 한 사람도 돌아오지 못했거늘, 설사 강동의 부형들이 불쌍히 여겨 나를 왕으로 삼는다고 한들 내가 무슨 면목으로 그들을 대하겠나? 설사 그들이 아무 말도 하지 않는다 해도

170) 적천후: 유방의 휘하에서 낭중기장(郎中騎將)으로 있었던 양희(楊喜).

171) 오강: 지금의 안휘성 화현 동북쪽의 장강(長江).

내 양심에 부끄럽지 않을 수 있겠는가?" 또 정장에게 말하였다. "나는 그대가 후덕한 사람임을 알고 있다. 나는 이 말을 5년이나 탔는데, 이 말에 대적할 것이 없었으며 하루에도 천리를 달렸다. 차마 이 말을 죽일 수 없어 그대에게 주겠노라."

항왕은 기병들에게 모두 말에서 내려 걷도록 하고는 손에 짧은 무기만을 들고 접전하여 항우 혼자서 죽인 한군이 수백 명이었고, 항왕도 몸에 10여 군데 부상을 입었다. 항왕은 한나라 기사마(騎司馬)[172] 여마동(呂馬童)을 돌아보며 물었다. "너는 예전에 내 부하가 아니었더냐?"

여마동이 항왕을 쳐다보고는 왕예에게 항왕을 가리키며 말하였다. "이 사람이 바로 항왕입니다."

그러자 항왕이 말하였다. "한왕이 나의 머리를 천금(千金)과 만호(萬戶)의 읍으로 사려고 한다고 들었는데, 내 그대들에게 은덕을 베풀어주리라."

항왕은 스스로 목을 치고 죽었다. 왕예가 항왕의 머리를 가졌으며, 다른 기병들은 서로 짓밟으며 항우의 몸을 쟁탈하다가 서로 죽인 자가 수십 명이 되었다. 마지막에는 낭중기장(郎中騎將) 양희(楊喜)와 기사마 여마동, 낭중(郎中) 여승(呂勝)와 양무(楊武)가 각기 항왕의 몸 한 쪽씩을 차지하였다. 다섯 사람이 모두 자신이 차지한 항왕의 몸을 맞추어보니 모두가 틀림없었다. 그러므로 그 땅을 다섯으로 나누어 여마동을 중수후(中水侯)에 봉하고, 왕예를 두연후(杜衍侯)로 봉하고, 양희를 적천후(赤泉侯)에 봉하고, 양무를 오방후(吳防侯)에 봉하고, 여승을 열양후(涅陽侯)에 봉했다.

---

172) 기사마: 기병의 장령(將領) 또는 기병 가운데 군법을 관장하는 관원(官員).

항왕이 죽자 초나라 모든 지역이 모두 한나라에 투항했는데, 유독 노현(魯縣)만이 항복하지 않았다. 한왕은 천하의 병사를 이끌고 노현을 도륙(屠戮)하려고 하였으나, 노현 백성들은 예의를 고수하며 군주를 위해 목숨을 바쳐 절개를 지키려고 하는 것이었으므로 한왕은 항왕의 머리를 가지고 가서 노현 백성들에게 보이자 노현의 부형들이 투항하였다. 처음에 초나라 회왕이 항적을 노공(魯公)으로 봉했고, 지금 그가 죽자 노현이 최후에 함락되었으므로 노공이라는 봉호에 대한 예우로 항왕을 곡성에 안장하였다. 한왕이 항왕을 위해서 발상(發喪)하고 흐느끼며 떠났다.

한왕은 여러 항씨 일족들을 모두 죽이지 않았다. 그리고 항백을 사양후(射陽侯)에 봉하였고, 도후(桃侯), 평고후(平皐侯), 현무후(玄武侯)는 모두 항씨(項氏)였으나 그들에게 유씨(劉氏) 성을 하사하였다.

태사공(太史公)[173]은 말한다.

"내가 주생(周生)[174]에게서 '순(舜)의 눈은 아마도 눈동자가 둘일 것이다'라는 말을 들었는데, 또 항우도 눈동자가 둘이라는 말을 들었다. 그러나 항우가 어찌 순의 후예이겠는가? 그러면 항우는 어떻게 갑작스럽게 흥기(興起)하였는가? 진나라가 실정(失政)하자, 진섭이 처음 난을 일으키고 호걸들이 봉기하여 서로 다투었으니 그 수를 이루 다 셀 수 없었다. 그러나 항우는 세력이나 근거지를 전혀 갖고 있지 않았으면서

173) 태사공: 『사기(史記)』의 저자 사마천(司馬遷)이 자기를 지칭한 말. 한나라 때 태사(太史)라는 관직에 있었기에 '태사공'이라 불렀다.

174) 주생: 주씨 성을 가진 당시의 유생. 일설에는 주(周) 왕조의 현자(賢者)라고도 한다.

도 진말(秦末)의 대세를 틈타 민간에서 일어나서, 3년 만에 마침내 다섯 제후[175]를 거느리고 진나라를 멸망시키고는 천하를 분할하여 왕, 후를 봉하니, 모든 정령(政令)이 항우에게서 나왔으며 자신을 '패왕'이라고 칭하였다. 그 왕위가 비록 끝까지 가지는 않았으나 이는 근고(近古) 이래로 일찍이 없었던 일이다. 그러다가 항우가 관중(關中)을 버리고 초나라를 그리워하며, 의제를 쫓아내고 스스로 왕이 되어 왕후들이 자신을 배반한 것을 원망하게 되자 상황은 어렵게 되었다. 항우는 스스로 전공(戰功)을 자랑하고 자신의 사사로운 지혜만을 앞세워 옛것을 스승삼지 아니하며 패왕의 공업(功業)이라고 말하고는, 무력으로 천하를 정복하고 다스리려고 하다가 5년 만에 마침내 나라를 망하게 하고 몸은 동성(東城)에서 죽으면서도 아직 깨닫지 못하고 자책하지 않았으니 이는 잘못된 것이었다. 그러고 나서 끝내 '하늘이 나를 망하게 하는 것이지, 결코 내가 싸움을 잘하지 못한 죄가 아니다'라는 말로 핑계를 삼았으니 어찌 잘못된 일이 아니겠는가!"

175) 다섯 제후: 제(齊), 조(趙), 한(韓), 위(魏), 연(燕) 다섯 나라의 제후군(諸侯群).

제2장 세가世家

공자세가孔子世家

공자(孔子)는 노(魯)[1]나라 창평향(昌平鄕)[2] 추읍(陬邑)[3]에서 태어났다. 그의 선조는 송(宋)[4]나라 사람으로 공방숙(孔防叔)이다. 방숙은 백하(伯夏)를 낳았고 백하는 숙양흘(叔梁紇)을 낳았다. 흘은 안씨(顔氏)[5]와 야합(野合)하여 공자를 낳았는데, 이구(尼丘)에서 기도를 한 뒤 공자를 얻게 되었다. 노양공(魯襄公) 22년에 공자가 태어났다. 그가 태어났을 때 머

---

1) 노: 기원전 11세기에 주(周) 무왕(武王)이 봉한 희씨(姬氏) 성의 제후국의 하나로 전국시대 초(楚)나라에 의해서 멸망당했다.

2) 창평향: 지금의 산동성 곡부시(曲阜市) 동남쪽 창평산(昌平山) 부근 고을.

3) 추읍: 지금의 산동성 곡부시 동남쪽 추성(陬城). 성의 서쪽에 궐리(闕里)와 이구(尼丘)가 있다.

4) 송: 기원전 11세기에 주(周) 무왕(武王)이 봉한 자씨(子氏) 성의 제후국의 하나로 전국시대 제(齊)나라에 의해서 멸망당했다.

5) 안씨: 『예기(禮記)』「단궁(檀弓)」에는 공자 어머니의 이름이 '징재(徵在)'라고 되어 있다.

리 중간이 움푹 패어있었기 때문에 이름을 '구(丘)'라고 불렀다. 자는 중니(仲尼)이고 성은 공씨(孔氏)이다.

구가 태어난 후 숙양흘이 세상을 떠나 방산(防山)[6]에서 장사를 지냈다. 방산은 노나라의 동쪽지대에 있어서 공자는 아버지의 묘소가 어디에 있는지 몰라 의심하였지만 어머니는 그것을 숨기었다. 공자는 어려서 소꿉장난을 할 때, 늘 제기(祭器)를 펼쳐놓고 예를 올렸다. 공자는 어머니가 죽자 곧 오보지구(五父之衢)[7]에 빈소를 차렸는데, 이는 대개 신중을 기하기 위함[8]이었다. 추읍 사람 만보(輓父)의 어머니가 공자 아버지의 묘소를 알려주어 그 후에야 비로소 방산에 합장하였다.

공자가 아직 상복을 입고 있을 때, 계씨(季氏)[9]가 명사(名士)들에게 연회를 베풀었는데 공자도 참석하러 갔다. 양호(陽虎)[10]가 가로막으며 말하였다. "계씨는 명사들에게 연회를 베풀려고 한 것이지 당신에게 베풀려는 것은 아닙니다."

그래서 공자는 물러나고 말았다.

공자 나이 17세 때의 일이다. 노나라 대부 맹희자(孟釐子)가 병이 나

---

6) 방산: 지금의 산동성 곡부시 동쪽 인근에 위치한 산으로 필가산(筆架山)이라고도 한다.

7) 오보지구: 노나라 성내(城內)의 큰 길 이름.

8) 고대의 풍속습관으로는 부부는 당연히 합장(合葬)해야 한다. 공자는 아버지를 매장한 곳을 알지 못하였기에 어머니가 돌아가셨는데 염을 하고 입관하였으나 매장하지 못하고 있다가, 아버지의 매장장소를 알게 된 후에야 합장하였다.

9) 계씨: 춘추시대 후기 노나라에서 정권을 장악한 귀족으로 노환공(魯桓公)의 막내아들 계우(季友)의 후예이다.

10) 양호: 양화(陽貨)라고도 하며, 계손씨(季孫氏)의 가신(家臣)으로 계환자(季桓子)를 협박하여 양관(陽關)에 거하며 국정을 독점하여 권세가 매우 컸다.

서 곧 죽게 되었을 때, 그는 후계자인 의자(懿子)에게 훈계하였다. "공구(孔丘)는 성인(聖人)의 후손인데, 그 조상은 송나라에 있을 때 멸망당하였다. 그 조상 불보하(弗父何)는 원래 송나라의 후계자였으나 아우 여공(厲公)에게 양보하였다. 정고보(正考父)에 이르러 대공(戴公), 무공(武公), 선공(宣公)을 섬길 때 세 번 명을 받았는데[11], 매번 명을 받을 때마다 더욱 공손하였다고 한다. 그래서 정(鼎)에 새겨놓은 명문(銘文)에 '첫 번째 명에 몸을 숙이고, 두 번째 명에 허리를 굽혀 절하고, 세 번째 명에는 큰절을 한 뒤에 받았다. 길을 걸을 때는 중앙을 걷지 않고 담장의 가를 따라 다녀서 누구도 감히 나를 경멸하지 않았다. 이 솥에 풀과 죽을 쑤어서 청렴하게 살아왔다'라고 하였다. 그 공손함이 이와 같았다. 내가 듣기로 성인의 후손은 비록 국왕의 지위에 오르지는 못해도 반드시 그 재덕(才德)에 통달한 자가 있다. 지금 공구의 나이는 어리나 예(禮)를 좋아하니 그가 바로 통달한 자가 아니겠느냐? 내가 죽거든 너는 반드시 그를 스승으로 모시어라."

희자(釐子)가 죽자, 의자는 노나라 사람 남궁경숙(南宮敬叔)과 함께 공자를 찾아가 예를 배웠다. 이해에 계무자(季武子)가 죽고 계평자(季平子)가 대를 이어 경(卿)의 자리에 올랐다.

공자는 가난하고 천하였다. 커서 일찍이 계씨(季氏)의 위리(委吏)[12]로 있을 때, 그의 저울질은 공평하였고, 그가 직리(職吏)[13]의 일을 맡고 있

11) 세 번 명을 받는다는 것은 관직이 높아져 상경(上卿)에 이르는 것을 의미한다.
12) 위리: 원문은 '사(史)'인데, 이것은 창고를 관리하는 말단 관리이다. 일설에는 '위리(委吏)'라고 하였다.

을 때 가축은 번성하였다. 이로 말미암아 그는 사공(司空)[14]이 되었으며, 그 후 얼마 되지 않아 노나라를 떠나 제(齊)나라에서 배척되고, 송나라와 위(衛)나라에서 쫓겨나고, 진(陳)나라와 채(蔡)나라 사이에서 곤궁에 빠지자 노나라로 되돌아왔다. 공자는 키가 아홉 자(尺) 여섯 치(寸)[15]여서 사람들이 모두 그를 '키다리'라고 불렀고 그를 괴이하게 여겼다. 노나라가 다시 그를 잘 대우하니 이에 노나라로 되돌아왔던 것이다.

노나라 사람 남궁경숙이 노나라 군주에게 말하였다. "공자와 더불어 주(周)나라에 가도록 해주십시오."

노나라 군주는 그에게 수레 하나, 말 두 필, 시자(侍者) 한 명을 주어 주나라에 가서 예를 묻게 하였는데, 이때에 노자(老子)를 만났다고 한다. 공자가 작별 인사를 하고 떠날 때, 노자가 그를 송별하며 말하였다. "내가 들으니 부귀한 자는 사람을 전송할 때 재물로써 하고, 인자한 자는 사람을 전송할 때 말로써 한다고 합니다. 나는 부귀하지 못하나 인자(仁者)라고 자처하기를 좋아하니 다음 말로써 그대를 전송하겠습니다. '총명하고 깊게 관찰하는 사람에게는 죽음의 위험이 따르는데, 이는 남을 잘 비판하기 때문이며, 많은 지식을 지니고 재능이 뛰어난 사람은 그 몸이 위태로운데 이는 남의 결점을 잘 지적해 내기 때문입니다. 사람의 자녀가 된 자는 아버지뻘 되는 사람 앞에서 자기

---

13) 직리: 공자가 맡았던 목축을 주관하는 직책인 '승전(乘田)' 직을 가리킨다.

14) 사공: 주대(周代)에 설립한 관직으로, 주로 공사(工事)를 관장하였다.

15) 주대에는 열 치가 한 자가 되는 것과 여덟 치가 한 자가 되는 두 가지 길이 기준이 있었다. 공자의 키는 후자의 기준으로 계산하면 일곱 자 여덟 치로, 이는 아홉 자 여섯 치에 비해 더 합리적이다.

를 낮추고, 사람의 신하된 자는 임금 앞에서 자기를 치켜세우지 않는 법입니다.'"

공자가 주나라에서 노나라로 돌아오니 제자들이 더욱 늘어났다.

이때에 진(晉)나라 평공(平公)이 음탕하였으므로 육경(六卿)[16]이 권력을 잡고 동쪽으로 제후들을 공격하였다. 초나라 영왕(靈王)은 군대가 강하여서 중국(中國)[17]을 침략하였다. 제나라는 대국으로 노나라와 경계를 접하고 있었다. 노나라는 약소하여 초나라에 붙으면 진(晉)나라가 노하였고, 진나라에 붙으면 초나라가 침공하였고, 제나라를 경계하지 않으면 제나라 군대가 노나라를 침략하였다.

노소공(魯昭公) 20년, 공자는 나이가 서른이 되었다. 제경공(齊景公)이 안영(晏嬰)[18]과 함께 노나라에 갔는데, 경공이 공자에게 물었다. "옛날 진목공(秦穆公)은 나라도 작고 외진 지역에 위치하였건만 패자(霸者)가 된 것은 무엇 때문입니까?"

공자가 대답하였다. "진(秦)나라는 비록 나라는 작아도 그 뜻이 원대하였고, 비록 외진 곳에 처하였어도 정치를 베푸는 것이 매우 정당하였습니다. 목공은 백리해(百里奚)[19]를 몸소 등용하여 대부(大夫)의 벼슬

---

16) 육경: 춘추시대 때 진(晉)나라는 한(韓), 조(趙), 위(魏), 범(范), 중행(中行), 지(智)의 육가(六家)를 육경(六卿)이라고 하였다.

17) 중국: 고대에는 화하족(華夏族)과 한족(漢族)이 사는 지역을 '중국(中國)'이라고 하고, 소수 민족이 사는 사방 주위를 일컬어 '사이(四夷)'라고 하였는데, 사이(四夷)의 가운데 거하였기 때문에 중국이라고 하였다. 여기서는 중원(中原)의 뜻이다.

18) 안영: 춘추시대 노나라의 영공(靈公), 장공(莊公), 경공(景公) 삼대에 걸쳐 대부를 지냈다. 자는 중평(仲平)이고, 이유(夷維: 지금의 산동성 고밀현) 사람이다.

19) 백리해: 원문은 '오고(五羖)'이다. 다섯 장의 암양 가죽을 몸값으로 치르고 되찾

자리를 내리고 감옥에서 석방시켜 함께 3일간 대화를 나눈 뒤 그에게 정사를 맡겼습니다. 이로써 천하를 다스렸다면 목공은 왕(王)[20]도 될 수 있었는데, 패자가 된 것은 오히려 대단치 않은 것입니다."

경공은 매우 기뻐하였다.

공자가 35세 되었을 때, 계평자(季平子)가 후소백(郈昭伯)과 닭싸움 끝에 노소공에게 죄를 지었다. 소공이 군대를 이끌고 평자를 공격하자, 평자는 맹씨(孟氏), 숙손씨(叔孫氏)와 연합하여 3가(家)가 함께 소공을 공격하였다. 소공의 군대는 패해서 제나라로 달아났고, 제나라는 소공을 간후(乾侯)[21]에 거하도록 하였다. 그 후 얼마 안 되어 노나라가 어지러워졌다. 공자는 제나라로 가서 고소자(高昭子)의 가신이 되어 경공(景公)과 통하려고 하였다. 공자는 제나라의 태사(太師)[22]와 음악을 토론하였는데 「소(韶)」[23] 음악을 듣고 그것을 배워, 3개월 동안 고기 맛을 잊을 정도로 심취하자, 제나라 사람들이 그를 칭송하였다.

경공이 공자에게 정치에 대하여 묻자 공자가 대답하였다. "군주는 군주답고 신하는 신하답고 아버지는 아버지답고 자식은 자식다워야

아 왔기 때문에 그를 오고대부(五羖大夫)하고 칭한다.

20) 왕: 분봉된 제후는 단지 공(公), 후(侯)라고 칭하였지, 왕(王)이라고 부를 수 없다. 그러나 주 왕실이 쇠미해져 열국의 제후들이 멋대로 왕이라고 칭하기 시작하였다.

21) 간후: 춘추시대 진(晉)나라의 고을. 지금의 하북성 안현(安縣) 동남쪽.

22) 태사: 서주(西周) 때 처음으로 둔 관직으로, 원래는 고급 무관이었으나 춘추시대 때 진(晉), 초(楚) 등의 나라가 이 관직명을 계속 사용하여 국왕을 보좌하는 관직이 되었다. 주(周)나라 때는 악관(樂官)을 '태사'라고 하였기에, 여기서는 악관의 의미로 쓰였다.

23) 소: 우순(虞舜)시대의 음악 이름. '소' 음악은 순(舜)임금이 요(堯)임금의 미덕을 계승할 수 있음을 노래한 것이다.

합니다."

경공이 말하였다. "옳은 말이오! 만약 군주가 군주답지 못하고 신하가 신하답지 못하고 아버지가 아버지답지 못하고 자식이 자식답지 못하면 비록 곡식이 있더라도 내 어찌 그것을 먹을 수 있겠소!"

다른 날 경공이 다시 공자에게 정치를 물었을 때, 공자가 대답하였다. "정치의 요점은 재물을 절제하는 데 있습니다."

경공은 기뻐하며 장차 이계(尼谿)의 땅에 공자를 봉하려고 하였다. 안영이 나서며 반대하였다. "무릇 유학자는 말재간이 있고 융통성을 잘 부려 법으로 규제할 수 없으며, 거만하고 제멋대로 하니 아랫사람으로 두기 어려우며, 상례를 중시하여 슬픔을 다한다며 파산까지 하면서 큰 장례를 치르니 그들의 예법을 풍속으로 삼기 어렵고, 도처에 유세 다니며 관직이나 후한 녹을 바라니 나라의 정치를 맡길 수도 없습니다. 현자(賢者)가 사라진 이래로 주(周) 왕실이 쇠미해졌고 예악(禮樂)이 붕괴된 지 오래되었습니다. 지금 공자는 용모를 성대히 꾸미고 의례절차를 번거롭게 하고 세세한 행동규범을 강조하고 있으나, 그것은 몇 세대를 배워도 다 배울 수 없으며 평생을 다해도 그 예를 터득할 수 없습니다. 군주께서 그를 채용하여 제나라의 풍속을 바꾸려고 하신다면 이것은 백성을 다스리는 좋은 방법이 아닙니다."

그 후 경공은 공자를 공손히 접견하였으나 다시는 예를 묻지 않았다. 훗날 경공이 공자를 붙잡고 말하였다. "내가 그대를 계씨(季氏)와 똑같은 지위로 대우하는 것은 할 수가 없소. 계씨와 맹씨(孟氏) 중간에 해당하는 대우를 해주겠소."

제나라 대부들이 공자를 해치려고 하였는데 공자도 이 소문을 들었다. 경공이 "나는 늙었소. 그대를 등용할 수가 없소"라고 하자, 공자는 그곳을 떠나서 노나라로 돌아왔다.

공자의 나이 42세 때, 노소공이 간후(乾侯)에서 죽고 뒤이어 정공(定公)이 즉위하였다. 정공 5년 여름, 계평자가 죽고 환자(桓子)가 자리를 이었다. 계환자(季桓子)는 우물을 파다가 흙으로 만든 그릇을 얻었다. 그 안에 양(羊)과 같은 것이 있었는데 공자에게 "개를 얻었다"라고 말하였다. 그러나 공자는 말하였다. "제가 들은 바로는 그것은 양입니다. 제가 듣기로 산의 요괴는 기(夔)[24]와 망량(魍魎)[25]이고, 물의 요괴는 용(龍)과 망상(罔象)[26]이며, 흙의 요괴는 분양(墳羊)[27]입니다."

오(吳)나라가 월(越)나라를 공격해서 회계(會稽)[28]를 격퇴하여 수레 하나에 가득 찰만한 큰 해골을 얻었다. 오왕이 사자(使者)를 보내어 공자에게 물었다. "해골은 누구의 것이 가장 큽니까?"

공자가 대답하였다. "우(禹)임금이 회계산(會稽山)에서 여러 신(神)들을 불러 모았을 때 방풍씨(防風氏)[29]가 늦게 오자 우임금이 그를 죽인 일이 있었다. 그 해골이 수레 하나에 가득 찼다고 하는데 그것이 가장 큰 해골이오."

---

24) 기: 고대 전설상의 동물로, 다리가 하나인데 용과 비슷하다.

25) 망량: 망량(罔兩), 방량(方良)이라고도 하며, 고대 전설상의 산에 사는 요괴이다.

26) 망상: 고대 전설상의 물에 사는 요괴이다.

27) 분양: 토정(土精)이라고도 하며, 고대 전설상의 암수 구별이 없는 괴물 양을 말한다.

28) 회계: 춘추시대 월(越)나라의 수도로, 지금의 절강성(浙江省) 소흥현(紹興縣).

29) 방풍씨: 부락의 수령(首領).

오나라의 사자가 물었다. "그 신들은 누구입니까?"

공자가 대답하였다. "산천의 신령은 구름을 부르고 비를 내려서 천하에 복을 가져올 수 있으니 그 산천을 지키고 제사를 책임지는 것이 신이며, 토신(土神)과 곡신(穀神)을 지키는 것이 공후(公侯)인데 이는 모두 왕자(王者)에 속하오."

사자가 물었다. "방풍씨는 무엇을 지켰습니까?"

공자가 대답하였다. "왕망씨(汪罔氏)[30]의 군장(君長)은 봉산(封山)과 우산(禺山)[31]을 지켰는데 그는 성이 희씨(釐氏)였소. 우(虞), 하(夏), 상(商)나라 때에는 왕망(汪罔), 주(周)나라 때에는 장적(長翟)이라고 하였고, 지금은 대인(大人)이라고 하오."

사자가 물었다. "사람들의 키는 어느 정도입니까?"

공자가 대답하였다. "초요씨(僬僥氏)[32]는 세 자(尺)로 가장 작고, 가장 큰 사람이라도 이것의 10배를 넘지 않는데 이것이 가장 큰 키요."

그러자 오나라의 사자가 말하였다. "공자는 정말 훌륭하신 성인(聖人)이십니다."

환자(桓子)가 총애하는 신하 중에 중양회(仲梁懷)라는 사람이 있었는데, 양호(陽虎)와 사이가 좋지 않았다. 양호는 중양회를 내쫓으려고 하였으나 공산불뉴(公山不狃)[33]가 그것을 말렸다. 그 해 가을, 중양회가 더욱 교만해지자 양호는 그를 체포하였다. 환자가 노하자 양호는 환자

30) 왕망씨: 상고시대의 부락 이름.

31) 봉산과 우산: 지금의 절강성 덕현(德縣) 서남쪽 무강현(武康縣)에 있다.

32) 초요씨: 고대 전설 속의 난쟁이. 서남쪽 오랑캐의 다른 이름.

33) 공산불뉴: 계씨(季氏)의 가신(家臣). 『논어(論語)』에는 '公山弗狃'라고 쓰여 있다.

마저 가두었는데, 함께 맹약을 한 후에야 그를 풀어주었다. 양호는 이로 인해서 더욱 계씨(季氏)를 가볍게 여겼다. 계씨 또한 분수를 모르고 공실(公室)보다 지나치게 행동하였기 때문에 배신(陪臣)[34]이 국정(國政)을 잡게 되었다. 이 때문에 노나라에서는 대부(大夫) 이하 모두가 정도에서 벗어난 행동을 하기 시작하였다. 그래서 공자는 관직에 나아가지 않고 물러나 『시(詩)』[35], 『서(書)』[36], 『예(禮)』[37], 『악(樂)』[38]을 편찬하였다. 제자들은 더욱 늘어나고 먼 곳으로부터 찾아와 글을 배우지 않은 자가 없었다.

노정공 8년, 공산불뉴는 계씨에게 뜻을 얻지 못하자, 양호에게 의탁하여 함께 반란을 일으켜 삼환(三桓[39])의 적장자(嫡長子)를 폐하고 평소 양호와 사이가 좋은 서자를 세우고자 하여 마침내 계환자를 체포하였다. 환자는 그를 속여 도망칠 수 있었다. 정공 9년, 양호는 계획이 실패하자 제나라로 도망갔다. 이때 공자의 나이는 50세였다.

공산불뉴는 계씨의 비(費[40])에서 계씨에게 반기를 들고, 사람을 시켜 자기를 도와달라고 공자를 불렀다. 공자는 도를 추구한 지 오래되었고,

---

34) 배신: 제후에 속하는 대부가 천자에 대해서 스스로 배신이라고 칭한다. 노나라에서는 계씨가 배신이 된다.

35) 시: 중국 최초의 시가총집(詩歌總集)인 『시경(詩經)』을 가리킨다.

36) 서: 『상서(尙書)』의 최초 명칭을 『서』라 하였고, 상고시기의 역사문헌총집인 『서경(書經)』을 가리킨다.

37) 예: 『의례(儀禮)』, 『주례(周禮)』, 『예기(禮記)』를 포함하여 '삼례(三禮)'라고 한다.

38) 악: 중국 고대 음악에 관한 경전(經典)으로, 지금은 전하지 않는다.

39) 삼환: 계손씨(季孫氏), 숙손씨(叔孫氏), 맹손씨(孟孫氏)를 말한다. 삼가(三家)의 귀족은 노환공(魯桓公)에서 나왔으므로 '삼환'이라고 칭한다.

40) 비: 계씨의 고을 이름. 지금의 산동성 비현(費縣) 서남쪽.

시험해볼 곳이 없음을 답답해하였으나 아무도 자신을 등용하려고 하지 않았기에, 공자는 가려고 하였다. "주나라의 문왕(文王)과 무왕(武王)은 풍(豐)[41]과 호(鎬)[42]처럼 그렇게 작은 지방에서 왕업을 일으켰다. 지금 비 땅은 비록 작기는 하지만 대체로 풍, 호와 같지 않겠는가!"

그러나 자로(子路)[43]는 기뻐하는 기색이 없이 공자를 말렸다. 공자가 말하였다. "나를 부르는 것이 어찌 무용한 일이겠는가? 그가 만약 나를 등용한다면 나는 훌륭한 동방의 주나라를 세울 수 있을 것이다!"

그러나 공자는 결국 가지 않았다.

그 후 정공(定公)은 공자를 중도(中都)[44]의 장(長)으로 삼았는데, 1년만에 사방이 모두 공자의 통치를 따랐다. 공자는 중도의 장에서 사공(司空)이 되었고, 사공에서 다시 대사구(大司寇)[45]가 되었다.

정공 10년 봄, 제나라와 화친을 맺었다. 그 해 여름, 제나라의 대부 여서(黎鉏)가 경공(景公)에게 경고하였다. "노나라가 공구(孔丘)를 중용하였으니 그 세력이 반드시 제나라를 위태롭게 할 것입니다."

그래서 (경공은) 노나라에 사자를 보내 친목을 도모하기로 하고 협곡(夾谷)[46]에서 만나기로 하였다. 노정공은 장차 수레를 타고 아무런 방비 없이 그곳에 가려고 하였다. 그때 공자는 재상(宰相)의 일을 임시

41) 풍: 주나라 문왕 때의 수도로 풍경(豐京)이라고도 한다. 지금의 섬서성 풍하(灃河) 서쪽.

42) 호: 주나라 무왕 때의 수도로, 호경(鎬京)이라고도 한다. 지금의 섬서성 장안현(長安縣) 위곡향(韋曲鄕)의 서북쪽.

43) 자로: 공자의 제자로 성품이 소탈하고 용감하였다.

44) 중도: 춘추시대 노나라의 고을 이름. 지금의 산동성 문상현(汶上縣) 서쪽.

45) 대사구: 주나라 때 만든 관직 이름으로 형벌과 규찰 등의 업무를 맡았다.

46) 협곡: 지금의 산동성 무래현(蕪萊縣)에 있는 협곡협(夾谷峽).

로 보고 있었는데 정공에게 간언하였다. "신이 듣기에 문사(文事)에는 반드시 무(武)를 갖추어야 하며, 무사(武事)에는 반드시 문(文)을 갖추어야 한다고 하였습니다. 옛날에는 제후가 국경을 나설 때 반드시 문무관원을 수행시켰다고 합니다. 좌우사마(左右司馬)를 대동하고 가십시오."

정공이 "그렇게 하겠소"라고 말하고 좌우사마를 데리고 갔다. 노정공이 협곡에서 제경공과 만났다. 제사에 쓸 대(臺)를 마련하고 흙 계단을 3단 만든 뒤, 경공과 정공은 예에 따라 상견례를 하였는데, 서로 읍(揖)하고 사양하면서 대 위에 올랐다. 술잔을 주고받는 예가 끝나자 제나라의 관리가 앞으로 달려 나와 청하였다. "사방(四方)의 음악을 연주하게 하옵소서."

경공이 "좋다"라고 하니 깃발과 우발(羽被)[47], 창칼과 방패를 든 무리가 북을 치고 시끄럽게 떠들면서 나왔다. 공자가 빨리 앞으로 나와 한 발에 한 계단씩 빠른 걸음으로 대에 오르더니 마지막 한 계단을 오르지 않고 긴소매를 쳐들고는 말하였다. "두 군주께서 친목을 위해서 만나셨는데 어찌하여 여기서 이적(夷狄)의 음악을 연주하는가! 물러나게 명하시오!"

관리가 그들을 물러나게 하였으나 그들이 물러가지 않자 좌우의 수행원들이 안자(晏子)와 경공의 눈치를 살폈다. 경공은 마음속으로 부끄러워하면서 그들을 물러가게 하였다. 조금 후 제나라의 관리가 앞으로 달려 나와 청하였다. "궁중의 음악을 연주하게 하옵소서."

경공이 "그렇게 하라"고 하였다. 광대와 난쟁이가 재주를 부리며 앞

---

47) 우발: 꿩 털로 장식한 떨이개처럼 생긴 용구.

으로 나왔다. 공자가 빨리 달려 나아가 한 발에 한 계단씩 빠른 걸음으로 대에 오르더니 마지막 한 계단을 오르지 않고서는 말하였다. "필부(匹夫)로써 제후를 현혹케 하는 자는 마땅히 주살(誅殺)해야 합니다! 처형할 것을 명하시기를 바랍니다!"

관리가 그들의 손발이 따로 떨어지게 허리를 잘라버렸다. (공자의 이러한 모습을 본) 경공은 도의나 이치 면에서 상대에 미치지 못한다는 사실을 알고 두려워하면서도 감탄하였고, 돌아와서는 크게 두려워하며 군신(群臣)들에게 고하였다. "노나라의 신하는 군자의 도로써 그 군주를 보필하는데, 그대들은 오로지 이적(夷狄)의 도로써 과인을 가르쳐서 노군(魯君)에게 죄를 짓게 하였으니, 이를 어찌하면 좋겠소?"

한 관리가 나와서 대답하였다. "군자는 과오를 범하면 실질적인 물증으로써 사죄하는데, 소인은 과실을 저지르면 허례적인 말로만 사죄한다고 합니다. 군주께서 그 일로 마음이 편하지 않으시거든 실질적인 물건을 내놓고 사과하십시오."

그래서 경공은 곧 노나라로부터 빼앗은 운(鄆)[48], 문양(汶陽)[49], 구음(龜陰)[50]의 땅을 돌려줌으로써 노나라에 사죄하였다.

정공 13년 여름, 공자는 정공에게 간언하였다. "신하는 무기를 비축해서는 안 되고, 대부는 100치(雉)[51] 길이의 성을 쌓아서는 안 됩니다."

---

48) 운: 지금의 산동성 기수현(沂水縣) 북쪽에 있던 고대 마을로 동운(東鄆)이라고도 한다.

49) 문양: 춘추시대 노나라 땅으로 문수(汶水)의 북쪽, 지금의 산동성 태안(泰安)의 서남쪽 일대.

50) 구음: 지금의 산동성 사수현(泗水縣) 동북쪽에 있는 구산(龜山)의 북쪽 땅.

51) 치: 고대 성벽의 면적을 계산하는 단위. 1치는 길이가 3장(丈), 높이가 1장(丈)이다.

그리고 중유(仲由)를 계씨의 가신으로 삼아 삼도(三都)[52]를 파괴하려고 하였다. 숙손씨(叔孫氏)가 먼저 후(郈)[53]를 허물었고, 계씨가 곧 비(費)를 파괴하려고 하였고, 공산불뉴와 숙손첩(叔孫輒)은 비인(費人)들을 이끌고 노나라를 습격하였다. 정공은 세 아들과 함께 계씨의 궁으로 피신하여 계무자(季武子)의 누대에 올랐다. 비인들이 그곳을 공격하여 함락시키지는 못하였으나 이미 정공의 누대 옆에까지 들어왔다. 공자는 신구수(申句須)와 악기(樂頎)에게 명해서 격퇴하도록 하자, 비인들이 패퇴하였다. 노나라 사람들이 그들을 추격하여 고멸(姑蔑)[54]에서 격퇴하였다. 공산불뉴와 숙손첩은 제나라로 도망쳤고, 드디어 비를 함락시켰다. 장차 성(成)[55]을 격퇴하려고 할 때 공렴처보(公斂處父)가 맹손(孟孫)에게 충고하였다. "성(成)을 격퇴하면 제나라 사람들이 반드시 북문까지 쳐들어올 것입니다. 또 성(成)은 맹씨(孟氏)의 보루이기에 성(成)이 없으면 맹씨가 없는 것과 같습니다. 우리는 성(成)을 파괴하지 말아야 합니다."

12월에 노정공은 성(成)을 포위하였으나 함락시키지는 못하였다.

정공 14년, 공자는 56세의 나이로 대사구(大司寇)로서 재상의 일을 맡게 되자 얼굴에는 희색이 돌았다. 제자가 물었다. "제가 듣기에 '군자는 화가 닥쳐도 두려워하지 않고, 복이 찾아와도 기뻐하지 않는다'고 하였습니다."

---

52) 삼도: 계손씨, 숙손씨, 맹손씨 삼가(三家)의 성벽을 가리킨다.

53) 후: 숙손씨에 속하며 지금의 산동성 동평현(東平縣)의 동남쪽 고을.

54) 고멸: 지금의 산동성 사수현의 동쪽.

55) 성: 맹손씨에 속하며 지금의 산동성 영양현(寧陽縣) 북쪽 읍.

공자가 말하였다. "그런 말이 있으나 '귀한 신분으로 신분이 낮은 사람을 공손하게 대하는 데에 즐거움이 있다'라고도 하지 않았는가?"

그리하여 얼마 후, 공자는 노나라의 정사를 문란케 한 대부 소정묘(少正卯)를 주살하였다[56]. 공자가 정치를 맡은 지 3개월이 지나자, 양과 돼지를 파는 사람들이 값을 속이지 않았고, 남녀가 길을 갈 때 따로 걸었으며, 길에 떨어진 물건을 주워 가는 사람도 없어졌다. 사방에서 읍에 찾아오는 여행자도 관리에게 허가를 받을 필요가 없었고, 모두 잘 접대해서 만족해하며 돌아가게 하였다.

제나라 사람들이 이 소문을 듣고 두려워하며 말하였다. "공자가 정치를 하면 노나라는 반드시 패권을 잡을 것이다. 노나라가 패권을 잡게 되면 우리 땅이 가까우니 우리가 먼저 병합될 것이다. 그런데도 어찌하여 먼저 약간의 땅을 노나라에 내주지 않는가?"

여서(黎鉏)가 의견을 제시하였다. "먼저 시험 삼아 노나라의 정치를 방해해보시기 바랍니다. 방해해보아도 되지 않으면 그때 가서 땅을 내놓아도 늦지 않을 것입니다."

그래서 제나라는 여자 중에서 좋은 사람(美女) 80명을 뽑아 모두 아름다운 옷을 입히고 「강락무(康樂舞)」[57]를 가르쳐서 무늬 있는 말 120필(三十駟)과 함께 노나라 군주에게 보냈다. 무녀들과 아름다운 마차들을 우선 노나라의 도성 남쪽 높은 문 밖에 늘어놓았다. 계환자(季桓子)

---

56) '공자가 소정묘를 주살하였다'고 한 기록에 대해서는 역대로 의견이 분분하다. 특히 염약거(閻若璩)의 『사서석지(四書釋地)』, 최술(崔述)의 『수사고신록(洙泗考信錄)』, 양옥승(梁玉繩)의 『사기지의(史記志疑)』 등은 공자가 소정묘를 죽인 일이 없다고 변증하였다.

57) 강락무: '강락'이라는 악곡에 맞추어 추는 춤.

는 평복 차림으로 몰래 몇 차례 가서 그것을 살펴보고 장차 받아들이려고 하였으며, 노나라 군주와 각 지역을 순회한다는 핑계를 대고 그곳으로 가서 하루 종일 관람하고 정사는 게을리 하였다. 자로(子路)가 공자에게 말하였다. "선생님이 이제 노나라를 떠날 때가 왔습니다."

공자가 말하였다. "노나라 군주는 이제 곧 교제(郊祭)[58]를 지내려고 하는데, 만약 그때 군주가 희생 제물을 대부들에게 나누어주면 나는 그대로 여기에 남을 것이다."

환자(桓子)는 결국 제나라의 무녀들을 받아들이고는 사흘 동안 정사를 돌보지 않았으며, 교제를 지내고도 그 희생 제물을 대부들에게 나누어주지 않자, 공자는 드디어 노나라를 떠나 둔(屯)에서 하루를 묵었다. 악사(樂師) 기(己)가 공자를 전송하며 말하였다. "선생님에게는 아무 잘못이 없는데 왜 떠나십니까?"

공자가 "내가 노래로 대답해도 괜찮겠는가?"라고 하며 다음과 같이 노래를 불렀다.

군주가 여인의 말을 믿으면 군자는 떠나가고,
군주가 여인을 가까이하면 신하와 나라는 망한다네.
유유히 자적하며 이렇게 세월이나 보내리라![59]

악사 기가 돌아오자, 환자가 물었다. "공자는 또 무엇이라고 하던가?"

악사 기가 사실대로 고하였다. 환자는 크게 탄식하며 말하였다.

---

58) 교제: 남쪽 교외에서 하늘에 제사지내는 것은 교(郊)이고, 북쪽 교외에서 하늘에 제사지내는 것은 사(社)이다.

59) 彼婦之口, 可以出走. 彼婦之謁, 可以死敗. 蓋優哉遊哉, 維以卒歲!

"공자는 내가 제나라의 무녀를 받아들인 것을 가지고 나를 책망하고 있구나!"

공자가 드디어 위(衛)나라에 도착해서 자로의 처형인 안탁추(顔濁鄒)의 집에 머물렀다. 위영공(衛靈公)이 공자에게 물었다. "노나라에 있을 때 녹봉을 얼마나 받았소?"

공자가 대답하였다. "조(粟) 6만 두(斗)를 받았습니다."

위나라에서도 역시 조 6만 두의 녹봉을 주었다. 공자가 이곳에 거한 지 얼마 안 되어 누가 위영공에게 공자를 참소(讒訴)하였다. 영공이 공손여가(公孫余假)에게 무장한 채 출입하며 공자를 감시하게 하였다. 공자는 억울한 누명이나 쓰지 않을까 두려워하며 열 달을 머문 뒤 위나라를 떠났다.

공자가 장차 진(陳)나라로 가려고 광(匡)[60]을 지나갔다. 이때 안각(顔刻)이 말을 몰았는데 말채찍으로 한 곳을 가리키며 말하였다. "전에 제가 이곳에 왔을 때는 저 파손된 성곽의 틈 사이로 들어 왔었습니다."

광(匡) 지역 사람들은 이 말을 듣고 노나라의 양호(陽虎)가 또 온 것이라고 여겼다. 양호는 일찍이 광 지역 사람들에게 포악하게 대하였기에, 광 지역 사람들은 드디어 공자의 앞길을 막았다. 공자의 모습이 양호와 비슷하였기 때문에 공자는 5일간이나 갇혀 있었다. 안연(顔淵)[61]이 뒤따라 도착하자, 공자가 외쳤다. "나는 자네가 이미 죽은 줄 알았네!"

안연이 말하였다. "선생님이 계시는데 제가 어찌 감히 죽을 수 있겠

---

60) 광: 지금의 하남성 장원현(長垣縣)에 있던 위나라에 속한 고을.

61) 안연: 공자의 저명한 제자. 이름은 회(回), 자는 연(淵)이다.

습니까?"

광 지역 사람들이 공자를 향하여 더욱 급박하게 체포하려 하자, 제자들이 두려워하였다. 공자가 (제자들을 위로하여) 말하였다. "문왕(文王)이 이미 돌아가셨으나 문(文)[62]은 여기에 있지 않은가? 하늘이 이 문을 없애려고 하였다면 우리에게 이 문을 전할 수 없게 하였을 것이다. 하늘이 이 문을 없애려고 하지 않는데 광 지역 사람들이 나를 어찌하겠는가!"

공자는 사자를 영무자(寧武子)에게 보내어 위나라의 신하가 되게 한 후에야 그곳을 떠날 수 있었다.

공자는 광 땅을 떠난 뒤 곧 포(蒲[63])에 도착하였다. 여기서 한 달 남짓 머문 후 다시 위(衛)나라로 돌아와 거백옥(蘧伯玉)의 집에 머물렀다. 위영공에게는 남자(南子)라는 부인이 있었는데 그녀는 사람을 시켜 공자에게 연락하였다. "사방의 군자들은 우리 군주와 친하게 사귀고 싶은 생각이 있으면 반드시 그 부인을 만납니다. 우리 부인께서 뵙기를 원합니다."

공자는 사양하다가 나중에는 부득이 가서 만났다. 부인은 휘장 안에 있었으며, 공자가 문으로 들어가 북쪽을 향하여 절을 하니 부인도 휘장 안에서 답례하였는데, 이때 허리에 찬 구슬 장식이 맑고 아름다운 소리를 냈다. 돌아와서 공자가 (제자들에게 변명하여) 말하였다. "나는 원래 만나고 싶지 않았는데, 부득이해서 만났으니 이제는 예로 답해 주어야겠다."

---

62) 문: 주대(周代)의 예악제도(禮樂制度)로 문화의 도통(道統)을 의미한다.
63) 포: 위나라의 광성(匡城) 부근에 위치한 읍.

그러나 자로는 역시 기뻐하지 않았다. 그러자 공자는 단호하게 말하였다. "내가 만일 잘못하였다면 하늘이 나를 버릴 것이야! 하늘이 나를 버릴 것이야!"

위나라에 머문 지 한 달쯤 되었을 때, 영공은 부인과 함께 수레를 타고 환관인 옹거(雍渠)를 시위(侍衛)로 옆에 태우고 궁문을 나서서 가는데, 공자는 뒤 수레를 타고 따라오게 하면서 거드름을 피우고 뽐내며 시내를 지나갔다. 공자가 말하였다. "나는 덕을 좋아하기를 여색을 좋아하는 것과 같이 하는 자를 보지 못하였다."

그리하여 공자는 이곳의 정치에 실망하고 위나라를 떠나서 조(曹)나라로 갔다. 이 해에 노정공(魯定公)이 죽었다.

공자는 조(曹)나라를 떠나 송(宋)나라로 갔다. 공자는 제자들과 큰 나무 아래에서 예의에 대해서 강습하였다. 송나라 사마(司馬) 환퇴(桓魋)가 공자를 죽이려 하였고 (사람을 시켜) 그 나무를 뽑아버렸다. 공자는 그곳을 떠날 수밖에 없었다. 제자들이 "빨리 떠나는 것이 좋겠습니다"라고 하자, 공자가 말하였다. "하늘이 나에게 덕을 전할 사명을 주셨는데 환퇴가 나를 어찌하겠는가?"

공자가 정(鄭)나라에 갔는데 제자들과 서로 길이 어긋나서 홀로 성곽(城郭)의 동문에 서 있었다. 정나라 사람 누군가가 자공(子貢)[64]에게 말하였다. "동문에 어떤 사람이 있는데 그 이마는 요(堯)임금과 닮았고, 그 목덜미는 고요(皐陶)[65]와 닮았고, 그 어깨는 자산(子産)[66]과 닮았으

64) 자공: 공자의 제자. 성은 단목(端木), 이름은 사(賜)이다.

65) 고요: 전하는 말에 의하면 동이족(東夷族)의 우두머리로 순(舜)임금 때 형법을 관장하였다.

나, 허리 이하는 우(禹)임금보다 세 치(寸) 짧으며, 풀이 죽은 모습은 마치 상가(喪家)의 개와 같았습니다."

자공은 이 말을 그대로 공자에게 고하였다. 공자는 흔쾌히 웃으며 말하였다. "한 사람의 모습은 그리 중요한 것이 아니다. 그런데 '상가의 개'와 같다고 하였다는데, 그것은 정말 그랬었지! 그랬었어!"

공자는 드디어 진(陳)나라에 이르러 사성정자(司城貞子)의 집에 머물렀다. 1년 남짓 되었을 때 오왕(吳王) 부차(夫差)[67]가 진(陳)나라를 쳐서 세 읍을 빼앗아 돌아갔다. 진(晉)나라의 조앙(趙鞅)은 조가(朝歌)[68]를 공격하였다. 초나라는 채(蔡)나라를 포위하였고, 채나라는 오나라의 땅으로 옮겨가서 오나라의 보호를 받았다. 오나라는 월왕(越王) 구천(句踐)을 회계(會稽)에서 패퇴시켰다.

어느 날 매 한 마리가 진(陳)나라 궁정에 떨어져 죽었는데, 싸리나무로 만든 화살이 몸에 꽂혀 있었고 돌로 만든 화살촉에 화살의 길이는 한 자 여덟 치였다. 진민공(陳湣公)이 사자를 보내어서 공자에게 물었다. 공자가 대답하였다. "매는 멀리서 왔습니다. 이것은 숙신(肅愼[69])의 화살입니다. 옛날 무왕(武王)이 상(商)나라를 멸한 후에 여러 소수민족들과 교통하고 각각 그 지방의 특산물을 조공하게 함으로써 그들의 직책과 의무를 잊지 않게 하였습니다. 이에 숙신은 싸리나무로 만든 화살과 돌로 만든 화살촉을 바쳤는데 길이가 한 자 여덟 치였습니다.

---

66) 자산: 공손교(公孫僑). 춘추시대의 정치가로 정(鄭)나라 귀족의 자제이다.

67) 부차: 춘추시대 오왕(吳王) 합려(闔閭)의 아들.

68) 조가: 춘추시대 위(衛)나라의 도성(都城).

69) 숙신: 옛 부족 이름으로 뒤의 여진족(女眞族)을 가리킨다.

선왕께서는 그의 미덕을 표창하고자 숙신의 화살을 큰딸 대희(大姬)에게 나누어주었으며, 그 후 장녀를 우(虞)의 호공(胡公)과 결혼시키고, 호공을 진(陳)나라에 봉하였습니다. 동성(同姓) 제후들에게는 진귀한 옥을 나누어주어 친척의 도리를 다하게 하였고, 이성(異姓) 제후들에게는 먼 지방에서 들어온 조공품을 나누어주어 무왕에게 복종할 것을 잊지 않게 하였습니다. 그리하여 진나라에게는 숙신의 화살을 나누어주었던 것입니다."

민공이 시험 삼아 옛 창고에서 그 화살을 찾아보게 하였는데 과연 그것이 있었다.

공자가 진(陳)나라에 머문 지 3년이 되던 해에 때마침 진(晉)나라와 초(楚)나라가 강함을 다투며 서로 차례로 진(陳)나라를 침범하였고, 오나라가 진(陳)나라를 침범할 때까지 진(陳)나라는 항상 침공을 당하였다. 공자는 단언하였다. "돌아가자, 돌아가자! 내 고장의 젊은이들은 뜻하는 바는 크지만 행동은 소홀하고 거칠다. 그러나 그들에게는 진취성이 있고, 그들은 초지(初志)를 잊지 않고 있다." 공자는 진(陳)나라를 떠났다.

포(蒲)를 지날 때, 때마침 공숙씨(公叔氏)가 포에서 반란을 일으켰다. 포의 사람들이 공자의 앞길을 막았다. 제자 중에 공양유(公良孺)라는 자가 있어 개인의 수레 다섯 대를 가지고 공자를 따르고 있었다. 그는 키가 크고 사람됨이 어질며 용기와 힘이 있었는데, 그가 결심하여 말하였다. "내 이전에 선생님을 모시고 광(匡)에서 난을 당했었는데, 오늘 또다시 여기서 위험을 만나게 되니 실로 운명일 따름이다. 내 선생님과 함께 다시 위험에 빠지니 차라리 싸우다 죽겠다."

싸움이 매우 격해졌다. 포의 사람들이 두려워서 공자에게 제안하였다. "만일 위(衛)나라로 가지 않는다면 그대를 놓아주겠소."

공자가 맹약(盟約)을 하자, 그들은 공자 일행을 동문(東門)으로 내보냈다. 그러나 공자는 끝내 위나라로 갔다. 자공이 물었다. "맹약을 저버려도 됩니까?"

공자가 대답하였다. "강요된 맹약은 신(神)도 인정하지 않는다."

위영공(衛靈公)은 공자가 온다는 소식을 듣고 기뻐하며 교외까지 나가서 영접하며 물었다. "포(蒲)를 공격할 수 있습니까?"

공자가 대답하였다. "있습니다."

영공이 물었다. "우리 대부(大夫)들은 불가능하다고 여깁니다. 오늘날 포는 위나라가 진(晉)나라와 초나라를 방어하는 요지인데, 위나라가 그곳을 공격한다는 것은 무리가 있지 않겠습니까?"

공자가 대답하였다. "그곳의 장정들은 모두 위나라를 위해서 죽을 의지가 있으며, 부녀자들도 그들의 서하(西河) 땅을 지키려는 의지가 있습니다. 우리가 토벌하려는 사람은 반란을 일으킨 우두머리 네댓 명에 불과합니다."

영공이 "좋습니다"라고 말했지만, 포를 공격하지 않았다.

영공은 늙어서 정사에 태만하였고, 공자를 등용하지도 않았다. 공자는 크게 탄식하며 말하였다. "만약 나를 등용하는 자가 있으면, 그 나라는 단 일년이면 자리가 바로잡힐 것이고, 삼년이면 성과가 나타날 텐데……" 공자는 위나라를 떠났다.

불힐(佛肹)은 중모(中牟)의 지방장관으로 있었다. 진(晉)나라의 조간자(趙簡子)가 범씨(范氏)와 중항씨(中行氏)를 공격하려 하자, 이들이 중모에서 조간자에게 불복하였으므로 조간자는 중모를 공격하였다. 그러자 불힐이 중모에서 반기를 들었고, 사람을 보내 협조를 구하고자 공자를 초빙하자, 공자는 이에 응해 가려고 하였다. 자로가 (반대하며) 물었다. "제가 선생님께 듣기로는 '스스로 좋지 못한 일을 한 자에게 군자는 가지 않는다'라고 하셨는데, 지금 불힐은 친히 중모에서 반기를 들었는데도 선생님께서 가려고 하시니 이는 어찌 된 일입니까?"

공자가 대답하였다. "내 그런 말을 한 적이 있었다. 그러나 내 또한 강한 것은 갈아도 얇아지지 않고, 하얀 것은 물들여도 검어지지 않는다고 말하지 않았던가! 내 어찌 쓸모없는 박(匏瓜)이 되란 말이냐? 어찌 매달려 있기만 하고 사람에게 먹히지 않을 수 있는가?"

공자가 경(磬)[70]을 연주하는데, 망태를 메고 문 앞을 지나가던 자가 듣고서는 말하였다. "깊은 생각에 빠졌네. 경을 연주하는 이여! 쟁그랑 쟁그랑, 세상에 자기를 알아주는 이가 없으면 그것으로 그만일 뿐!"

공자가 악사(樂師) 양자(襄子)에게 거문고 타는 법을 배웠는데 열흘 동안 진전이 없었다. 양자가 말하였다. "이제는 다른 곡을 배워도 되겠습니다."

공자가 말하였다. "나는 이미 그 곡조는 익혔으나 그 연주하는 술수는 터득하지 못하였습니다."

얼마 후에 양자가 말하였다. "이제는 그 연주하는 기법을 익혔으니 다른 곡을 배워도 되겠습니다."

공자가 말하였다. "나는 아직 그 곡조의 뜻을 터득하지 못하였습니다."

얼마 후에 양자가 말하였다. "이제는 곡조의 뜻을 익혔으니 다른 곡

70) 경: 돌이나 옥 조각을 사용하여 만든 고대의 타악기.

을 배워도 되겠습니다."

공자가 말하였다. "나는 아직 이 곡에 나오는 사람의 사람됨을 터득하지 못하였습니다."

얼마 뒤에 공자는 엄숙하고 경건하게 깊이 생각하였고, 또 유쾌하게 높은 희망과 원대한 뜻을 갖게 되었다. 공자가 말하였다. "이제야 나는 그 곡에 나오는 사람의 사람됨을 알았습니다. 피부는 검고, 키는 크며, 눈은 빛나고 멀리 바라보는데 마치 사방 제후국을 다스리는 것 같았으니, 이는 문왕(文王)이 아니고서는 그 누가 이런 모습일 수 있겠습니까!"

양자가 자리에서 일어나 두 번 절하며 말하였다. "원래 나의 은사님께서도 이것은 「문왕조(文王操)」[71]라고 말씀하셨습니다."

공자는 위(衛)나라에서 등용되지 못하자, 장차 서쪽으로 가서 진(晉)나라의 조간자를 만나려고 하였다. 황하에 이르러서 두명독(竇鳴犢)과 순화(舜華)가 피살된 소식을 듣고서 탄식하며 말하였다. "아름답다 황하여! 넓고 넓구나! 내가 이 황하를 건너지 못하는 것은 또한 운명이구나!"

자공이 달려 나가서 물었다. "감히 여쭙건대 이제 하신 말씀은 무슨 뜻입니까?"

공자가 말하였다. "두명독과 순화는 진(晉)나라의 어진 대부였다. 조간자가 아직 뜻을 얻지 못했을 때 모름지기 이 두 사람의 도움으로 정치를 하였다. 그런데 지금은 그가 뜻을 이루자 도리어 그들을 죽이고 정권을 잡고 있다. 내가 듣기로 배를 갈라 어린것을 죽이면 기린(麒

---

71) 문왕조: 주문왕(周文王)을 찬양하는 내용의 거문고 곡.

麟)이 교외에 이르지 않고, 연못을 마르게 하여 고기를 잡으면 교룡(蛟龍)이 운우(雲雨)를 일으켜 음양의 조화를 이루려 하지 않고, 둥지를 뒤엎어 알을 깨뜨리면 봉황이 날아오지 않는다고 한다. 왜냐하면 군자는 자기와 같은 무리가 상하는 것을 꺼리기 때문이다. 무릇 조수(鳥獸)도 그 의롭지 못한 것을 피할 줄 아는데, 하물며 이 공구(孔丘)에게서야!"

그는 추향(陬鄕)에 되돌아가 쉬면서 「추조(陬操)」[72]를 지어 두명독과 순화를 애도하였다. 후에 공자는 위(衛)나라로 돌아가 거백옥의 집에서 살았다.

어느 날 위영공이 군대의 진법(陣法)을 물었다. 공자가 대답하였다. "제사 지내는 일은 일찍이 들었으나, 군사의 일은 배우지 못하였습니다."

다음날 영공이 공자와 함께 이야기하다가 날아가는 기러기를 보자 그것을 우러러보며 공자의 말에는 열중하지 않았다. 공자는 마침내 그곳을 떠나 다시 진(陳)나라로 갔다.

이해 여름에 위영공이 죽자 손자 첩(輒)을 세웠는데, 그가 위출공(衛出公)이다. 6월, 조앙(趙鞅)이 태자 괴외(蒯聵)를 척(戚)[73]으로 받아들였다. 조앙의 명을 받은 양호(陽虎)가 태자에게 문(絻)을 입히고, 여덟 명에게 최질(衰絰)[74]을 입혀 위(衛)나라에서 온 영접자로 가장하여 울며 척으로 들어와 드디어 거기에서 머물러 살게 되었다. 겨울에 채(蔡)나라는 주래(州來)[75]로 천도하였다. 그 이듬해는 노애공(魯哀公) 3년으로,

---

72) 추조: 거문고 곡의 이름.

73) 척: 지금의 하남성 복양현(濮陽縣) 북쪽에 있던 위나라의 읍.

74) 문(絻)과 최질(衰絰)은 모두 고대 상복(喪服)의 일종이다.

이때 공자의 나이 60세였다. 제나라의 도움으로 위나라는 척을 포위하였는데, 그것은 위나라의 태자 괴외가 그곳에 있었기 때문이었다.

같은 해 여름, 노나라의 환공(桓公)과 희공(釐公)의 묘에 불이 났는데, 남궁경숙(南宮敬叔)이 불을 껐다. 공자는 진(陳)나라에 있었는데, 이 소식을 듣고 말하였다. "화재는 틀림없이 환공과 희공의 종묘에서 났을 것이다." 과연 뒤에 알아보니 그러하였다.

가을에 계환자(季桓子)가 병이 들었는데, 마차에 올라 노나라의 도성을 바라보고 탄식하며 말하였다. "이전에 이 나라는 거의 흥성할 수가 있었는데 내가 공자를 등용해서 그의 말을 듣지 않았던 까닭에 흥성하지 못하였다."

그는 또 후계자인 강자(康子)를 돌아보고 당부하였다. "내가 죽으면 너는 반드시 노나라의 정권을 이어받을 것이다. 정권을 이어받게 되면 반드시 공자를 불러오도록 해라!"

그 후 며칠 지나서 계환자가 죽고 강자가 대를 이었다. 장례가 끝난 뒤 강자는 공자를 부르려고 하였다. 공지어(公之魚)가 간언하였다. "지난날에 선군(先君)께서 그를 등용하고자 하셨으나 좋은 결과를 거두지 못하여 결국 제후의 웃음거리가 되었습니다. 이제 또 그를 등용하려다가 좋은 결과를 거두지 못하게 되면 이는 또다시 제후들의 웃음거리가 되는 것입니다."

강자가 물었다. "그러면 누구를 불러오면 좋겠소?"

공지어가 대답하였다. "반드시 염구(冉求)[76]를 부르십시오."

---

75) 주래: 지금의 안휘성 봉대현(鳳臺縣)에 있던 춘추시대 초나라의 읍.

76) 염구: 공자의 제자. 성품이 온순하고 재예(才藝)가 있어 계씨에게서 벼슬하여

그래서 강자는 사람을 보내어 염구를 불렀다. 염구가 부름에 응하려고 하자, 공자가 말하였다. "우리 노나라 사람이 염구를 부르는 것을 보니 이것은 작게 등용하려는 것이 아니라 장차 크게 등용하려는 것이다."

이날 공자는 또 말하였다. "돌아가자, 돌아가자! 내 고장의 젊은이들이 뜻하는 바는 크지만 행동은 소홀하고 거칠며, 학문과 수양이 성취되어 훌륭하니 나는 어떻게 그들을 지도해야 좋을지 모르겠다."

자공(子貢)은 공자가 노나라로 돌아갈 생각을 갖고 있음을 알고 염구를 전송할 때 부탁하였다. "곧 등용되면 (노나라가) 선생님을 모셔가도록 해주시오."

염구가 떠난 다음해에 공자는 진(陳)나라에서 채(蔡)나라로 옮겨갔다. 채소공(蔡昭公)이 장차 오나라에 가려고 하였는데, 이는 오나라 왕이 그를 불렀기 때문이었다. 지난날 소공이 신하들을 속이고 주래(州來)로 천도하였는데, 지금 다시 오나라로 가려고 하자 대부들이 또 천도할까 두려워하였고, 마침내 공손편(公孫翩)이 소공을 활로 쏘아 죽였다. 초나라가 채나라를 침공하였다. 가을에는 제경공(齊景公)이 죽었다.

다음해 공자는 채나라에서 섭(葉)으로 갔다. 섭공(葉公)이 공자에게 정치를 물었다. 공자가 대답하였다. "정치란 먼 데 있는 사람을 찾아오게 하고, 가까이 있는 사람의 마음을 얻는 데 있습니다."

훗날 섭공은 자로에게 공자의 사람됨을 물었으나 자로는 대답하지 않았다. 공자가 이를 듣고 물었다. "유(由)야, 너는 왜 그는 사람됨이 도를 배우는 데 권태를 느끼지 않고, 사람을 깨우치는 일에 싫증을 내

재상이 되었다.

지 않으며, 일에 열중하여 먹는 것조차 잊어버리고, 즐거움으로 근심을 잊으면서, 늙어 가는 것도 모르고 살아가는 사람이라고 대답하지 않았느냐?"

공자는 섭(葉)을 떠나 채나라로 돌아왔다. 도중에 장저(長沮)와 걸익(桀溺)이 같이 밭을 가는 것을 보고서 공자는 그 사람들을 은자(隱者)라고 생각하여 자로에게 나루터로 가는 길을 물어보도록 하였다. 장저가 자로에게 물었다. "수레 위의 고삐를 잡고 있는 저 사람은 누구입니까?"

자로가 대답하였다. "공자이십니다."

장저가 물었다. "그가 노나라의 공자입니까?"

자로가 대답하였다. "그렇습니다."

장저가 말하였다. "그렇다면 나루터를 알고 있을 것입니다."

걸익이 자로에게 물었다. "당신은 누구입니까?"

자로가 대답하였다. "중유(仲由)입니다."

걸익이 물었다. "당신은 공자의 제자입니까?"

자로가 대답하였다. "그렇습니다."

걸익이 말하였다. "천하가 온통 어지러운데, 누가 이를 바로 잡을 수 있겠습니까? 당신은 사람을 피하는 선비[77]를 따르는 것보다는 차라리 세상을 피하는 선비[78]를 따르는 것이 낫지 않겠습니까?"

장저와 걸익은 이렇게 말하고 계속해서 흙으로 씨를 덮는 일을 하였다. 자로가 이들이 한 말을 공자에게 알리니 공자가 실망해서 말하였

---

77) 나쁜 제후들을 상대하지 않고 피해 다니는 사람, 즉 공자를 가리킨다.

78) 현실 사회를 피해 사는 사람, 즉 걸익 자신을 가리킨다.

다. "사람이란 인간사회를 피해서 짐승들과 무리를 같이하여 살 수 없다. 천하에 도가 통한다면 나도 이를 바꾸려고 여러 나라로 떠돌아다니지 않을 것이다."

어느 날 자로가 길을 가다가 다래끼를 메고 있는 노인을 만나 그 노인에게 물었다. "우리 선생님을 보지 못했습니까?"

그 노인이 대답하였다. "팔다리로 부지런히 일도 하지 않고 오곡도 구별하지 못할 텐데, 당신의 선생이 누군지 내가 어찌 알겠소!"

그 노인은 계속 지팡이를 세워두고 풀을 뽑았다. 자로가 이 말을 공자에게 고하자, 공자가 "그는 은자임에 틀림없다"라고 하였다. 다시 가보았으나 그는 이미 떠나가고 없었다.

공자가 채나라로 옮긴 지 3년이 되던 해에 오나라는 진(陳)나라를 공격하였다. 초나라는 진나라를 구하기 위해서 성보(城父)에 군대를 주둔시켰다. 초나라에서는 공자가 진나라와 채나라의 중간 지역에 있다는 말을 듣고 사람을 보내어 공자를 초빙하였다. 공자가 가서 예를 갖추려고 하자, 진나라와 채나라의 대부들이 이 문제를 의논하였다. "공자는 현인(賢人)으로 그가 비난하는 바는 모두 제후들의 잘못과 들어맞는다. 지금 그가 진나라와 채나라의 중간에 오래 머물고 있는데, 그간 여러 대부들이 한 행실은 모두 공자의 뜻에 맞지 않는다. 오늘의 초나라는 큰 나라인데 공자를 초빙하려고 한다. 공자가 초나라에 등용되면 우리 진나라와 채나라에서 일하는 대부들은 모두 위험해질 것이다."

이에 진나라와 채나라의 대부들은 각각 노역자들을 보내어 들판에서 공자를 포위하였다. 그리하여 공자는 초나라로 가지 못하고 식량마저 떨어졌다. 따르는 제자들은 굶어서 병들어 잘 일어서지도 못하였지만, 공자는 조금도 흐트러짐이 없이 학문을 강의하고 책을 낭송하며 거문고도 타면서 지냈다. 그러자 자로가 화가 나서 공자를 뵙고서 물었다. "군자에게도 이처럼 곤궁할 때가 있습니까?"

공자가 대답하였다. "군자는 곤궁해도 절조(節操)를 지키지만 소인은 곤궁해지면 자기를 절제하지 못한다."

자공이 화가 나서 얼굴색이 변하였다. 공자가 물었다. "사(賜)야, 너는 내가 박학다식(博學多識)하다고 생각하느냐?"

자공이 대답하고 또 물었다. "그렇습니다. 그렇지 않다는 말씀이십니까?"

공자가 말하였다. "그렇지 않다. 나는 한 가지 기본 원리를 가지고 전체 지식을 통찰한 것(一以貫之)일 뿐이다."

공자는 제자들이 마음에 들지 않아 하는 것을 알고서 곧 자로를 불러서 물었다. "『시(詩)』에서 '코뿔소도 아니고 호랑이도 아닌 것이 광야에서 헤매고 있다'[79]라고 하였는데, 나의 도에 무슨 잘못이 있느냐? 우리가 왜 여기서 곤란을 당해야 하느냐?"

자로가 대답하였다. "아마도 우리가 어질지 못하기 때문이 아니겠습니까? 그래서 사람들이 우리를 믿지 못하는 것이지요. 아마도 우리가 지혜롭지 못하기 때문이 아니겠습니까? 그래서 사람들이 우리를 놓아주지 않는 것이지요."

공자가 말하였다. "그럴 리가 있겠는가! 중유(仲由)야, 만약에 어진 사람이 반드시 남의 신임을 얻는다면, 어째서 백이(伯夷)와 숙제(叔齊)가 수양산(首陽山)에서 굶어 죽었겠느냐? 또 만약에 지혜로운 사람이

---

79) 『시경(詩經)·소아(小雅)』「하초불황(何草不黃)」: 匪兕匪虎, 率彼曠野.

반드시 어려움 없이 행할 수 있다면 어찌 왕자 비간(比干)이 심장을 해부 당하였겠느냐?"

자로가 나가자 자공이 들어와 공자를 뵈었다. 공자가 물었다. "사(賜)야, 『시』에 '코뿔소도 아니고 호랑이도 아닌 것이 광야에서 헤매고 있다'라고 하였는데, 나의 도에 무슨 잘못이 있느냐? 우리가 왜 여기서 곤란을 당해야 하느냐?"

자공이 대답하였다. "선생님의 도가 지극히 크기 때문에 천하의 그 어느 국가에서도 선생님을 받아들이지 못합니다. 선생님께서는 어째서 자신의 도를 약간 낮추지 않으십니까?"

공자가 말하였다. "사야, 훌륭한 농부가 비록 씨뿌리기에 능하다고 해서 반드시 곡식을 잘 수확하는 것은 아니고, 훌륭한 장인(匠人)이 비록 정교한 솜씨를 가졌다고 해서 반드시 다른 사람의 마음을 만족시키는 것은 아니다. 군자가 그 도를 잘 닦아서 기강을 세우고 잘 통괄하여 정리할 수는 있겠지만 반드시 세상에 수용되는 것은 아니다. 지금 너는 너의 도를 닦지 않고서 스스로의 도를 낮추어서까지 남에게 수용되기를 바라고 있다. 사야, 너의 뜻이 원대하지 못하구나."

자공이 나가고 안회(顔回)가 들어와서 공자를 뵈었다. 공자가 물었다. "회야, 『시』에 '코뿔소도 아니고 호랑이도 아닌 것이 광야에서 헤매고 있다'라고 하였는데, 나의 도에 무슨 잘못이라도 있느냐? 우리가 왜 여기서 곤란을 당해야 하느냐?"

안회가 대답하였다. "선생님의 도가 지극히 크기 때문에 천하의 그 어느 국가에서도 선생님을 받아들이지 못합니다. 비록 그렇지만 선생님께서는 도를 추진시키고 계십니다. 그러니 그들이 받아들이지 않는다고 해서 무슨 걱정이겠습니까? 받아들여지지 않은 뒤에야 군자의 참 모습이 드러나는 것입니다. 무릇 도를 닦지 않는다는 것은 우리의 치욕입니다. 그리고 도가 잘 닦여진 인재를 등용하지 않는 것은 나라를 가진 자의 수치입니다. 그러니 받아들여지지 않는다고 해서 무슨 걱정이겠습니까? 받아들여지지 않은 뒤에야 군자의 참 모습이 드러나는 것입니다."

공자는 기뻐서 웃으며 말하였다. "그럴 수도 있겠네, 안씨 집안의 자제여! 자네가 만약 큰 부자가 된다면 나는 자네의 재무관리자가 되겠네."

그리하여 자공을 초나라에 보냈으며, 초소왕(楚昭王)이 군대를 보내 공자를 보호하고 맞이하자, 비로소 공자는 곤궁에서 벗어날 수 있었다.

소왕이 장차 서사(書社)[80]의 땅 700리로 공자를 봉하려고 하자, 초나라의 영윤(令尹) 자서(子西)가 반대하며 물었다. "왕의 사신으로 제후에게 보낼 사람 중에서 자공(子貢)만한 사람이 있습니까?"

소왕이 "없소"라고 대답하였다.

자서가 물었다. "왕을 보필할 신하 중에서 안회(顔回)만한 사람이 있습니까?"

소왕이 "없소"라고 대답하였다.

자서가 물었다. "왕의 장수 중에서 자로(子路)만한 사람이 있습니까?"

소왕이 "없소"라고 대답하였다.

자서가 물었다. "왕의 장관 중에서 재여(宰予)만한 사람이 있습니까?"

---

80) 서사: 당시 25가(家)를 1리(里)로 하여 각 리마다 사(社)를 만들었는데, 사인(社人)들의 성명을 사적부(社籍簿)에 적어 '서사'라고 불렀다.

소왕이 "없소"라고 대답하였다.

자서는 이어서 말하였다. "하물며 초나라의 선조가 주(周)나라로부터 봉함을 받았는데, 그때 봉호(封號)는 자남작(子男爵)이었고 봉지(封地)는 50리였습니다. 지금 공자는 삼황오제(三皇五帝)의 치국방법을 말하고 주공(周公), 소공(召公)의 덕치(德治)를 본받아 밝히니, 왕께서 만약 공자를 등용하신다면 초나라가 어떻게 대대로 당당하게 다스려 왔던 사방 수천 리의 땅을 보존할 수 있겠습니까? 무릇 문왕(文王)은 풍(豐) 땅에서 일어났고, 무왕(武王)은 호(鎬) 땅에서 일어났지만, 100리밖에 안되는 작은 땅을 가진 군주가 마침내 천하를 통일하였던 것입니다. 지금 공자가 근거할 땅을 얻고, 저 많은 현명한 제자들이 그를 보좌한다면 이것은 우리 초나라에 결코 좋은 일이 못 될 것입니다."

소왕은 이 말을 듣고 원래 계획을 취소하였다. 그 해 가을, 초소왕은 성보(城父)에서 죽었다.

초나라의 미치광이 접여(接輿)가 공자 앞을 지나가며 노래를 불렀다. "봉황새야, 봉황새야! 너의 덕은 어찌 이리 쇠락(衰落)하였느냐! 지난날의 잘못이야 돌이킬 수 없지만, 앞날의 잘못이야 피할 수 있으리라! 그만두어라, 그만둬! 지금 정치하는 자는 다 위험하다네!"

공자는 마차에서 내려 그와 이야기를 나누려 하였으나, 그가 급히 피해 가버려 이야기를 나눌 수 없었다. 이때 공자는 초나라에서 위(衛)나라로 돌아왔다. 이해 공자의 나이는 63세였고, 때는 노애공(魯哀公) 6년이었다.

그 다음해 오나라는 노나라와 증(繒)[81]에서 회합하고, 노나라에게 제

81) 증: 지금의 산동성 조장시(棗莊市)의 동쪽에 있었던 나라 이름.

사에 쓸 백뢰(百牢)[82]를 요구하였다. 태재(太宰) 비(嚭)가 계강자(季康子)를 소환하였는데, 강자(康子)는 자공을 초나라로 보내어 대응케 한 후에야 백뢰를 바치는 일을 모면하게 되었다.

공자가 말하였다. "노나라와 위나라는 (형제의 나라인데) 그 정치도 형제처럼 비슷하다."

이때 위나라의 군주 첩(輒)의 부친 괴외(蒯聵)는 군주의 자리에 오르지 못하고 국외에 망명 중이었는데, 제후들은 위나라 군주에 대해 부친에게 양위(讓位)해야 한다고 수차례 책망하였다. 공자의 제자들 중에는 위나라에서 벼슬을 하고 있는 사람이 많았고, 위나라 군주는 공자에게 정사를 맡기고 싶어 하였다. 자로가 공자에게 물었다. "위나라 군주가 선생님께 정사를 맡기고자 하는데, 맡으신다면 선생님께서는 장차 무슨 일을 제일 먼저 하시겠습니까?"

공자가 대답하였다. "반드시 명분을 바르게 할 것이야!"

자로가 대꾸하였다. "세상 사람들이 선생님을 절실하지 못하고 물정에 어둡다고 하더니, 정말 그렇습니다. 무슨 명분을 바르게 하신다는 말씀입니까?"

공자가 말하였다. "거칠구나, 유(由)야! 무릇 명분이 바르지 않으면 말이 순조롭지 못하고, 말이 순조롭지 못하면 일이 성취되지 않으며, 일이 성취되지 않으면 예악(禮樂)이 흥성하지 않는다. 예악이 흥성하지 않으면 형벌이 적중하지 않고, 형벌이 적중하지 않으면 백성들이 어찌할 바를 모르고 당황한다. 그래서 무릇 군자는 무슨 일을 하든지 반드시 명분에 부합되어야 하고, 말을 했으면 반드시 실행해야 한다. 군자

---

82) 뢰(牢)는 제사에 쓰이는 희생(犧牲)을 말한다.

는 자신의 말에 경솔함이 없어야 한다."

그 다음해 염유(冉有)는 계씨(季氏)의 명을 받고 장군이 되어 낭(郎)[83]에서 제나라와 싸워서 이겼다. 계강자(季康子)가 물었다. "그대는 군사에 관한 것을 배웠는가? 아니면 본래 그 방면에 재주가 있는 것인가?"

염유가 대답하였다. "공자에게서 배웠습니다."

계강자가 물었다. "공자는 어떤 사람인가?"

염유가 대답하였다. "공자를 등용하면 나라의 명성이 높아지고, 그의 정치방법은 백성들에게 시행하거나 모든 귀신에게 고하거나 간에 유감스러운 일이 없을 것입니다. 그에게 나와 같은 이 길을 걷게 한다면 비록 수천 사(社)를 준다 해도 공자는 그 이익을 취하지 않을 것입니다."

계강자가 물었다. "나는 공자를 초빙하고 싶은데, 가능하겠소?"

염유가 대답하였다. "그를 부르고자 하신다면 그를 신임하여 소인들이 그를 방해하지 못하게만 하시면 가능할 것입니다."

이때 위(衛)나라의 공문자(孔文子)는 장차 태숙(太叔)을 공격하려고 하였는데, 그 계책을 공자에게 물었다. 공자는 모른다고 사양하고 물러나 수레를 준비시켜 떠나면서 말하였다. "새는 나무를 선택하며 서식할 수 있지만 나무가 어찌 새를 택할 수 있으리오!"

그러나 문자는 공자를 한사코 만류하였다. 마침 이때 계강자가 공화(公華), 공빈(公賓), 공림(公林)을 내쫓고 예물을 갖추어서 공자를 초빙하였으므로 공자는 노나라로 돌아왔다. 공자는 노나라를 떠난 지 14년 만에 노나라로 돌아왔던 것이다.

---

83) 낭: 지금의 산동성 어대현(魚臺縣) 동북쪽에 있던 노나라의 읍 이름.

노애공(魯哀公)이 정치에 관해서 묻자 공자가 대답하였다. "정치의 근본은 신하를 잘 뽑는 데 있습니다."

계강자도 정치에 관해서 질문하자, 공자가 대답하였다. "정직한 사람을 뽑아서 부정한 사람 위에 놓으면, 부정한 사람도 정직해집니다."

계강자가 도적이 횡행함을 근심하자, 공자가 말하였다. "진실로 당신 자신이 탐욕을 부리지 않는다면, 비록 상을 준다 해도 백성들은 남의 물건을 훔치지 않을 것입니다."

그러나 노나라는 끝내 공자를 중용하지 못하였으며, 공자 또한 관직을 구하지 않았다.

공자의 시대에는 주(周) 왕실이 쇠퇴해져 예악(禮樂)은 폐지되었고, 『시』와 『서』가 흩어졌다. 그래서 공자는 삼대(三代)의 예(禮)를 추적하여 『서전(書傳)』의 편차를 정하되, 위로는 요(堯)와 순(舜)임금의 시대로부터 아래로는 진무공(秦繆公)에 이르기까지 그 사적을 순서에 따라 정리하였다. 그리고 그는 말하였다. "하(夏)나라의 예(禮)는 내가 그것을 말할 수 있지만, 그 후대인 기(杞)나라의 것에 대해서는 자료가 없어 증명하기에 부족하다. 은(殷)나라의 예는 내가 말할 수 있지만, 송(宋)나라의 것에 대해서는 증명하기에 부족하다. 만약에 기나라와 송나라의 문헌 자료가 충분하였다면 나는 그것을 증명할 수 있었을 것이다."

공자는 또 은나라와 하나라 이래의 예가 손익(損益)된 것을 보고는 말하였다. "차후로는 비록 백세(百世)의 세월이 흐르더라도 예제(禮制)의 변천을 알 수 있는데, 그것은 은나라는 질박(質朴)함을 귀하게 여겼고 주나라는 문채(文彩)[84]함을 귀하게 여겼기 때문이다. 주(周) 왕조는

84) 질박은 예악정법(禮樂政法) 등 각종 제도를 제창하거나 강구하지 않는 것을

하와 은 이대(二代)의 제도를 귀감으로 삼았기 때문에 그 문화는 참으로 풍성하고 화려하도다! 나는 주나라를 따르겠다."

이리하여 『서전(書傳)』과 『예기(禮記)』는 공자에 의해서 편찬되었다고 한다.

공자가 노나라의 태사(太師)에게 말하였다. "음악을 연주하는 과정은 이해할 수 있다. 연주를 시작할 때에는 오음이 조화를 이루고, 이어서 연주해 내려가면 부드럽고 청순하며 깨끗하고 잘 이어져 끊이지 않음으로써 한 곡이 완성되는 것이다." "내가 위나라에서 노나라로 돌아온 이후에 음악이 바르게 되고, 「아(雅)」[85]와 「송(頌)」[86]이 각기 제자리를 찾았다."

옛날에는 『시(詩)』가 3천여 편이었으나 공자에 이르러 그 중복된 것을 빼고 예의에 응용할 수 있는 것만 취하였다. 위는 설(契)[87]과 후직(后稷)[88]에 관한 시이고, 중간은 은과 주나라의 성대함을 서술한 시이며, 아래는 유왕(幽王)과 여왕(厲王)의 실정(失政)에 관한 시에까지 이르렀다. 시의 내용은 임석(衽席)[89]처럼 이해하기 쉬운 것으로부터 시작하였기에 "「관저(關雎)」편은 「풍(風)」의 시작이 되었고, 「녹명(鹿鳴)」편은 「소아(小雅)」의 시작이 되었으며, 「문왕(文王)」편은 「대아(大雅)」의 시작이 되었고,

---

말하며, 문채는 예악정법 등 각종 제도를 제창하거나 강구하는 것을 말한다.

85) 아: 『시경』의 일부분으로 「대아(大雅)」, 「소아(小雅)」가 있는데, 주로 귀족들의 연회에 사용하는 악가(樂歌)가 많다.

86) 송: 『시경』의 일부분으로 「주송(周頌)」, 「상송(商頌)」, 「노송(魯頌)」이 있는데, 주로 제사지낼 때 부르는 노래이며, 일부는 악곡(樂曲)이다.

87) 설: 전설 속의 상(商)나라 시조로 제곡(帝嚳)의 아들이다.

88) 후직: 주(周)나라의 시조.

89) 임석: 요, 깔개, 자리 또는 침대자리(부부생활)를 가리킨다.

「청묘(淸廟)」편은 「송(頌)」의 시작이 되었다"라고 하였다.

이렇게 정리한 305편의 시에 공자는 모두 곡조를 붙여 노래로 부름으로써 「소(韶)」[90], 「무(武)」[91], 「아(雅)」, 「송(頌)」의 음악에 맞추려고 하였다. 예와 악이 이로부터 회복되어 서술할 수 있게 되었고, 이로써 왕도가 갖추어지고 육예(六藝)[92]가 완성되었다.

공자는 만년에 『역(易)』[93]을 좋아하여 「단(彖)」, 「계(繫)」, 「상(象)」, 「설괘(說卦)」, 「문언(文言)」편을 정리하였다. 공자는 죽간을 꿴 가죽 끈이 세 번이나 끊어질 만큼(韋編三絶) 『역』을 무수히 읽었다. 그래서 그는 (아쉬워하며) 말하였다. "만약 나에게 몇 년의 시간을 더 준다면, 나는 『역』에 대해서는 그 문사(文辭)와 의리(義理)에 다 통달할 수 있을 것이다."

공자는 『시(詩)』, 『서(書)』, 『예(禮)』, 『악(樂)』을 교재로 삼아 가르쳤는데, 제자가 약 3천 명에 이르렀고, 그 중 육예(六藝[94])에 통달한 자도 72명이나 되었다. 안탁추(顔濁鄒)와 같이 다방면으로 가르침을 받고도 72명의 제자 중에 들지 못한 자도 매우 많았다.

공자는 네 방면으로 제자들을 가르쳤는데(四敎), 그것은 문(文), 행(行), 충(忠), 신(信)이다. 그리고 네 가지를 금기하도록 시켰는데(絶四), 그것은 즉 억측하지 말 것(毋意), 독단하지 말 것(毋必), 고집하지 말 것

---

90) 소: 순임금 때의 악곡 이름.

91) 무: 『시경』 속의 편명(篇名)으로, 무왕을 찬미하는 무악(舞樂)이다.

92) 육예: 여기서는 『시』, 『서』, 『예』, 『악』, 『역』, 『춘추』의 육경(六經)을 가리킨다.

93) 역: 『역경(易經)』 또는 『주역(周易)』의 약칭.

94) 육예: 예(禮), 악(樂), 사(射), 어(御), 서(書), 수(數) 등 여섯 가지의 교과목을 말한다.

(毋固), 스스로 옳다고 여기지 말 것(毋我) 등이었다. 그가 신중히 생각하였던 것은 곧 재계(齋戒), 전쟁, 질병이었다. 공자는 이익에 대해서 거의 말하지 않았으나, 어쩌다가 이익에 대해서 말해야 할 때에는 운명과 결부시켜 말하거나 인덕(仁德)과 결부시켜 말하였다. 공자는 제자를 가르칠 때 발분(發憤)하지 않으면 깨우쳐 주지 않았고, 또 한 가지 문제를 가르쳐서 이와 유사한 다른 세 가지 문제를 묻지 않으면 다시 되풀이해서 가르치지 않았다.

공자는 향당(鄕黨)[95]에서는 공손하여 마치 말을 못하는 사람과 같았으나, 종묘(宗廟)나 조정(朝廷)에서는 조리 있게 말을 잘 하면서도 오로지 신중하였다. 조정에서 상대부(上大夫)들과 이야기할 때에는 태연하면서도 할 말을 다 하였으며, 하대부(下大夫)들과 이야기할 때에는 온화하면서도 즐겁게 대하였다.

공자는 군주의 궁문을 들어갈 때에는 머리를 숙이고 허리를 굽혀 경의를 표하였고, 그 앞으로 빨리 걸어서 나아갈 때에는 단정하게 예의를 차렸다. 왕이 그에게 손님을 접대하도록 명하면 정성을 다하는 표정이었으며, 왕의 부름이 있을 때에는 마차가 준비될 때까지 기다리지 않고 서둘러 달려갔다.

공자는 생선이 상하였거나 고기가 부패하였거나 또는 아무렇게나 잡아서 바르지 않게 잘라놓은 고기는 먹지 않았다. 자리가 바르지 않으면 앉지 않았고, 상(喪)을 당한 사람 곁에서 식사할 때에는 배불리 먹은 일이 없었다. 곡(哭)한 날은 종일 노래를 부르지 않았다. 상복을

95) 향당: 향리(鄕里). 주나라 제도에는 500가(家)가 1당(黨)이 되고, 12,500가(家)가 1향(鄕)이 된다.

입은 사람이나 맹인을 보면 비록 그가 어린애일지라도 반드시 표정을 바꾸어 동정을 표시하였다. 그는 말하였다. "세 사람이 걸어가면 그 중에는 반드시 나의 스승이 될 사람이 있다." "덕을 닦지 않고, 학문을 강습하지 않고, 의로운 이치를 듣고도 좇아가 행하지 않고, 잘못이 있어도 고치지 않은 것, 이 몇 가지가 바로 내가 우려하는 것이다."

또 노래를 시켜서 잘 부르면 다시 부르게 하고, 그런 다음에는 그를 따라 화답하였다. 공자는 괴이한 것(怪), 폭력(力), 문란한 것(亂), 귀신(神)에 대해서는 말하지 않았다.

자공이 말하였다. "선생님의 문장(文章)[96]에 대한 가르침은 들을 수 있으나, 선생님의 천도(天道)와 성명(性命)에 대한 가르침은 들을 수 없었습니다."

안연(顔淵)이 탄식하며 말하였다. "선생님의 도학은 우러러볼수록 더욱 높고, 깊이 뚫을수록 더욱 견고하며, 앞에 있는가 하고 생각하면 홀연 뒤에 가 있다. 선생님께서는 차근차근 단계적으로 사람을 잘 이끌어 주시고, 풍부한 전적과 문장으로 나를 박학하게 해주시고, 예의와 도덕으로 나를 절제하도록 하시니, 내가 학문을 그만두려고 해도 그만둘 수가 없었다. 내 재주를 다하여 보았지만, 선생님의 학문은 탁연히 내 앞에 우뚝 서 있어 아무리 따라가려고 해도 따라갈 방법이 없는 것 같다."

달항(達巷)이라는 어떤 당(黨)의 사람이 말하였다. "공자는 참으로 위대하다. 그러나 박학(博學)하면서도 어느 한 부문에도 명성을 세우지 못하였다."

---

96) 문장: 공자가 편찬한 『시』, 『서』, 『예』, 『악』을 가리킨다.

공자가 이 말을 듣고 말하였다. “나는 어느 기예로 명성을 세울까? 마부(馬夫)가 될까? 사수(射手)가 될까? 나는 마부가 되련다.”

자뢰(子牢)가 말하였다. “선생님께서는 ‘나는 등용되지 못하였기에 많은 기예를 배울 수 있었다’라고 말씀하셨다.”

노애공 14년 봄에 대야(大野)97)에서 수렵을 하였다. 숙손씨(叔孫氏)의 마부 서상(鉏商)이 괴상한 짐승을 잡았는데, 사람들은 이것을 상서로운 일이 아니라고 여겼다. 공자가 그것을 보고 “이것은 기린이다”라고 하자, 그들은 그것을 취하여 돌아왔다. 그러자 공자가 말하였다. “옛날처럼 황하에서 다시는 용이 도판(圖版)을 메고 나타나지 않고, 낙수(雒水)에서 다시는 거북이 서판(書版)을 지고 나타나지 않으니, 나의 희망도 이제는 다 끝나는가보다.”

안연이 죽자 공자는 절규하였다. “하늘이 나를 버리는구나!”

곡부(曲阜)의 서쪽에서 잡힌 기린을 보자 공자는 절망하며 말하였다. “도(道)를 행하려는 나의 희망도 이제는 다 끝났구나!”

공자는 또 탄식하며 말하였다. “나를 알아주는 이는 아무도 없구나!”

자공이 물었다. “어째서 선생님을 알아주는 이가 없다고 하십니까?”

공자가 대답하였다. “나는 하늘을 원망하지도 않고, 사람을 탓하지도 않는다. 다만 아래에서 인간사를 배워 위로 천명(天命)에 이르고자 하였을 뿐이다. 그러니 나를 알아주는 이는 하늘뿐이 아니겠느냐!”

공자가 또 말하였다. “그 뜻을 굽히지 않고, 그 몸을 욕되게 하지 않은 사람은 바로 백이(伯夷)와 숙제(叔齊)가 아닌가!” “유하혜(柳下惠)와 소련(少連)은 뜻을 굽히고 몸을 욕되게 하였다.” “우중(虞仲)과 이일(夷

97) 대야: 지금의 산동성 거야현(巨野縣) 북쪽에 있던 노나라의 소택지(沼澤地).

逸)은 은거하여 세상사를 논하지 않았고, 행실은 청렴결백한 준칙에 합치되었으며, 자리에서 물러나 출사(出仕)하지 않아도 난세의 권력변천에 임하는 도리에 잘 맞추었다." "그러나 나는 그들과 다르다. 가(可)한 것도 없고 불가(不可)한 것도 없다."

공자가 말하였다. "안 되지, 안 돼! 군자는 병들어 죽은 후에 이름이 알려지지 않을 것을 걱정한다. 나의 도가 행해지지 않았으니, 나는 무엇으로 후세에 이름을 남기겠는가?"

그래서 공자는 역사의 기록에 근거해서 『춘추(春秋)』[98]를 지었다. 이것은 위로는 은공(隱公)에서 아래로는 애공(哀公) 14년까지 12공(公)[99]의 시대를 포괄하였다. 『춘추』는 노나라의 역사를 중심으로 주나라를 종주로 하고 은나라의 제도를 참작하여 하(夏), 상(商), 주(周) 삼대(三代)의 경험과 교훈을 관통하고 있다. 그 문사(文辭)는 간략하지만 제시하고자 하는 뜻은 넓다. 그래서 오나라와 초나라의 군주가 왕을 자칭하였지만, 『춘추』에서는 그것을 낮추어 본래의 작위(爵位)인 '자(子)'로 칭하였다. 천토(踐土)의 회맹(會盟)은 실제로는 제후가 주나라의 천자를 부른 것이지만, 『춘추』에서는 그 사실을 피해서 "천자가 하양(河陽)[100]으로 수렵을 나갔다"라고 기록하였다. 이런 사안들을 들어서 당세(當世)의 법통을 바로잡는 기준으로 삼았으며, 제후들에 대한 포폄(褒貶)의

98) 춘추: 춘추전국시대의 편년체(編年體) 사서(史書)를 통칭해서 『춘추』라고 한다. 여기서는 공자가 노나라 역사문헌에 의거하여 편찬한 중국에 현존하는 최초의 편년체 사서이며 오경(五經)의 하나인 『춘추』를 가리킨다.

99) 12공: 노나라의 은(隱), 환(桓), 장(莊), 민(湣), 희(釐/僖), 문(文), 선(宣), 성(成), 양(襄), 소(昭), 정(定), 애공(哀公)을 가리킨다.

100) 하양: 지금의 하남성 맹현(孟縣) 서남쪽.

뜻은 후에 군주가 될 사람들이 이를 참고하여 실행하게 하는 데에 있다. 『춘추』의 대의가 행하여지게 되면 곧 천하의 난신적자(亂臣賊子)들이 두려워하게 될 것이다.

공자는 소송안건을 심리(審理)할 때도 문사(文辭) 면에서 다른 사람과 의논해야 할 곳이 있으면 결코 자기 혼자서 판단을 내리지 않았다. 그러나 『춘추』를 지을 때에는 스스로 기록할 것은 기록하고 삭제할 것은 삭제하였기 때문에 자하(子夏)[101]와 같은 제자들도 한마디 거들 수가 없었다. 제자들이 『춘추』의 뜻을 전수 받은 뒤에 공자는 이렇게 말하였다. "후세에 나를 알아주는 사람이 있다면 『춘추』때문일 것이며, 나를 비난하는 사람이 있다면 그 역시 『춘추』때문일 것이다."

그 다음해 자로(子路)가 위(衛)나라에서 죽었다. 공자가 병이 나서 자공이 뵙기를 청하였다. 공자는 마침 지팡이에 의지하여 문 앞을 거닐고 있다가 그를 보고 물었다. "사(賜)야, 너는 왜 이렇게 늦게 왔느냐?"

그리고 탄식하며 노래를 불렀다. "태산이 무너진다는 말인가! 기둥이 부러진다는 말인가! 철인(哲人)이 죽어간다는 말인가!"

그러고 나서 눈물을 흘리며 또 자공에게 말하였다. "천하에 도가 없어진 지 오래되었다. 아무도 나의 주장을 믿지 않는다. 장사를 치를 때 하나라 사람들은 유해를 동쪽 계단에 모셨고, 주나라 사람들은 서쪽 계단에 모셨고, 은나라 사람들은 두 기둥 사이에 모셨다. 어제 밤에

101) 자하: 공자의 제자로 성은 복(卜), 이름은 상(商)이다. 공자가 세상을 떠난 뒤 위나라로 가서 학문을 강의하였으며, 공자의 시학(詩學)을 후세에 전하였다고 한다.

나는 두 기둥 사이에 놓여져 사람들의 제사를 받는 꿈을 꾸었다. 나의 조상은 원래 은나라 사람이었다."

그 후 7일이 지나서 공자는 세상을 떠났다. 그때 공자의 나이는 73세로, 노애공 16년 4월 기축일(己丑日)에 세상을 떠났다. 애공이 그를 애도하는 글을 지었다. "하늘도 무심하여 이 한 노인마저 남겨놓지 않고 데려가고, 나 한 사람만 여기다가 내버려두어 외로움에 병들게 한다. 아, 슬프다! 공자(尼父)시여, 내 다시는 스스로 법도를 세울 방도가 없구나!"

이것을 본 자공이 말하였다. "군주는 아마도 노나라에서 천명을 다할 수 없을 것이다! 선생님께서 이전에 '예법을 잃으면 질서가 무너지고, 명분을 잃으면 과오가 생긴다. 의지를 잃는 것은 혼란이고, 당위성을 잃는 것은 과실이다'라고 말씀하셨는데, 살아생전에 중용(重用)하지 않고서 죽은 후에 애도하는 것은 예의에 맞지 않는 말이며, 제후의 신분으로 '나 한 사람'이라고 칭하는 것도 명분에 맞지 않는 말이다."

공자는 노나라 도성 북쪽의 사수(泗水) 부근에 매장되었다. 제자들은 모두 3년 간 상복을 입었다. 그들은 마음에서 우러나는 슬픔으로 3년상(喪)을 다 마치고 서로 이별을 고하고 헤어졌는데, 헤어질 때 한바탕 통곡하고 각자 다시금 애도를 다하였으며, 어떤 제자는 다시 머무르기도 하였다. 오직 자공(子貢)만이 무덤 옆에 여막(廬幕)을 짓고 6년을 더 지키다가 떠나갔다. 후에 공자의 제자들과 노나라 사람들이 무덤가에 와서 집을 짓고 산 사람들이 100여 가구나 되었으며, 이로 인하여 이곳을 '공자 마을(孔里)'이라고 하였다. 노나라에서는 대대로 새해를 맞을 때마다 공자의 무덤에 제사를 지냈으며, 많은 유생들도 공자의 무덤에서 예의를 논하고 향음례(鄕飮禮)[102]를 행하며 활쏘기를 하였다. 공자의 무덤은 크기가 1경(頃)이나 되었고, 공자가 살던 집과 제자들이 쓰던 내실은 훗날 공자의 묘(孔廟)로 만들어져, 공자가 사용하던 의관과 거문고, 수레, 서적 등이 소장되었는데, 그것은 한(漢)나라에 이르기까지 200여 년 동안이나 그대로 있었다. 고황제(高皇帝)[103]가 노나라를 지나게 되었을 때 태뢰(太牢)[104]로써 공자의 묘에 제사를 지냈다. 그 후, 제후, 경대부, 재상이 부임하면 항상 먼저 공자의 묘를 참배한 다음에 정사에 임하였다.

공자는 이(鯉)를 낳았는데, 그의 자는 백어(伯魚)이다. 백어는 나이 50세에 공자보다 먼저 죽었다. 백어는 급(伋)을 낳았는데, 그의 자는 자사(子思)이고, 62세까지 살았다. 자사는 일찍이 송(宋)나라에서 고생을 하였고, 『중용(中庸)』[105]을 지었다.

자사는 백(白)을 낳았는데, 그의 자는 자상(子上)이고, 47세에 죽었다. 자상은 구(求)를 낳았는데, 그의 자는 자가(子家)이고, 45세까지 살았다. 자가는 기(箕)를 낳았는데, 그의 자는 자경(子京)이고, 46세까지 살았다. 자경은 천(穿)을 낳았는데, 그의 자는 자고(子高)이고, 51세까지 살았다. 자고는 자신(子愼)을 낳았는데, 자신은 57세까지 살았으며, 일찍이 위(魏)나라의 재상을 지냈다. 자신(子愼)은 부(鮒)를 낳았는데, 부는 57세까지 살았으며, 일찍이 진왕(陳王) 섭(涉)의 박사(博士)[106]가 되었고, 진(

102) 향음례: 고대의 제례(祭禮) 또는 향학(鄕學)의 졸업의식.

103) 고황제: 한고조(漢高祖) 유방(劉邦).

104) 태뢰: 고대에 황제가 제사지낼 때 소, 양, 돼지 등의 희생물을 모두 준비한 것을 말한다.

105) 중용: 원래는 『예기』 중의 한 편이며, 유가(儒家) 경전(經典)의 하나이다.

陳)[107]에서 죽었다. 부의 아우 자양(子襄)은 57세까지 살았는데, 일찍이 효혜황제(孝惠皇帝)[108]의 박사가 되었다가 장사(長沙)의 태수로 옮겨갔는데, 키가 아홉 자(尺) 여섯 치(寸)이었다. 자양은 충(忠)을 낳았는데, 충은 57세까지 살았다. 충은 무(武)를 낳았고, 무는 연년(延年)과 안국(安國)[109]을 낳았다. 안국은 지금의 황제의 박사가 되었다가 관직이 임회(臨淮)[110] 태수(太守)에까지 올랐으나 일찍 죽었다. 안국은 앙(卬)을 낳았고, 앙은 환(驩)을 낳았다.

태사공(太史公)은 말한다.

"『시경』에 '높은 산은 우러러보고, 큰길은 따라 간다'[111]라는 말이 있다. 내 비록 그 경지에 이르지는 못할지라도 마음은 항상 그를 동경하고 있다. 나는 공자의 저술을 읽어보고서 그 사람됨이 얼마나 위대한가를 상상할 수 있었다. 노나라에 가서 공자의 묘당(廟堂), 수레, 의복, 예기(禮器)를 참관하였고, 여러 유생들이 때때로 그 집에서 예를 익히고 있음을 보고서는 공경하고 흠모하는 마음이 우러나 머뭇거리며 그곳을 떠날 수가 없었다. 역대로 천하에는 군왕에서 현인에 이르기까지 많은 사람들이 있었지만, 모두 생존 당시에는 영화로웠으나 일단 죽으면 그것으로 모든 것이 끝나고 말았다. 그러나 공자는 포의(布衣)

---

106) 박사: 고대 학관(學官) 이름.

107) 진: 지금의 하남성 회양현(淮陽縣).

108) 효혜황제: 유방(劉邦)의 아들 유영(劉盈).

109) 안국: 서한(西漢)의 경학자(經學者) 공안국(孔安國).

110) 임회: 지금의 강소성 사홍현(泗洪縣) 남쪽.

111) 『시경 · 소아』「거할(車舝)」: 高山仰之, 景行行止.

로 평생을 보냈지만 10여 세대(世代)를 지나왔어도 여전히 학자들이 그를 추앙한다. 천자, 왕후(王侯)로부터 나라 안의 '육예(六藝)'를 담론하는 모든 사람들에 이르기까지 다 공자의 말씀을 판단기준으로 삼고 있으니, 그는 참으로 최고의 성인이라고 말할 수 있으리라!"

유후세가留侯世家

유후((留侯)[1] 장량(張良)은 그 선조가 한(韓)나라 사람이다. 조부 희개지(姬開地)[2]는 한(韓)나라의 소후(昭侯), 선혜왕(宣惠王), 양애왕(襄哀王)의 재상을 지냈고, 아버지 희평(姬平)은 희왕(釐王), 도혜왕(悼惠王)의 재상을 지냈다. 도혜왕 23년에 그 아버지 희평이 죽었고, 20년 뒤에 진(秦)나라가 한(韓)나라를 멸망시켰다. 당시 장량은 나이가 어려서 한나라에서 벼슬을 하지는 않았으나, 한나라가 멸망하였음에도 불구하고 그의 집에는 노복(奴僕)이 300명이나 있었다. 그는 동생이 죽었는데도 장례를 치르기는커녕 오히려 모든 가산을 다 털어 진시황(秦始皇)을 죽일 자객을 구해서 한나라의 원수를 갚고자 하였는데, 그것은 곧 조부와 부친이 한나라의 5대 왕에 걸쳐서 재상을 지냈기 때문이었다.

장량은 일찍이 회양(淮陽)[3]에서 예(禮)를 배웠고, 동방으로 가서 창해군(倉海君)을 찾아뵙고 대력사(大力士) 한 사람을 찾아내어 무게 120근의 철퇴를 만들었다. 그리고 진시황이 동방을 순시할 때, 장량과 대력사는 박랑사(博浪沙)[4] 가운데에 매복하였다가 그를 저격하였으나 잘못하여 뒤따르는 수레를 맞추게 되었다. 그러자 진시황은 크게 노하여 전국 각지를 대거 수색하여 긴급히 자객들을 붙잡아 들였는데, 이는 장량 때문이었다. 장량은 그래서 이름을 바꾸고 하비(下邳)[5]로 도망쳐

1) 유(留)는 지금의 강소성 패현(沛縣) 동남쪽에 있던 현 이름이다.

2) 장량의 선조는 본래 성이 희씨(姬氏)였으나, 장량이 진시황을 암살하려다 실패하고 도망쳐 숨어 다니면서 성을 장씨(張氏)로 바꾸었다.

3) 회양: 지금의 하남성 중동부에 있던 군 이름.

4) 박랑사: 지금의 하남성 원양현(原陽縣) 동남쪽.

숨었다.

장량은 일찍이 한가할 때 하비의 다리 위를 천천히 산책하였는데, 한 노인이 거친 삼베옷을 걸치고 그에게 다가와 일부러 신발을 다리 밑으로 떨어뜨리고는 그를 돌아보고 말하였다. "애야, 내려가서 신발을 주워오너라!"

장량은 의아해하며 때려주려고도 하였으나 그 사람이 노인이었으므로 억지로 참고 다리 아래로 내려가서 신발을 주워왔다. 그러자 노인이 또 말하였다. "나에게 신겨라!"

장량은 기왕에 노인을 위해서 신발을 주워왔으므로 윗몸을 곧게 세우고 꿇어앉아 신발을 신겨주었다. 노인은 발을 뻗어 신발을 신기게 하고는 웃으면서 가버렸다. 장량은 매우 놀라서 노인이 가는대로 바라다보았다. 노인은 1리쯤 가다가 다시 돌아와서 말하였다. "애야, 참으로 가르칠만하구나! 닷새 뒤 새벽에 여기서 나와 만나자."

장량은 더욱 괴이하게 여기며 꿇어앉아 "예"하고 대답하였다. 그리고 닷새째 되는 날 새벽에 장량이 그곳으로 가보니 노인은 벌써 나와 있었다. 노인은 화를 내며 "늙은이와 약속을 하고서 뒤늦게 오다니 어찌 된 일이냐?"라고 하고는 되돌아가면서 말하였다. "닷새 뒤에 좀더 일찍 다시 오너라!"

닷새가 지나 새벽닭이 울 때 장량은 다시 그곳으로 가니 노인은 또 먼저 와 있었는데, 다시 화를 내며 "또 늦게 오다니, 어찌 된 일이냐?"라고 하고는 떠나가면서 말하였다. "닷새 뒤에 좀더 일찍 오너라!"

다시 닷새 뒤에 장량은 밤이 반도 지나지 않아서 그곳으로 갔다. 조

---

5) 하비: 지금의 강소성 수녕현(睢寧縣) 서북쪽에 있던 현 이름.

금 뒤 노인도 그곳으로 와서는 기뻐하며 "마땅히 이렇게 해야지"라고 하였고, 책 한권을 내놓으며 말하였다. "이 책을 읽으면 제왕의 스승이 될 수 있다. 10년 후에는 그 뜻을 이룰 것이며, 13년 뒤에 너는 또 제수(濟水) 북쪽에서 나를 만날 수 있을 것인데, 곡성산(穀城山)[6] 아래의 누런 돌(黃石)이 바로 나이니라."

그러고 나서 그곳을 떠나가며 더 이상 다른 말을 하지 않았으며, 다시는 그를 볼 수가 없었다. 날이 밝아 그 책을 보았더니 바로 『태공병법(太公兵法)』[7]이었다. 장량은 그 책을 기이하게 여겨 늘 익히고 암송하며 읽었다.

장량이 하비에 있을 때 협객(俠客)이 되었는데, 항백(項伯)[8]이 일찍이 사람을 죽인 일이 있어 장량을 따라다니며 숨어 지냈다.

10년 뒤 진섭(陳涉) 등이 무장봉기하자, 장량도 청년 100여 명을 모았다. 경구(景駒)는 자립하여 초나라의 대리 왕이 되어 유현(留縣)에 있었다. 그래서 장량은 그곳으로 가서 그를 따르려고 하였는데, 도중에 패공(沛公)을 만났다. 이때 패공은 수천 명을 거느리고 하비 서쪽의 땅을 공격하여 점령하고 있었으므로 장량은 마침내 패공을 따라갔다. 이에 패공은 장량을 구장(廐將)[9]으로 임명하였다. 장량이 자주 『태공병법』

---

6) 곡성산: 황산(黃山)이라고도 하며, 지금의 산동성 동아현(東阿縣) 동북쪽에 있던 산.

7) 태공병법: 태공 여상(呂尙)이 지은 것으로 전해지는 병서. 태공의 성은 강(姜), 씨는 여(呂), 이름은 상(尙), 자는 자아(子牙), 호는 태공망(太公望)이다.

8) 항백: 항우(項羽)의 숙부인 사양후(射陽侯).

9) 구장: 군마(軍馬)를 관장하는 관직.

으로 패공에게 유세하자, 패공이 그를 좋게 여겨 항상 그의 계책을 중용하였다. 장량은 또 다른 사람에게도『태공병법』을 말하였으나, 그들은 모두 이해하지 못하였다. 그래서 장량은 말하였다. "패공은 아마도 하늘이 내려준 인물일 것이다."

그러므로 장량은 패공을 따랐고 경구를 뵈러가지 않았다.

패공이 설읍(薛邑)으로 가서 항량(項梁)을 만나보니, 항량은 초회왕(楚懷王)을 옹립하였다. 장량은 항량에게 말하였다. "그대가 이미 초나라 후예를 세웠는데, 한(韓)나라의 여러 공자 가운데 횡양군(橫陽君) 한성(韓成)이 가장 현명하니 그를 왕으로 세워 동맹세력을 더 많이 증강하십시오."

그러자 항량이 장량에게 한성을 찾게 하여 그를 세워 한왕(韓王)으로 삼았다. 그리고 장량을 한(韓)나라 사도(司徒)[10]로 삼아 한왕을 따라 천여 명의 군사를 거느리고 서쪽으로 나아가 한나라 원래의 땅을 공략하게 하였다. 몇 개의 성을 빼앗았지만 번번이 진(秦)나라가 그 성을 다시 탈환해갔기에, 한나라 군대는 영천(潁川)[11] 땅에서 왔다갔다 옮겨 다니며 싸움을 하게 되었다.

패공이 낙양(雒陽)에서 남으로 환원산(轘轅山)[12]으로 나아갔을 때, 장량은 군대를 거느리고 패공을 따라 한나라 땅 10여 성을 무너뜨리고 양웅(楊熊)의 군대를 격퇴하였다. 패공은 한왕(韓王) 한성에게 남아서

---

10) 사도: 원문에는 '신도(申徒)'로 되어 있는데, 사도와 같은 뜻으로 승상(丞相)에 가까운 지위이다.

11) 영천: 지금의 하남성 우현(禹縣)에 있던 군(郡).

12) 환원산: 지금의 하남성 언사현(偃師縣) 동남쪽에 있던 산.

양책(陽翟)[13]을 지키게 하고, 자신은 장량과 함께 남하하여 원(宛)[14]을 격퇴하고 서쪽 무관(武關)[15]으로 들어갔다. 패공이 병사 2만 명으로 요관(嶢關)[16]을 지키는 진(秦)나라 군대를 치려고 하자, 장량이 말하였다. "진나라 군대가 아직은 강성하니 가볍게 볼 수가 없습니다. 제가 듣건대 그들의 장수는 백정의 자식이라고 하니, 장사꾼은 돈이나 재물로 쉽게 움직일 수 있습니다. 바라건대 패공께서는 잠시 진영 내에 머물러 계시고, 사람을 시켜 먼저 가서 5만 명의 식량을 준비하고, 또 모든 산 위에 많은 깃발을 세워 의병(疑兵)[17]으로 삼게 하시고, 역이기(酈食其)에게 많은 보물을 가져가서 진나라 장수를 매수하게 하소서."

진나라 장수가 과연 진나라를 배반하고 패공과 연합하여 서쪽으로 함양(咸陽)[18]을 공격하려고 하였다. 패공이 곧 진나라 장수의 요구를 들어주려고 하자, 장량이 말하였다. "다만 저 장수는 진나라를 배반하려고 합니다만, 신은 그 병졸들이 따르지 않을까 두렵습니다. 만약 따르지 않는다면 반드시 위험하오니 그들이 태만해진 틈을 타서 공격하는 것만 못합니다."

그리하여 패공이 군사를 이끌고 진나라 군대를 공격하여 크게 격퇴하였다. 패잔병을 쫓아 남전(藍田)에 이르러 다시 싸우니 진나라 군대는 마침내 패배하고 말았다. 드디어 함양에 다다르니 진나라 왕 자영

13) 양책: 지금의 하남성 우현(禹縣)에 있던 현.
14) 원: 지금의 하남성 남양시(南陽市)에 있던 현.
15) 무관: 지금의 섬서성 단봉현(丹鳳縣) 동남쪽.
16) 요관: 지금의 섬서성 상현(商縣) 서북쪽.
17) 의병: 거짓으로 진(陣)을 설치하여 적을 속이는 것.
18) 함양: 진(秦)나라의 도성. 지금의 섬서성 함양시 동북쪽.

(子嬰)[19]이 패공에게 항복하였다.

패공은 진나라 궁궐로 들어가서 궁실, 휘장, 개와 말, 값진 보배, 부녀자 등이 수천을 헤아릴 정도로 많은 것을 보고 내심 그곳에 머물고 싶어 하였다. 번쾌(樊噲)가 패공에게 궁궐 밖으로 나가기를 간언하였으나 패공이 듣지 않았다. 그래서 장량이 말하였다. "무릇 진나라가 무도(無道)하였기 때문에 패공께서 여기에 오실 수가 있었습니다. 천하 사람을 위하여 잔적(殘賊)을 제거하시려면 마땅히 검소함을 바탕으로 삼아야 합니다. 그런데 진나라에 들어온 지금 바로 그 즐거움을 편안히 누리신다면 이는 곧 이른바 '걸(桀)[20]이 포학한 짓을 하도록 돕는 것'입니다. 또 '충성스러운 말은 귀에 거슬리지만 행실에 이롭고, 독한 약은 입에 쓰지만 병에 이롭다'라고 하였는데, 패공께서 번쾌의 말을 들으시길 바라옵니다."

패공은 그리하여 곧 패상(霸上)[21]으로 환군(還軍)하였다.

항우가 홍문(鴻門)[22] 아래에 이르러 패공을 공격하려고 하자, 항백이 밤중에 패공의 군영으로 달려 들어와 사사로이 장량을 만나 함께 달아나자고 하였다. 그러자 장량이 말하였다. "저는 한왕(韓王)을 대신하여 패공을 호송(護送)하고 있는데, 지금 일이 위급하다고 하여 도망을 가는 것은 의롭지 못합니다."

그러고 나서 모든 사정을 패공에게 아뢰었다. 패공이 크게 놀라서

---

19) 자영: 진시황의 손자.

20) 걸: 하(夏)나라 마지막 군주로 역사상 유명한 폭군.

21) 패상: 지금의 섬서성 서안시(西安市) 동쪽.

22) 홍문: 지금의 섬서성 임동현(臨潼縣) 동북쪽.

말하였다. "장차 어떻게 하여야겠소?"

장량이 되물었다. "패공께서는 진실로 항우를 배반하려고 하십니까?"

패공이 대답하였다. "소인배들이 나더러 함곡관(函谷關)을 막고 다른 제후의 군대를 받아들이지 않으면 진나라 땅 전부를 차지하여 왕이 될 수 있다고 하기에 내가 그 말을 따른 것이오."

장량이 물었다. "패공께서 스스로 생각하시기에 항우를 물리칠 수 있겠습니까?"

패공은 한참동안 묵묵히 있다가 말하였다. "물론 물리칠 수 없소. 지금 당장 어떻게 하면 되겠소?"

그러자 장량은 굳이 항백을 청하여 패공과 만나게 하였는데, 항백이 와서 패공을 만나자 패공은 그와 함께 술을 마시며 축수(祝壽)하고는 서로 친구가 되고 아울러 사돈의 관계를 맺었다. 그러고 나서 항백에게 패공은 항우를 감히 배반하지 않았으며, 함곡관을 지킨 것은 다른 도적들을 막기 위한 것이었음을 자세히 이야기하도록 하였다. 나중에 패공이 항우를 만난 후 화해를 하였는데, 이 이야기는 「항우본기(項羽本紀)」에 기록되어 있다.

한(漢) 원년(元年) 정월에 패공은 한왕(漢王)이 되어 파(巴)[23], 촉(蜀)[24]을 통치하였다. 한왕은 장량에게 황금 100일(溢)[25]과 진주 2말을 상으로 내렸는데, 장량은 그것을 모두 항백에게 바쳤다. 그러자 한왕 역시 장량을 시켜 많은 재물을 항백에게 주면서 한중(漢中)[26] 땅을 달라고

23) 파: 지금의 사천성 동부, 즉 중경시(重慶市) 북쪽에 있던 군.

24) 촉: 지금의 사천성 서부, 즉 성도(成都)에 있던 군.

25) 일: 중량의 단위로 20냥(兩) 또는 24냥(兩)이 1일(溢/鎰)이다.

항우에게 부탁하게 하였다. 항왕(項王)이 이를 허락함으로써 마침내 한중 땅을 얻게 되었다. 한왕이 자신의 봉국(封國)으로 갈 때, 장량이 배웅하여 포중(褒中)[27]에 이르자 장량을 한(韓)나라로 돌아가게 하였다. 그러자 장량이 한왕에게 권고하였다. "폐하께서는 어찌하여 지나가는 곳의 잔도(棧道)[28]를 불태워 끊어서 천하 사람들에게 동쪽으로 돌아올 뜻이 없음을 보여줌으로써 항왕의 마음을 안정시키지 않으십니까?"

한왕은 장량을 한나라로 돌아가게 하고 자신은 행군하면서 지나온 잔도를 모두 불태워 끊어버렸다.

장량이 한(韓)나라에 이르렀을 때, 일찍이 장량이 한왕(漢王)을 따라간 것 때문에 항왕은 한왕(韓王) 한성(韓成)을 그의 나라로 돌려보내지 않고 자신을 따라 함께 동쪽으로 가도록 하였다. 그러자 장량이 항왕에게 말하였다. "한왕(漢王)은 잔도를 태워 끊어버렸으니 돌아올 마음이 없습니다."

장량은 또 제왕(齊王) 전영(田榮)이 모반하였다는 사실을 편지로 항왕에게 아뢰었다. 이리하여 항왕은 서쪽의 한왕(漢王)을 걱정하는 마음이 없어졌으며, 곧 군대를 일으켜 북쪽으로 제나라를 공격하였다.

항왕은 끝내 한왕(韓王)을 돌려보내려고 하지 않았고, 그를 다시 후(侯)에 봉하였다가 팽성(彭城)에서 살해하였다. 장량은 달아나서 샛길을 택하여 한왕(漢王)에게로 돌아갔다. 이때 한왕도 역시 이미 회군하여 삼진(三秦)을 평정하였다. 한왕은 다시 장량을 성신후(成信侯)로 봉하였

26) 한중: 지금의 섬서성 남부, 호북성 서부에 있던 군.

27) 포중: 지금의 섬서성 면현(勉縣) 동북쪽에 있던 현.

28) 잔도: 산골짜기 험준한 곳에 건너질러 놓은 구름다리.

고 동쪽으로 초나라를 공격하는 데 따르게 하였다. 그러나 팽성에 이르러 한나라 군대는 패하여 돌아왔다. 하읍(下邑)[29]에 이르자 한왕이 말에서 내려 말안장에 기대어 물었다. "내가 함곡관 동쪽을 떼어서 상으로 주고자 하는데, 누가 나와 통일천하 건립의 공(功)을 함께 할 수 있겠는가?"

장량이 진언(進言)하였다. "구강왕(九江王) 경포(黥布)는 초나라의 맹장이나 항왕과 사이가 좋지 않고, 팽월은 제왕 전영과 더불어 양(梁)[30] 땅에서 반란을 일으켰으니 이 두 사람을 급히 써야 합니다. 그리고 대왕의 장수들 중에는 한신(韓信)만이 대사(大事)를 맡기면 한 방면을 담당할 수가 있습니다. 만약 그 지역을 떼어내어 상으로 주고자 하신다면 이 세 사람에게 주어야만 초나라를 격퇴할 수가 있습니다."

한왕이 수하(隨何)를 보내어 구강왕 경포를 설득하게 하였고, 또 팽월에게도 사람을 보내어 연락하게 하였다. 그리고 위왕(魏王) 표(豹)가 반란을 일으키자 한왕은 곧 한신을 시켜 군사를 이끌고 가서 그를 공격하게 하였고, 연(燕)나라, 대(代)나라, 제(齊)나라, 조(趙)나라 땅을 모두 점령하게 하였다. 그리하여 마침내 초나라를 격퇴한 것은 바로 이 세 사람의 힘 때문이었다.

장량은 병이 많았기 때문에 일찍이 단독으로 군대를 통솔한 적은 없었고, 늘 계책을 내는 신하가 되었으며, 때때로 한왕을 수행하였다.

한(漢) 3년, 항우가 급히 형양(滎陽)에서 한왕을 포위하자, 한왕이 두려워하고 걱정하며 역이기와 함께 초나라의 권세를 약화시키려고 하

29) 하읍: 지금의 안휘성 탕산현(碭山縣)에 있던 현.

30) 양: 지금의 하남성 동부 지역.

였다. 역이기가 한왕에게 말하였다. "옛날에 은(殷)나라 탕왕(湯王)은 하(夏)나라 걸왕(桀王)을 토벌하고 그 후손을 기(杞)나라에 봉해주었고, 주(周)나라 무왕(武王)은 은나라 주왕(紂王)을 토벌하고 그 후손을 송(宋)나라에 봉해주었습니다. 지금 진(秦)나라가 덕을 잃고 도의를 저버리고 각 제후국을 침입하여 토벌하고 육국(六國)의 후대를 끊어버려 그들에게 송곳 하나 세울 땅이 없게 하였습니다. 폐하께서 진실로 육국의 후손을 복위시켜 그들 모두에게 폐하의 관인(官印)을 받게 하면, 그 나라의 군신과 백성이 반드시 폐하의 은덕을 우러러 받들게 될 것이고, 폐하의 덕의(德義)를 흠모해 마지않을 것이며, 폐하의 신하와 백성이 되기를 원할 것입니다. 덕의가 행해지면 폐하께서는 남면(南面)하여 패왕(霸王)이라 불릴 것이고, 초나라는 반드시 옷깃을 여미고 조회(朝會)할 것입니다."

그러자 한왕이 말하였다. "좋소. 급히 관인을 새길 것이니 선생이 직접 육국에 가지고 가시오."

역이기가 떠나기 전에 장량이 마침 외지에서 돌아와 한왕을 알현하였다. 한왕이 막 식사를 하던 중에 말하였다. "자방(子房)[31]은 어서 들어오시오! 손님 가운데 나를 위하여 초나라 권세를 약하게 할 계책을 낸 사람이 있었소."

그리고 역이기의 말을 장량에게 이르고는 그에게 물었다. "자방은 어떻게 생각하오?"

장량이 대답하였다. "누가 폐하를 위하여 이런 계책을 세웠습니까? 이대로 하면 폐하의 일은 가망이 없습니다."

---

31) 자방: 유후 장량의 별명.

한왕이 물었다. "무엇 때문이오?"

장량이 대답하였다. "청컨대 앞에 있는 젓가락을 빌려주시면 대왕을 위하여 당면한 형세를 따져보겠습니다."

이어서 장량이 따져 물었다. "옛날 은나라 탕왕이 하나라 걸왕을 토벌하고서 그 후손들을 기나라에 봉해준 것은 걸왕을 사지(死地)에 몰아넣을 수 있다고 생각하였기 때문입니다. 지금 폐하께서는 항우를 사지에 몰아넣으실 수 있습니까?"

한왕이 대답하였다. "할 수 없소."

장량이 따져 물었다. "이것이 육국의 후손을 봉하는 것이 불가(不可)한 첫 번째 이유입니다. 주나라 무왕이 은나라 주왕을 토벌하고 그 후손을 송나라에 봉해준 것은 은나라 주왕의 머리를 얻을 수 있다고 생각해서입니다. 지금 폐하께서는 항우의 머리를 얻으실 수 있습니까?"

한왕이 대답하였다. "얻을 수 없소."

장량이 따져 물었다. "이것이 불가한 두 번째 이유입니다. 무왕이 은나라로 쳐들어갈 때 상용(商容)[32]의 마을 문에 그의 덕행을 표창하였고, 감옥 속에 구금되어 있는 기자(箕子)[33]를 석방하였으며, 비간(比干)[34]의 무덤에 흙을 북돋워주었습니다. 지금 폐하께서는 성인(聖人)의

---

32) 상용: 은나라 주왕(紂王) 때의 현인. 한때 악관(樂官)으로 있었으며 후에 태항산(太行山)에 은거하였는데, 주 무왕이 그의 마을 문에서 그를 표창한 적이 있다.

33) 기자: 은나라 주왕의 백부(伯父)로 태사(太師)를 지냈는데, 기(箕)나라에 봉해졌으므로 기자(箕子)라고 하였다. 주왕이 폭정을 일삼아 기자가 충고를 하였는데도 받아들여지지 않자 머리를 풀어헤치고 미친 체하여 노예가 되었는데, 주왕이 그를 감옥에 가둔 적이 있다.

34) 비간: 은나라 주왕의 백부로 주왕에게 충고하자, 주왕이 그의 배를 갈라 심장을 도려내어 죽였다.

무덤에 흙을 북돋우거나 현자(賢者)의 마을 문에 그 덕행을 표창하거나 지자(智者)의 문 앞을 지나며 경의를 표하실 수 있습니까?"

한왕이 대답하였다. "할 수 없소."

장량이 따져 물었다. "이것이 불가한 세 번째 이유입니다. 주나라 무왕은 일찍이 거교(鉅橋)[35]의 곡식을 풀었고, 녹대(鹿臺)[36] 창고의 돈을 꺼내어 빈궁한 사람들에게 나누어주었습니다. 지금 폐하께서는 창고를 열어 돈과 식량을 빈궁한 사람들에게 나누어주실 수 있습니까?"

한왕이 대답하였다. "할 수 없소."

장량이 따져 물었다. "이것이 불가한 네 번째 이유입니다. 은나라를 정벌하는 일이 이미 끝나자 주나라 무왕은 병거(兵車)를 고쳐서 일반 수레로 만들고 병기를 거꾸로 하여 창고 속에 넣고서 호랑이 가죽으로 덮어씌워, 천하에 더 이상 병기를 사용하지 않을 것을 보였습니다. 지금 폐하께서는 무력을 버리고 문교(文教)를 행하여 다시는 병기를 사용하지 않으실 수 있습니까?"

한왕이 대답하였다. "할 수 없소."

장량이 따져 물었다. "이것이 불가한 다섯 번째 이유입니다. 주나라 무왕은 전쟁에 쓰던 말을 화산(華山) 남쪽에 풀어놓고 사용하지 않을 것임을 나타내었습니다. 지금 폐하께서도 말을 풀어놓고 사용하지 않으실 수 있습니까?"

한왕이 대답하였다. "할 수 없소."

장량이 따져 물었다. "이것이 불가한 여섯 번째 이유입니다. 주나라

---

35) 거교: 은나라 주왕 때의 식량 창고가 있던 곳으로 지금의 하북성 곡주현(曲周縣).

36) 녹대: 은나라 주왕 때의 누대 이름.

무왕은 군대 수송용 소를 도림(桃林)[37] 북쪽에 풀어놓고 다시는 군수품을 운반하거나 식량과 마초(馬草)를 한 곳에 모으는 데 쓰지 않을 것임을 보였습니다. 지금 폐하께서는 소를 풀어놓고 다시는 군대 수송용으로 쓰지 않으실 수 있습니까?"

한왕이 대답하였다. "할 수 없소."

장량이 따져 물었다. "이것이 불가한 일곱 번째 이유입니다. 또한 천하의 유사(游士)들이 친척과 헤어지고 조상의 분묘를 내버려두고 친구를 떠나 폐하를 따라 분주히 다니는 것은 단지 밤낮으로 작은 땅이라도 떼어주기를 바라서입니다. 그런데 지금 육국을 회복하여 한(韓), 위(魏), 연(燕), 조(趙), 제(齊), 초(楚)의 후대를 세우면 천하의 유사들이 각자 돌아가 그의 주인을 섬길 것이고, 그 친척을 따라 그의 친구와 조상의 분묘가 있는 곳으로 돌아갈 것이니, 폐하께서는 누구와 더불어 천하를 차지하시겠습니까? 이것이 그 불가한 여덟 번째 이유입니다. 게다가 지금은 오직 초나라가 강성해지지 못하게만 하시지만, 만약 초나라가 강성해진다면 폐하께서 세운 육국의 후손들이 다시 굽히고 초나라를 따르게 될 것이니, 폐하께서는 어떻게 그들을 신하로 삼으실 수 있겠습니까? 그러므로 진정 그 객(客)의 모책(謀策)을 쓰신다면 폐하의 일은 다 망치고 말 것입니다."

그러자 한왕이 입안의 음식을 뱉고 꾸짖어 말하였다. "이런 유생 놈(역이기)이 하마터면 대사를 그르치게 할 뻔하였구나!"

그러고 나서 급히 (역이기가 육국으로 가져가려고 했던) 관인을 녹여버리게 하였다.

---

37) 도림: 지금의 하남성 영보현(靈寶縣) 서쪽.

한(漢) 4년, 한신이 제나라를 격퇴하고 스스로 제왕(齊王)이 되려고 하자, 한왕이 노하였다. 장량이 한왕을 진정시키자, 한왕이 장량을 보내어 한신에게 제왕의 관인을 주게 하였는데, 이 이야기는 「회음후열전(淮陰侯列傳)」에 기록되어 있다.

그 해 가을, 한왕은 초나라 군대를 추격하여 양하(陽夏)[38] 남쪽에 이르렀으나 전세가 불리하여 고릉(固陵)[39]의 보루를 지키고 있었는데, 제후들[40]이 약속한 기일이 되어도 오지 않았다. 장량이 한왕을 설득하여 한왕이 그의 계책[41]을 쓰자 제후들이 모두 왔다. 이 이야기는 「항우본기(項羽本紀)」에 기록되어 있다.

한(漢) 6년 정월에 공신들을 봉하였다. 장량은 일찍이 별다른 전공(戰功)이 없었는데도 고제(高帝)는 오히려 이렇게 말하였다. "병영 중의 장막 안에서 계책을 운용하여 천리 밖에서 승리를 결정지었으니, 이것은 모두 자방의 공로이다. 스스로 제(齊) 땅에서 3만 호(戶)를 택하라."

장량이 대답하였다. "신이 처음 하비(下邳)에서 일어나 폐하와 유(留) 땅에서 만났는데, 이는 하늘이 신을 폐하께 주신 것입니다. 폐하께서는 신의 계책을 쓰셨고, 다행스럽게도 예상은 우연히 적중하셨습니다. 신은 바라건대 유후(留侯)에 봉해지는 것으로 만족하겠으며, 3만 호는 도저히 감당하지 못하겠습니다."

---

38) 양하: 지금의 하남성 태강현(太康縣).

39) 고릉: 지금의 하남성 태강현(太康縣) 남쪽.

40) 제후들: 한신과 팽월.

41) 일이 성사되고 나면 제후들에게 땅을 나누어준다는 약조를 한 계책.

그리하여 장량을 봉하여 유후로 삼았는데, 이는 소하(蕭何) 등과 함께 봉을 받은 것이다.

황제가 이미 큰 공신 20여 명을 봉하였으나, 그 나머지 사람들은 밤낮으로 공을 다투어 결정을 하지 못해 봉할 수가 없었다. 황제가 낙양의 남궁(南宮)에 있을 때, 구름다리 위에서 여러 장수들이 종종 모래밭에 모여 앉아 대화하는 것을 바라보았다. 황제가 물었다. "저기서 무슨 말들을 하는가?"

유후가 대답하였다. "폐하께서는 모르고 계십니까? 저것은 모반을 도모하고 있는 것입니다."

황제가 물었다. "천하가 막 안정되었는데 무슨 연유로 모반을 하려는가?"

유후가 대답하였다. "폐하께서는 포의(布衣)의 신분으로 일어나 저들에게 의지하여 천하를 차지하셨습니다. 그런데 이제 폐하께서 천자가 되셔서 봉한 자들은 모두 폐하께서 친애하는 소하(蕭何)나 조참(曹參)같은 옛 친구들이고, 죽인 자들은 모두 평소에 원한이 있었던 자들이었습니다. 지금 군리(軍吏)가 공로를 따져보고는 천하의 땅으로 모든 사람들을 전부 봉해주기에는 부족하다고 하였으니, 저들은 폐하께서 모두를 봉해주지 않을까 두렵고 또 평소의 과실을 의심받아 죽게 될까 두렵기 때문에 서로 모여서 모반하려는 것입니다."

황제가 이를 걱정하여 물었다. "어떻게 하면 되겠는가?"

유후가 되물었다. "황제께서 평소에 미워하시는 사람으로 여러 신하들이 다 아는 자 가운데 가장 심한 이가 누구입니까?"

황제가 대답하였다. "옹치(雍齒)와 짐은 묵은 원한이 있는데, 자주 짐을 욕되게 하여 짐이 그를 죽이려고 하였으나, 그의 공이 많기 때문에 참고 있소."

유후가 말하였다. "지금 급히 옹치를 봉하여 여러 신하들에게 보이십시오. 여러 신하들이 옹치가 봉해지는 것을 보게 되면 그들은 자신들도 봉해질 것을 스스로 굳게 믿게 될 것입니다."

그리하여 황제는 곧 술자리를 베풀고 옹치를 십방후(什方侯)에 봉하고, 급히 승상(丞相)과 어사(御史)를 재촉하여 공로를 정하고 봉(封)을 행하였다. 여러 신하들이 술자리가 끝나자 모두 기뻐하면서 말하였다. "옹치도 또한 후(侯)에 봉해졌으니 우리들은 걱정할 것도 없다."

유경(劉敬)이 고제(高帝)를 설득하여 "관중(關中)에 도읍하십시오"라고 하자, 황제가 머뭇거리며 결정을 하지 못하였다. 당시에 좌우 대신들이 모두 산동(山東) 사람들이어서 대다수가 황제에게 낙양에 도읍을 정하도록 권하였다. "낙양 동쪽에는 성고(城皐)[42]가 있고, 서쪽에는 효산(崤山)[43], 민지(澠池)[44]가 있으며, 황하를 등지고 이수(伊水)[45]와 낙수(雒水)[46]를 마주하고 있어 그 견고함이 충분히 안심할 만합니다."

유후가 말하였다. "낙양이 비록 그토록 견고하기는 하나, 그 중심지가 좁아 수백 리에 불과하며 땅은 척박하고 사방에서 적의 공격을 받

42) 성고: 지금의 하남성 형양현(滎陽縣) 경내에 있던 읍.

43) 효산: 지금의 하남성 낙영현(洛寧縣) 서북쪽.

44) 민지: 지금의 하남성 웅이산(熊耳山)에서 발원하여 동남쪽으로 흘러 낙수(洛水)로 유입되는 못.

45) 이수: 지금의 하남성 서부에 있는 강.

46) 낙수: 즉 낙수(洛水). 지금의 하남성 낙양현(雒陽縣) 남쪽으로 흘러 황하로 들어가는 강.

을 수 있는 곳이어서 힘을 쓸 만한 지역이 아닙니다. 반면 저 관중 지역은 동쪽으로는 효산과 함곡관이 있고, 서쪽으로는 농산(隴山)[47]과 촉산(蜀山)[48]이 있으며, 중심지에는 비옥한 들이 천리에 뻗어있고, 남쪽으로는 파촉(巴蜀)의 풍족한 자원이 있으며, 북쪽으로는 소와 말을 목축할 수 있는 이점이 있습니다. 삼면은 험준한 지형에 의지하여 굳게 지켜질 수 있으므로, 단지 동쪽 한 방면만 제후를 통제하면 됩니다. 제후가 안정되면 황하, 위수(渭水)를 통하여 천하의 식량을 운반하여 서쪽으로 도성에 공급할 수 있고, 제후가 반란을 일으키면 물길을 따라 내려가 충분히 군대와 군수물자를 수송할 수 있습니다. 이는 이른바 천리의 철옹성이며 천부(天府)의 지역이니 유경의 말이 옳습니다."

그리하여 고제는 즉시 그 날로 수레를 타고 서쪽으로 가서 관중에 도읍하였다.

유후도 고제를 따라 관중으로 들어갔다. 유후는 천성적으로 병이 많았기 때문에 도인(道引)[49]을 하면서 곡식을 먹지 않고 1년여 동안 두문불출하였다.

황제가 태자(太子)[50]를 폐하고 척부인(戚夫人)[51]의 아들 조왕(趙王) 유여의(劉如意)를 세우고자 하였다. 대신들 대부분이 다투어 간언을 하였으나 명확한 결정을 내릴 수가 없었다. 여후(呂后)가 두려워하여 어찌

---

47) 농산: 지금의 섬서성 농현(隴縣) 서북쪽에 있는 산.

48) 촉산: 지금의 사천성 북부에 있는 민산(岷山).

49) 도인: 도가(道家)의 양생법으로, 호흡을 하거나 손발을 굽혔다 폈다하면서 혈기를 충족시켜 신체의 건강을 촉진시키는 양생법.

50) 태자: 여후(呂后)의 소생인 혜제(惠帝) 유영(劉盈).

51) 척부인: 유방(劉邦)이 총애하던 비(妃).

할 바를 몰랐다. 이때 어떤 사람이 여후에게 말하였다. "유후는 대책을 잘 세워서 황제께서 그를 신임하십니다."

여후는 곧 건성후(建成侯) 여택(呂澤)을 시켜 유후를 위협하였다. "그대는 일찍이 황제의 모신(謀臣)이 되었으면서 지금 황제께서 태자를 바꾸려고 하시는데도 어찌 베개를 높이 하고 누워만 있을 수 있소?"

유후가 말하였다. "이전에 황제께서는 여러 차례 곤경하고 위급한 상황에 처하셨을 때, 다행스럽게도 저의 계책을 써주셨습니다. 그런데 지금 천하가 안정되어 편애하는 자식으로 태자를 바꾸려고 하시니, 이는 곧 골육간의 일이므로 저와 같은 사람이 100여 명이 있다 한들 무슨 소용이 있겠습니까?"

여택이 강요하였다. "나를 위해서 계책을 세워주시오."

유후가 대답하였다. "이는 말로써 다투어내기가 어렵습니다. 돌이켜 생각해보니 황제께서 마음대로 불러올 수 없었던 사람으로 천하에 네 명[52]이 있습니다. 이 네 명은 연로한데, 그들은 모두 황제께서 사람을 무시하고 업신여긴다고 생각한 까닭에 상산(商山)으로 피해 은거하여 절조를 지키며 한나라의 신하가 되지 않았습니다. 그러나 황제께서는 이 네 사람을 존경합니다. 지금 공(公)께서 진실로 금옥(金玉)과 비단을 아끼지 않고 태자께 편지를 쓰시게 하여 말을 공손하게 하고 안거(安車)[53]를 준비하여 말 잘하는 변사(辨士)를 시켜 간곡히 청한다면 그들은 틀림없이 올 것입니다. 그들이 오거든 귀한 손님으로 대우하고 때

---

52) 이 네 명은 진나라 말기의 명망 높은 은자(隱者)들인 '상산사호(商山四皓)'를 가리킨다.

53) 안거: 앉아서 타는 작은 수레.

때로 태자를 따라 조정으로 들어가 조회(朝會)하게 하여 황제로 하여금 그들을 보시게 하면 반드시 기이하게 여기셔서 그들에 대해서 물으실 것입니다. 그렇게 되면 황제께서는 이 네 사람이 현자(賢者)임을 알게 되실 것이고, 그러면 그것은 곧 태자께 큰 도움이 될 것입니다."

여후는 여택에게 사람을 시켜 태자의 편지를 받들어 겸손한 말과 후한 예물로 이 네 사람을 맞아오게 하였다. 그리하여 네 사람이 도착하였고, 그들은 귀한 손님 대접을 받으며 건성후의 집에 묵게 되었다.

한(漢) 11년, 경포(黥布)가 모반하였는데, 황제는 마침 병이 나서 태자를 대장으로 삼아 출병하여 그를 토벌케 하려고 하였다. 네 노인은 서로 의논하였다. "우리들이 온 것은 장차 태자를 보위하기 위해서입니다. 태자가 군대를 거느리고 싸운다면 일이 위험해질 것입니다."

그러고 나서 곧 건성후를 설득하였다. "태자께서 군대를 거느리고 출정하여 공을 세운다면 태자의 권위에는 더 보탬이 없을 것이지만, 만약에 공을 세우지 못하고 돌아오신다면 바로 그 때문에 화를 입게 될 것이오. 또 태자와 함께 출정할 여러 장수들은 모두가 일찍이 황제와 함께 천하를 평정한 맹장들이오. 지금 태자께서 그들을 거느리게 한다면 이는 양에게 이리를 거느리게 하는 것과 다름이 없어서 그들은 모두 태자를 위해서 힘을 다하려고 하지 않을 것이니, 태자께서 공을 세우지 못할 것은 틀림이 없소. 저희들이 듣기로는 '어미가 총애를 받으면 그 자식도 귀여움을 받는다'라고 하였는데, 지금 척부인이 밤낮으로 황제를 받들어 모시니 조왕(趙王) 유여의는 늘 황제 앞에 안겨 있고, 황제 또한 '불초한 자식을 사랑스러운 자식 위에 있게 할 수는 없다'라고 하시니, 분명 그가 태자의 지위를 대신할 것은 틀림이 없소.

그런데 그대는 어찌하여 급히 여후에게 기회를 봐서 황제께 눈물을 흘리며 '경포는 천하의 맹장이고 용병술이 뛰어납니다. 지금 여러 장군들은 모두 폐하의 옛 동료들인데, 바로 태자에게 그들을 거느리게 하시면 이는 양에게 이리를 거느리게 하는 것과 다름이 없어서 힘을 쓰려고 하지 않을 것입니다. 게다가 만약 경포가 이 사실을 알게 되면 분명 북을 치며 서쪽(長安)으로 진격해올 것입니다. 폐하께서 비록 병환 중이시기는 하지만 억지로라도 큰 수레를 준비하시어 누워서라도 여러 장수들을 통솔하시면 그들이 감히 힘을 다하지 않을 수 없을 것입니다. 폐하께서 비록 고통스러우시겠지만 처자를 위하여 친히 힘써 주시옵소서'라고 말하도록 청하지 않소?"

그러자 여택은 그 날 밤 즉시 여후를 만났고, 여후는 기회을 보아 황제께 눈물을 흘리며 네 사람의 의도대로 말하였다. 그러자 황제가 말하였다. "짐도 본디 그 어린 아이는 보낼 만하지 않다고 생각하였으니, 이 몸이 직접 가겠소."

그리하여 황제가 직접 군대를 이끌고 동쪽으로 가니 뭇 신하들과 유수(留守)들이 모두 파상(灞上)까지 전송하였다. 유후는 병상에 있었으나 억지로 일어나 전송하며 곡우(曲郵)[54]에 이르러 황제를 알현하고 말하였다. "신이 마땅히 따라가야 하나 병이 심합니다. 초나라 사람은 용맹하고 민첩하오니, 바라건대 폐하께서는 초나라 사람과 정면으로 다투지 마십시오."

그는 다시 황제를 설득하였다. "태자를 장군으로 삼아 관중의 군대를 감독하게 하십시오."

---

54) 곡우: 지금의 섬서성 임동현 동쪽.

황제가 말하였다. "자방은 병중이기는 하지만 누워서라도 애써 태자를 보좌하시오."

이때 숙손통(叔孫通)은 태자태부(太子太傅)였고, 유후는 태자소부(太子少傅)의 직책을 맡고 있었다.

한(漢) 12년, 황제가 경포의 군사를 격퇴하고 돌아와서 병이 더욱 심해지자 더더욱 태자를 바꾸려고 하였다. 이에 유후가 그만두게 간언하였으나 황제가 듣지 않자, 병을 핑계 삼아 공무를 돌보지 않았다. 태자태부 숙손통이 고금(古今)의 일을 인용하여 설득하며 죽을 각오로 태자를 보위하기 위해서 애썼다. 황제는 거짓으로 그의 말을 들어주는 것처럼 하였으나, 실제로는 여전히 바꾸려고 하였다. 그러다가 편안한 연회에 술자리가 마련되었을 때 태자가 황제를 모시게 되었다. 네 사람의 은자(隱者)가 태자를 따르고 있었는데, 그들은 모두 나이가 80이 넘었고, 수염과 눈썹이 희었으며, 의관은 매우 위엄이 있었다. 황제가 괴이하게 여겨 물었다. "저들은 무엇을 하는 사람들인가?"

네 사람이 앞으로 나아가 대답하며 각각 이름을 동원공(東園公), 녹리선생(甪里先生), 기리계(綺里季), 하황공(夏黃公)이라고 하였다. 그러자 황제는 크게 놀라며 말하였다. "짐이 공들을 찾아 같이하려 한 것이 몇 년이나 되었는데, 공들은 기어이 짐을 피해 도망가더니, 이제 공들이 어찌하여 스스로 태자를 따라 노니는가?"

네 사람이 모두 대답하였다. "폐하께서는 선비를 업신여기고 잘 꾸짖으시므로 신들이 의(義)에 욕되지나 않을까 하여 두려운 나머지 도망하여 숨었습니다. 그런데 태자께서는 사람됨이 어질고 효성스러우시며 사람을 공경하고 선비를 사랑하시어 천하에 목을 빼고 태자를 위해서 죽고자 하지 않는 이가 없다고 들었기에 신들이 온 것입니다."

그러자 황제가 말하였다. "번거롭겠지만 공들께서 태자를 잘 돌봐주시기를 바라오."

네 사람이 축수(祝壽)를 마치고 급히 떠나가자, 황제는 눈길로 그들을 전송해 보내면서 척부인을 불러 그 네 사람을 가리켜 보이며 말하였다. "짐이 태자를 바꾸고자 하였으나, 저 네 사람이 보좌하여 태자의 우익(羽翼)이 이미 이루어졌으니 그 지위를 움직이기 어렵소. 여후(呂后)는 진정 그대의 주인이오."

척부인이 흐느끼자 황제는 말하였다. "짐을 위해서 초나라 춤을 추어주오. 짐도 부인을 위해서 초나라 노래를 부르리다."

그리고 노래를 불렀다. "큰고니(鴻鵠) 높이 날아 한번에 천리를 나네. 날개가 어느덧 다 자라나 온 천하를 마음껏 날아다니네. 온 천하를 마음껏 날아다니니 마땅히 어떻게 하겠는가! 설령 화살이 있다고 한들 오히려 그 무슨 소용이 있겠는가!"

몇 번 연달아 노래를 부르니 척부인은 한숨을 내쉬며 눈물을 흘렸다. 황제가 일어나 자리를 뜨자, 술자리는 끝이 났다. 결국 태자를 바꾸지 못한 것은 근본적으로 유후가 이 네 사람을 불러오게 하였기 때문이었다.

유후가 황제를 따라 대(代) 땅을 공격하며 마읍(馬邑)[55] 성 아래에서 기이한 계책을 내었고, 소하를 상국(相國)[56]에 임명하도록 건의하는 등

55) 마읍: 지금의 산서성 삭현(朔縣)에 있던 현.

56) 상국: 한고제(漢高帝)가 처음 즉위하여 승상을 두었는데, 나중에 상국으로 명칭을 바꾸었다. 즉 재상(宰相)을 말한다.

황제와 함께 조용히 천하 대사를 논의한 것이 매우 많았지만, 그것들은 천하의 존망(存亡)에 관계된 바가 아니므로 여기에 일일이 기록하지는 않았다. 유후는 공언하였다. "우리 집안은 대대로 한(韓)나라 재상을 지냈는데, 한나라가 멸망하자 만금(萬金)의 가산을 아끼지 않고 한나라를 위해서 강대한 진나라에 복수를 하여 천하를 떠들썩하게 하였다. 지금은 세 치(寸)의 혀로 황제의 군사(軍師)가 되어 봉읍이 만 호에 이르고 지위가 제후의 반열에 올랐으니, 이는 평민으로서는 최고의 지위로 나로서는 매우 만족스럽다. 바라건대 세속의 일은 떨쳐버리고 적송자(赤松子)[57]를 따라 노닐고자 한다."

그리하여 벽곡(辟穀)[58]을 배워 오곡을 먹지 않았고, 도인(道引)을 행하여 몸을 가벼이 하였다. 그런데 때마침 고제가 붕어(崩御)하니, 여후가 유후의 은덕에 감격하여 억지로 음식을 먹게 하면서 말하였다. "사람이 한 세상을 살아가는 것은 마치 흰 망아지가 틈새를 지나는 것과 같은데, 굳이 스스로 그토록 고통스럽게까지 할 필요가 있습니까?"

유후는 하는 수 없이 여후의 말을 듣고 음식을 먹었다.

8년 뒤, 유후가 세상을 떠나니, 시호를 문성후(文成侯)라고 하였고, 그 아들 장불의(張不疑)가 아버지의 후작(侯爵)을 이어받았다.

자방(子房)이 처음 하비(下邳)의 다리 위에서 자신에게 『태공병법』을 준 노인을 만난 지 13년 후, 고제(高帝)를 따라 제북(濟北)을 지나갔는데 과연 곡성산(穀城山) 아래에서 누런 돌을 보게 되었다. 장량은 그것을

---

57) 적송자: 고대 전설 속의 신선. 신농씨(神農氏) 때의 우사(雨師)로 불 속에 들어가도 타지 않았으며, 곤륜산(崑崙山)에 가서 서왕모(西王母)의 석실에 들어가 비바람을 타고 놀았다고 전해진다.

58) 벽곡: 오곡을 먹지 않는 도가(道家)의 양생법.

가지고 돌아와 보물처럼 받들며 제사까지 지냈다. 유후가 죽자 누런 돌을 그와 함께 안장하였다. 그 후 사람들은 성묘하는 날이나 복일(伏日), 납일(臘日)[59]이면 장량뿐만 아니라 누런 돌에게도 제사를 지냈다.

유후 장불의가 효문제(孝文帝) 5년에 불경죄를 범함으로써 그의 후국(侯國)은 폐지되었다.

태사공(太史公)은 말한다.

"학자들은 대부분 귀신은 없다고들 말하면서도 또 괴이한 일이 있다고들 한다. 즉 유후가 만난 노인이 그에게 책을 준 것과 같은 일은 괴이하다고 할 것이다. 한고제(漢高帝)가 곤궁에 처한 것이 여러 차례였는데, 유후는 그때마다 늘 공로를 세웠으니 이 어찌 하늘의 뜻이 아니라고 할 수 있겠는가! 고제가 일찍이 '군정(軍情)을 분석하여 군영(軍營) 안에서 계책을 세워 천리 밖의 승부를 결정짓는 데에 나는 자방만 못하다'라고 하였다. 나는 본래 자방은 분명 체격이 몹시 클 것이라고 생각하였는데, 나중에 그의 화상(畵像)을 보았더니 얼굴 생김새가 여인네처럼 예뻤다. 원래 공자도 '용모로써 사람을 평가한다면 나는 자우(子羽)[60]에 대해서는 실수를 하였다'라고 말하였듯이, 유후에 대해서도 또한 그러할 것이다."

---

59) 진한(秦漢)시대에는 여름의 복일과 겨울의 납일이 모두 명절이었기에 사람들은 이날 신명께 제사를 지냈다.

60) 자우: 공자의 제자 담대멸명(澹臺滅明)의 별명. 얼굴 생김새가 매우 추하였으나 성품이 어질고 덕망이 높았다고 전해진다.

제3장 열전列傳

백이열전伯夷列傳

무릇 학자들이 읽는 서적은 지극히 광범하지만 믿을 만한 근거는 역시 육예(六藝)[1]에서 찾아야 한다. 『시경(詩經)』, 『서경(書經)』에는 비록 결핍된 부분이 있다고 할지라도 그러나 거기에 실린 우(虞), 하(夏)나라의 문장을 통해서 양위(讓位)에 관한 일을 알 수 있다. 요(堯)임금이 군주의 자리에서 물러날 때에는 그 자리를 순(舜)에게 선양(禪讓)하였고, 순임금이 우(禹)에게 양위할 때에는 악목(嶽牧)[2]들이 다함께 추천한 우를 일정한 직위에 시험 삼아 등용해서 수십 년 동안 직무를 수행하게 하고 그의 공적이 두드러지게 나타난 다음에야 비로소 정권을 넘겨주었다. 이러한 사실은 천하는 귀중한 보기(寶器)요, 제왕(帝王)은 중대한

---

1) 육예: 『서(書)』, 『예(禮)』, 『악(樂)』, 『시(詩)』, 『역(易)』, 『춘추(春秋)』의 육경(六經)을 가리킨다.

2) 악목: 사악(四嶽)과 12주목(州牧)을 합쳐서 부르는 말로, 사악은 요, 순 시대 사방 부락의 수령이라고 전해진다.

법통(法統)이기 때문에 천하를 물려준다는 것이 이처럼 어렵다는 것을 나타내는 것이다. 그러나 혹자는 "요임금이 천하를 허유(許由)[3]에게 양위하려고 하였을 때, 허유는 받아들이지 않고 오히려 이를 치욕으로 여기고 달아나 은거해 버렸고, 또 하(夏)나라에 이르러서도 변수(卞隨), 무광(務光)[4]과 같은 은사(隱士)가 있었다"라고 하였는데, 이런 사람들은 어째서 칭송되고 있는 것일까?

태사공(太史公)은 말한다.

"나는 기산(箕山)에 올라가 본 적이 있었는데, 그 산 위에는 허유의 무덤이 있다는 말을 들었다. 공자(孔子)는 예로부터 내려오는 인인(仁人), 성인(聖人), 현인(賢人)들을 차례로 열거하면서 오태백(吳太伯), 백이(伯夷)와 같은 사람에 대해서도 매우 상세하게 말하고 있다. 나도 허유와 무광의 절의(節義)가 지극히 고결하다고 들은바 있지만, 『시경』, 『서경』의 문장에는 조금도 그들에 관한 개략(槪略)이 보이질 않으니 이것은 어째서일까?"

공자는 말하였다. "백이, 숙제(叔齊)는 과거의 원한을 염두에 두고 있

3) 허유: 요임금 때의 은사. 요임금이 그에게 군주 자리를 양위하려 하였으나 그는 받아들이지 않고 영수(潁水)의 북쪽으로 달아나 기산(箕山) 아래에 은거하였다. 그 뒤 요임금이 또 구주(九州)의 장을 맡아 달라고 불렀으나 그는 이 말을 듣고 귀가 더렵혀졌다고 영수의 물가에서 그 귀를 씻었다고 전해진다. 『장자(莊子)』 「소요유(逍遙遊)」, 「서무귀(徐無鬼)」, 「양왕(讓王)」편에 나온다.

4) 변수, 무광: 둘 다 상(商)나라 때의 은사. 상의 탕왕(湯王)이 하의 걸왕(桀王)을 멸하고 군주의 자리를 이들에게 물려주려고 하자, 이들 두 사람은 이를 치욕으로 생각하고 강물에 투신자살하였다고 전해진다. 『장자』 「양왕」편에 나온다.

지 않음으로써 남을 원망하는 일은 거의 없었다."[5] "그들에게 어진 것이란 구하면 얻어지는 것인데 또한 무엇을 원망하였겠는가?"[6]

그러나 나는 백이의 심경을 비통한 것으로 보았고, 그들의 없어진 시(軼詩)[7]를 보고 약간 이상함을 느꼈다[8]. 그들에 관한 전기(傳記)에는 다음과 같이 말하고 있다.

> 백이와 숙제는 고죽국(孤竹國)[9] 국왕의 두 아들이었다. 아버지는 아우 숙제를 다음 왕으로 세우려고 하였다. 그런데 아버지가 죽은 뒤 숙제는 왕위를 형 백이에게 양여(讓與)하였다. 그러자 백이는 "아버지의 명령이었다"라고 말하면서 마침내 피해 도망갔고, 숙제도 왕위에 오르려 하지 않고 피해 도망갔다. 그리하여 나라 안의 사람들은 둘째 아들을 왕으로 옹립하였다. 이때 백이와 숙제는 서백창(西伯昌)[10]이 노인을 잘 봉양한다는 소문을 듣고 그를 찾아가서 의지하고자 하였다. 가서 보니 서백창은 이미 죽고, 그의 아들 무왕(武王)이 시호(諡號)를 문왕(文王)이라고 받든 아버지의 나무 위패(位牌)를 수레에다 싣고 동쪽으로 은(殷) 주왕(紂王)을 정벌하려 하였다. 그러자 백이와 숙제는 무왕의 말고삐를 잡고 "부친이 돌아가셨는데 장례는 치르지 않고 바로 전쟁을 일으키다니 이

---

5) 『논어(論語)』 「공야장(公冶長)」편에 나온다.

6) 『논어』 「술이(述而)」편에 나온다.

7) 일시: '일(軼)'은 '일(佚)'의 뜻으로, 『시경』에 수록되어져 있지 않기 때문에 '일시'라고 하였다.

8) 『논어』에 나오는 말과 '일시'에 나오는 말이 일치하지 않기에 하는 말이다.

9) 고죽국: 은(殷), 주(周)나라 때의 제후국으로, 지금의 하북성(河北省) 노룡현(盧龍縣) 동쪽에 위치하였다.

10) 서백창: 주(周) 문왕(文王) 희창(姬昌)을 가리킨다. 상(商)나라 말기 그는 서방 제후의 장이었기에 '서백창'이라고 불렀다.

를 효(孝)라고 말할 수 있습니까? 신하된 자로써 군주를 시해하려 하다니 이를 인(仁)이라고 말할 수 있습니까?"라고 간언(諫言)하였다. 그러자 무왕 좌우에 있던 시위(侍衛)들이 그들을 죽이려고 하였다. 이때 태공(太公)[11]이 "이들은 의인(義人)들이다"라고 하며, 그들을 보호하여 돌려보내 주었다. 그 후 무왕이 은의 난을 평정한 뒤 천하는 주 왕실을 종주(宗主)로 섬겼지만, 백이와 숙제는 주나라의 백성이 되는 것을 치욕으로 여기고 지조를 지켜 주나라의 양식을 먹으려 하지 않고, 수양산(首陽山)에 은거하며 고사리(薇)를 캐서 먹었다. 그들은 굶주려서 곧 죽으려고 하였을 때, 노래를 지었는데, 그 가사는 이러하였다.

> 저 서산(수양산)에 올라 고사리나 캐세.
> 포악한 것으로 포악한 것을 바꾸었는데[12]
> 그 잘못을 알지 못하는구나.
> 신농(神農), 우(虞), 하(夏)의 시대는 홀연히 지나가 버렸으니
> 우리는 장차 어디로 돌아가야 한단 말인가?
> 아! 이제는 죽는 것뿐이로다.
> 쇠잔한 우리의 운명이여!

마침내 이들은 수양산에서 굶어 죽었다. 이로 미루어 본다면, 두 사람은 과연 원망하는 것인가? 원망하지 않은 것인가?

혹자는 "하늘의 도리(天道)는 공평무사해서 항상 착한 사람을 돕는다"

---

11) 태공: 제(齊)나라의 시조며 주 무왕의 군사(軍師)인 태공망(太公望) 여상(呂尙)을 가리킨다.

12) 앞의 포악한 것은 주나라 무왕을, 뒤의 포악한 것은 상나라 주왕을 가리킨다.

라고 하였다. 백이, 숙제와 같은 사람은 착한 사람이라고 말할 수 있지 않은가? 그러나 그처럼 인덕을 쌓고 행실을 고결하게 하였음에도 그들은 굶어서 죽었다. 또한 70문도(門徒)[13] 중에서 공자는 오직 안연(顔淵)[14]만을 학문을 좋아하는 제자로 천거하였으나, 안연도 항상 가난해서 술지게미와 쌀겨(糟糠)같은 거친 음식도 배불리 먹지 못하고 끝내 요절하고 말았다. 하늘이 착한 사람에게 보상을 베푼다고 한다면 어째서 이럴 수가 있는가? 도척(盜跖)[15]은 날마다 죄 없는 사람을 죽이고 사람의 살을 회쳐서 먹으며 포악무도한 짓을 멋대로 하며 수천 명의 도당을 모아 천하를 횡행하였지만 끝내 수(壽)를 다 누리고 죽었다. 이것은 그의 어떠한 덕행에 따른 것이란 말인가? 이런 것들은 다 명확하고 뚜렷한 사례이다. 또 근세(近世)에 이르러서도 조행(操行)이 정도를 벗어나고, 오로지 사람들이 꺼리고 싫어하는 일만 범하면서도 일평생 안일 향락하고 부귀함이 여러 대에 그치지 않은 사람이 있는가 하면, 혹은 갈 만한 곳을 골라서 가고 말할 만한 때를 기다려 말하며 길을 갈 때는 잘못된 길로 가지 않으며 공명정대한 일이 아니면 분발해서 하지 않으면서도 재화(災禍)를 당하는 사람이 셀 수 없을 정도로 많다. 나는 이러한 일에 대해서 매우 의혹을 느낀다. 만약에 이런 것이 이른바 천도(天道)라고 한다면 그 천도는 옳은 것인가? 틀린 것인가?

---

13) 70문도: 공자의 제자는 3천여 명이나 되고, 그 중에서 현인(賢人)이 70명이나 된다고 전한다. 『사기』의 「공자세가(孔子世家)」에는 '72인'으로 되어 있고, 「중니제자열전(仲尼弟子列傳)」에는 '77인'으로 되어 있다.

14) 안연: 안회(顔回). 춘추시대 말기 노(魯)나라 사람으로 공자의 뛰어난 제자이다.

15) 도척: 춘추시대 말기에 횡행하였던 전설상의 큰 도적(大盜)을 가리킨다.

공자는 "가는 길이 같지 않은 사람과는 서로 도모하지 않는다"[16]라고 하였는데, 이 또한 사람은 제각기 자기의 뜻에 따라 행한다는 뜻이다. 그러므로 "부귀라는 것이 만약 추구해서 구할 수 있는 것이라면 비록 채찍질하는 사람(執鞭之士)과 같은 천한 직업이라고 할지라도 나는 그것을 할 것이며, 또 만약 구할 수 없는 것이라면 나는 내가 좋아하는 것을 좇아서 행할 것이다"[17]라고 말하였고, 또 "날씨가 차가워진 뒤에야 소나무와 측백나무는 시들지 않고 푸르게 남아 있다는 것을 안다"[18]고 말하였다. 온 세상이 혼탁해졌을 때라야 청렴한 사람이 드러나는 것이다. 이것은 모두 세속 사람들은 그처럼 부귀를 중시하고 청렴한 사람은 이처럼 부귀를 경시하기 때문이 아니겠는가!

공자는 "군자는 죽은 뒤에 자기의 명성이 칭송되지 않을까 걱정한다"[19]라고 하였고, 가의(賈誼)[20]는 "탐부(貪夫)는 재물 때문에 목숨을 잃고, 열사(烈士)는 명분 때문에 목숨을 바치며, 권세를 과시하는 사람은 그 권세 때문에 죽고, 서민들을 자기의 생명에만 매달린다"라고 하였다. "같은 종류의 빛은 서로가 비추어 주고, 같은 종류의 물건은 서로가 감응한다." "구름은 용을 따라 생기고 바람은 호랑이를 따라 일어나는 것처럼 성인이 나타나면 이에 따라서 세상 만물의 모습이 뚜렷이

---

16) 『논어』「위령공(衛靈公)」편에 나온다.

17) 『논어』「술이」편에 나온다.

18) 『논어』「자한(子罕)」편에 나온다.

19) 『논어』「위령공」편에 나온다.

20) 가의: 서한(西漢) 문제(文帝) 때의 정치가이며 문학가이다. 인용된 문장은 그의 「복조부(鵩鳥賦)」에 나온다.

드러나게 된다."[21] 백이와 숙제가 비록 현인이기는 하였지만 공자의 찬양을 얻고 나서부터 그들의 명성이 더욱더 뚜렷해졌고, 안연이 비록 학문에 독실하기는 하였지만, 천리마의 꼬리에 붙여져서 그의 덕행이 더욱더 드러났다[22]. 암혈(巖穴)에서 살아가는 은사들은 출세와 은퇴를 일정한 때를 보아서 하는데, 이와 같은 사람들의 명성이 파묻혀 버려서 칭송되지 않는다면 정말 비통하리라! 항간(巷間)의 평민으로 덕행을 연마하고 명성을 세우고자 하는 사람이 덕행이 고상한 사람(靑雲之士)[23]에게 의지하지 않는다면 어떻게 그의 명성을 후세에 전할 수 있겠는가?

---

21) 『주역(周易)』 「건(乾)」 '문언(文言)'에 나온다.

22) 안회가 공자와 같은 성인의 칭송을 받음으로써 그의 명성을 후세에 떨치게 된 것을 비유한 말이다.

23) 청운지사: 입언(立言)하여 후세에 전하는 성현을 가리킨다.

오자서열전伍子胥列傳

오자서(伍子胥)는 초나라 사람으로 이름은 운(員)이라고 하였다. 오운(伍員)의 아버지는 오사(伍奢), 오운의 형은 오상(伍尙)이라고 한다. 그의 조부는 오거(伍擧)라고 하는데, 그는 초나라 장왕(莊王)을 섬기면서 직접 간언(諫言)하는 것으로 명성이 높았으므로 그 후손들은 초나라에서 이름이 알려져 있었다.

초나라 평왕(平王)에게는 건(建)이라는 이름의 태자가 있었다. 평왕은 오사를 태부(太傅)[1]로 삼고 비무기(費無忌)를 소부(少傅)[2]로 삼았는데, 비무기는 태자 건에게 충성스럽지 못하였다. 평왕은 비무기에게 진(秦)나라에서 태자비를 맞이해 오도록 하였다. 진나라 여자가 미인이었으므로 비무기는 말을 달려 돌아와서는 평왕에게 보고하였다. "진나라 여자는 절세의 미인이오니 왕께서 스스로 왕비로 맞이하시고 태자에게는 따로 비를 얻어 주십시오."

그러자 평왕은 결국 자기가 진나라 여자를 차지하고는 그녀를 총애하여 아들 진(軫)을 낳게 하였고, 태자 건에게는 따로 비를 구해 주었다.

비무기는 진나라 여자 일로 인하여 평왕에게 환심을 산 뒤에 태자를 떠나 평왕을 섬기었다. 그는 언젠가 평왕이 죽고 태자가 왕위에 오르게 되면 자기를 죽이지 않을까 두려웠으므로 태자 건을 참소(讒訴)하였다. 건의 모친은 채(蔡)나라 여자로서 평왕의 총애를 받지 못하였으니 평왕은 더더욱 건을 멀리하고 건을 성보(城父)[3]의 수장으로 삼아 변방

---

1) 태부: 태자태부(太子太傅)라고도 하며 태자를 훈도하는 관직.

2) 소부: 태자를 훈도하는 관직으로 태부의 하속(下屬) 관직.

3) 성보: 지금의 하남성(河南省) 평정산시(平頂山市) 서북쪽.

을 지키도록 하였다.

얼마 후에 비무기는 또 밤낮으로 왕에게 태자의 허물을 일러바쳤다. "태자는 진나라 여자의 일로 인하여 반드시 원망(怨望)을 품고 있을 것이니 왕께서는 어느 정도 경계하시기를 바랍니다. 태자는 성보에 머문 이후로 병사를 거느리고는 밖으로는 제후들과 교제하면서 장차 도성으로 침입하여 반란을 일으키려고 합니다."

평왕은 태자의 태부 오사를 불러 사실을 캐물었다. 비무기가 평왕에게 태자를 참언(讒言)한 것을 안 오사는 말하였다. "왕께서는 어찌 참언을 일삼는 소인배의 말 때문에 친자식을 멀리하십니까?"

그러자 비무기가 말하였다. "왕께서 지금 제지하지 못하시면 그들의 역모가 성사되어 왕께서는 포로가 될 것입니다."

그러자 평왕이 노하여 오사를 옥에 가두고 성보의 사마(司馬)인 분양(奮揚)을 보내 태자를 죽이게 하였다. 분양은 성보에 도착하기 전에 태자에게 사람을 보내 먼저 알려주었다. "태자께서는 빨리 도망치십시오. 그렇지 않으면 죽임을 당하게 될 것입니다."

그러자 태자 건은 송(宋)나라로 도망쳤다.

비무기는 평왕에게 말하였다. "오사에게는 두 아들이 있는데 모두 현능(賢能)하니 죽이지 않으면 장차 초나라의 걱정거리가 될 것입니다. 그 아비를 인질로 삼아 그들을 불러들이십시오. 그렇지 않으면 앞으로 초나라의 후환(後患)이 될 것입니다."

왕은 오사에게 사신을 보내 말하였다. "너의 두 아들을 불러오면 살려주겠지만, 불러오지 못하면 죽일 것이다."

오사는 말하였다. "오상은 사람됨이 어질어 부르면 틀림없이 올 것입니다. 그러나 오운은 사람됨이 고집이 세고 참을성이 강해서 큰일을 이룰 수 있을 것입니다. 그 애는 이곳에 오면 부자가 함께 사로잡힐 것이라는 것을 알고는 틀림없이 오지 않을 것입니다."

왕은 이 말을 듣지 않고 사람을 보내 두 아들을 부르며 말하였다. "너희들이 오면 내가 너희 아비를 살려줄 것이며, 오지 않으면 아비를 당장 죽이겠다."

오상이 가려고 하자, 오운이 말하였다. "초나라에서 우리 형제를 부르는 것은 우리 아버지를 살려주려는 것이 아니라 도망치는 자가 생기면 나중에 후환이 될 것을 두려워하여 아버지를 인질로 삼고 거짓으로 우리 형제를 부르는 것입니다. 우리 형제가 도착하면 부자가 함께 죽을 것이니 그것이 아버지의 죽음에 무슨 도움이 되겠습니까? 간다면 복수조차 할 수 없게 될 것이니 차라리 다른 나라로 도망쳤다가 병력을 빌려 아버지의 원수를 갚는 것이 나을 것입니다. 다 같이 죽는 것은 아무런 의미가 없습니다."

그러자 오상은 말하였다. "간다고 해도 결국은 아버지의 목숨을 온전케 할 수 없다는 것을 나는 알고 있지만, 아버지께서 목숨을 구하기 위해서 나를 부르셨는데도 가지 않았다가 나중에도 원수를 갚지 못하면 결국 세상 사람들의 웃음거리가 될 것이 나는 싫구나."

또 오운에게 말하였다. "너는 도망가거라! 너라면 아버지의 원수를 갚을 수 있을 것이다. 나는 아버지 계신 곳으로 가서 함께 죽을 것이다."

오상이 붙잡히고 나서 사자(使者)가 또 오자서를 붙잡으려 하자, 오자서가 활을 당겨 사자를 겨냥하니 사자는 감히 접근하지 못하였다. 마침내 도망친 오자서는 태자 건이 송나라에 있다는 것을 듣고 송나라로 가서 그를 섬겼다. 오자서가 도망쳤다는 말을 들은 오사는 말하였다. "초나라 군주와 신하들은 앞으로 전란에 시달릴 것이다."

오상이 초나라에 도착하자, 초나라(평왕)는 오사와 오상을 모두 죽였다.

오자서가 송나라에 도착한 후 송나라에 화씨(華氏)의 난(亂)[4]이 일어나자, 그는 태자 건과 함께 정(鄭)나라로 도망쳤다. 정나라 사람들이 그들을 잘 대우해주었으나 태자 건은 또 진(晉)나라로 떠나갔다. 진나라 경공(頃公)이 말하였다. "태자는 정나라와 사이가 좋은데다가 정나라에서도 태자를 신임하고 있으니, 태자가 안에서 나를 호응해주고 내가 밖에서 공격하면 정나라를 반드시 멸망시킬 수 있을 것이오. 정나라가 멸망하면 태자를 그곳에 봉해주겠소."

그리하여 태자는 정나라로 돌아갔다. 그러나 거사가 이루어지기도 전에 그가 공교롭게도 개인적인 일로 그의 시종(侍從)을 죽이려고 하자, 그의 음모를 알고 있었던 시종은 이 사실을 정나라에 일러바쳤다. 그러자 정나라 정공(定公)과 자산(子産)[5]은 태자 건을 주살(誅殺)하였다. 건에게는 승(勝)이라는 이름의 아들이 있었다. 오자서는 겁이 나서 승과 함께 오(吳)나라로 달아났다. 그들이 소관(昭關)[6]에 이르렀을 때 소관의 문지기가 그들을 체포하려 하였다. 오자서는 승과 헤어져 혼자

---

4) 화씨의 난: 기원전 522년 송(宋) 원공(元公) 때 송나라 대부(大夫)인 화해(華亥), 향녕(向寧) 등이 일으킨 정변(政變).

5) 자산: 공손교(公孫僑)의 호. 정나라의 집정대신(執政大臣)이자 춘추시대의 유명한 정치가.

6) 소관: 초나라의 관문 이름으로 당시 오나라와 초나라 사이의 교통 요지. 지금의 안휘성(安徽省) 함산현(含山縣) 서북쪽.

도망쳤으나 거의 붙잡힐 지경에 이르렀다. 추격해 오는 자가 뒤에 따라붙었다. 강에 이르렀을 때, 배를 타고 있던 한 어부가 오자서가 위급한 상황에 처해 있음을 알고 그를 건너게 해주었다. 오자서는 강을 건너고 나자 자기의 칼을 풀더니 말하였다. "이 칼은 100금(金)의 값어치가 있는데 이것을 그대에게 주겠소."

그러자 그 어부는 "초나라 국법으로는 오자서를 잡는 자에게 조 5만 석(石)과 집규(執珪)[7]의 작위를 내린다고 하거늘 이까짓 100금의 칼로 무엇을 하겠소?"라고 하며 그 칼을 받지 않았다. 오자서는 오나라에 도착하기도 전에 병에 걸려 도중에 가던 길을 멈추고서는 걸식(乞食)을 하기도 하였다. 오나라에 도착하니 그때 마침 오왕(吳王) 요(僚)가 정권을 잡고 있었으며, 공자(公子) 광(光)이 장군으로 있었는데, 오자서는 공자 광을 통하여 오왕을 알현하기를 요청하였다.

얼마 후의 일로, 초나라 변경의 고을인 종리(鍾離)[8]와 오나라 변경의 고을인 비량지(卑梁氏)[9]에서는 모두 누에를 치고 있었는데, 이 두 고을의 여자들이 뽕잎을 다투느라 서로 싸우는 일이 일어나자, 초나라 평왕은 크게 노하였고 두 나라에서는 병사를 일으켜 서로 공격하게 되었다. 오나라는 공자 광에게 초나라를 공격하도록 하여 공자 광이 종리와 거소(居巢)[10]를 함락시키고 돌아왔다. 오자서는 오왕 요에게 권하였다. "초나라를 멸망시킬 수 있으니, 다시 공자 광을 파견하

---

7) 집규: 봉국(封國)의 군주에 상당하는 지위를 가진 초나라의 작위 이름.
8) 종리: 지금의 안휘성 봉양현(鳳陽縣) 동쪽에 위치한 현 이름.
9) 비량지: 지금의 안휘성 천장현(天長縣) 동북쪽에 위치한 현 이름.
10) 거소: 지금의 안휘성 소현(巢縣).

시기 바랍니다."

공자 광은 오왕에게 말하였다. "오자서는 아버지와 형이 초나라에 의해서 죽임을 당하였으니, 그가 왕께 초나라를 공격하시라고 권하는 것은 자기의 원수를 갚기 위해서일 뿐입니다. 그러나 초나라를 공격한다고 해도 아직은 멸망시킬 수가 없습니다."

공자 광이 오왕을 죽이고 자신이 왕위에 오르려는 속셈이 있음을 알아차린 오자서는 대외적인 일을 말할 때가 아니라 여기고는 공자 광에게 전제(專諸)라는 사람을 추천하고, 자기는 물러나 태자 건의 아들 승과 함께 초야에서 농사를 지으며 살았다.

5년 후에 초의 평왕이 죽었다. 일찍이 평왕이 태자 건에게서 가로챈 진나라 여자가 아들 진(軫)을 낳았는데, 평왕이 죽고 나자 진이 마침내 왕위에 올라 후계가 되었으니 그가 바로 소왕(昭王)이다. 오왕 요는 초나라의 국상(國喪)을 틈타 두 공자(公子)[11]에게 병사를 거느리고 초나라를 기습 공격하게 하였다. 그러나 초나라는 병사를 출동시켜 오나라 군사의 퇴로(退路)를 차단하니 오나라 군사는 되돌아갈 수가 없었다. 오나라에서는 도성이 텅 비자, 공자 광이 전제에게 오왕 요를 기습하여 암살하게 하고[12] 스스로 왕위에 오르니 그가 바로 오왕 합려(闔廬)이다. 합려가 왕위에 올라 뜻을 이루고 나자 오자서를 불러 행인(行人)[13]으로 삼고 그와 함께 국사를 도모하였다.

---

11) 두 공자: 오왕 요의 동모(同母) 아우인 개여(蓋餘)와 촉용(燭庸).

12) 오왕 요 12년(기원전 515년), 공자 광이 오왕 요를 초청하여 연회를 베풀었을 때 전제는 비수를 물고기 뱃속에 숨겨 가지고 가서 오왕 요를 찔러 죽이고는 자신도 그 자리에서 죽임을 당하였다.

초나라에서는 대신(大臣) 극완(郤宛)과 백주리(伯州犁)가 주살(誅殺)되자, 백주리의 손자인 백비(伯嚭)가 오나라로 도망쳐 오니 오나라는 백비를 대부(大夫)로 삼았다. 앞서 오왕 요가 병사를 거느리고 초나라를 공격하도록 파견하였던 두 공자는 퇴로가 차단되어 돌아갈 수가 없었다. 그들은 나중에 합려가 오왕 요를 시해(弑害)하고 왕위에 올랐다는 소식을 듣고는 결국 병사들을 데리고 초나라에 투항하니, 초나라에서는 그들을 서(舒)[14] 땅에 봉하였다. 합려는 왕위에 오른 지 3년째 되던 해에 병사를 일으켜 오자서, 백비와 함께 초나라를 공격하여 서 땅을 함락시키고 예전에 오나라를 배반하였던 두 장군을 마침내 사로잡았다. 합려는 이 여세를 몰아 영(郢)[15]까지 진격하려고 하자, 장군 손무(孫武)가 "백성들이 지쳐 있으니 아직은 아니 됩니다. 잠시 기다리십시오"라고 하니 바로 회군(回軍)하였다.

합려 4년에는 오나라가 초나라를 공격하여 육(六)[16]과 첨(灊)[17]을 점령하였으며, 합려 5년에는 월(越)나라를 공격하여 승리하였다. 합려 6년에는 초나라 소왕이 공자 낭와(囊瓦)에게 병사를 거느리고 오나라를 공격하게 하였다. 오나라는 오자서에게 반격하도록 하여 초나라 군사를 예장(豫章)[18]에서 크게 무찌르고 초나라의 거소를 빼앗았다.

합려 9년, 오왕 합려는 오자서와 손무에게 물었다. "당초 그대들은

---

13) 행인: 외무대신에 해당하는 관직 이름.

14) 서: 지금의 안휘성 노강현(盧江縣) 서남쪽.

15) 영: 초나라의 수도. 지금의 호북성(湖北省) 강릉현(江陵縣) 동북쪽.

16) 육: 지금의 안휘성 육안현(六安縣).

17) 첨: 지금의 안휘성 곽산현(霍山縣) 동북쪽.

18) 예장: 장강(長江) 이북과 회수(淮水) 이남 지역.

영(郢)을 진격할 수 없다고 하였는데 지금은 과연 어떠한가?"

두 사람은 대답하였다. "초나라 장군 낭와는 탐욕스러워 당(唐)과 채(蔡)나라가 모두 그를 원망하고 있습니다. 왕께서 꼭 초나라를 대대적으로 공격하시려면 반드시 먼저 당나라와 채나라를 한 편으로 만들어야 가능합니다."

합려가 그 말을 받아들이고 모든 군사를 동원하여 당, 채 두 나라와 함께 초나라를 공격하였다. 오나라는 초나라와 한수(漢水)를 사이에 두고 진을 쳤다. 오왕의 아우 부개(夫槪)가 병사를 이끌고 종군하기를 청하였으나 왕이 허락해 주지 않자 결국 자기 휘하의 5천 명의 병사로 초나라 장군 자상(子常: 즉 囊瓦)을 공격하였다. 자상이 패주하여 정나라로 달아났다. 이에 오나라는 승리의 여세를 몰아 진격하며 다섯 번의 전투를 치른 끝에 드디어 영에 도착하였다. 기묘일(己卯日)에 초나라 소왕이 달아나니 경진일(庚辰日)에 오왕은 영에 입성하였다.

소왕이 도주하여 운몽(雲夢)[19]으로 들어갔다가 도둑이 습격하자, 소왕은 다시 운(鄖)[20]나라로 달아났다. 운공(鄖公)의 아우 회(懷)가 말하였다. "초나라 평왕이 우리 아버지를 죽였으니 내가 그의 아들을 죽여도 안 될 것이 없지 않소."

운공은 아우가 소왕을 죽일까 두려워 소왕과 함께 수(隨)[21]나라로 도망쳤다. 오나라 병사들이 수나라를 포위하고 수나라 사람들에게 "한

---

19) 운몽: 초왕의 수렵지(狩獵地)로서, 지금의 호북성(湖北省) 천문현(天門縣) 서쪽.

20) 운: 후일 초나라에 멸망을 당한 작은 나라의 이름. 지금의 하북성 안육현(安陸縣).

21) 수: 지금의 호북성 수현(隨縣)에 위치한 서주(西周) 초의 제후국.

천(漢川) 일대의 주 왕실 자손들은 모두 초나라가 멸망시켰다"라고 하자, 수나라 사람들이 소왕을 죽이려고 하였다. 그러나 왕자 기(綦)[22]가 소왕을 숨겨두고 자신이 소왕을 대신하여 죽임을 당하려고 하였다. 수나라 사람들이 점을 쳐보니 오나라에 소왕을 넘겨주는 것은 불길하다고 나오므로, 오나라의 청을 사절하고 소왕을 넘겨주지 않았다.

예전에 오자서와 신포서(申包胥)[23]는 친구지간이었다. 오자서가 도망칠 때, 신포서에게 말하였다. "나는 반드시 초나라를 뒤엎을 것이다."

신포서는 대답하였다. "나는 반드시 초나라를 보존시킬 것이다."

오나라 병사들이 영(郢)에 입성하였을 때 오자서가 소왕을 잡으려고 하였으나 뜻을 이루지 못하자, 초나라 평왕의 묘를 파헤쳐 그의 시신을 꺼내어 300번이나 채찍질한 후에야 그만두었다. 신포서는 산중으로 도망친 후 사람을 보내 오자서에게 전언하게 하였다. "그대의 복수는 너무 심하구나! 내가 듣기로는 '사람이 많으면 하늘을 이길 수도 있으나, 일단 하늘의 뜻이 정해지면 사람을 무찌를 수도 있다'라고 하는데, 일찍이 평왕의 신하로서 친히 북면(北面)[24]하여 평왕을 섬겼던 그대가 지금 그 시신을 욕되게 하였으니 이보다 더 하늘의 도리와 이치에 어긋난 일이 있을 수 있겠는가?"

---

22) 왕자 기: 초나라 소왕(昭王)의 형인 공자(公子) 결(結).

23) 신포서: 초나라 군주 분모(蚡冒)의 후손으로, 성이 공손(公孫)이며, 신(지금의 하남성 남양시 북쪽) 땅에 봉해졌기 때문에 '신포서'라고 불린다.

24) 북면: 고대에는 남쪽을 가장 존엄하고 고귀한 방향으로 여기어 군왕은 북쪽에 앉아 남쪽을 향하였으므로 '남면이왕(南面而王)'이라 하였다. 신하는 반대로 북쪽을 향하였으므로 '북면이조(北面而朝)'라고 하였으니, '북면'이란 신하가 되어 군왕을 섬기는 것을 말한다.

그러자 오자서는 말하였다. "나를 대신해서 신포서에게 사과하고 '해는 지고 갈 길이 멀어 도리에 어긋난 행동을 할 수밖에 없었다'라고 전해주게."

그리하여 신포서는 진(秦)나라로 달려가 위급한 상황을 알리고 진나라에 구원을 요청하였다. 진나라에서 응해주지 않자, 신포서는 진나라의 궁정에 서서 밤낮으로 통곡하니 이레 밤낮 동안 그 통곡소리가 끊이지 않았다. 그를 불쌍히 여긴 진나라 애공(哀公)이 "초나라가 비록 무도(無道)하기는 하지만 이와 같은 신하가 있으니 어찌 망하게 할 수 있겠는가!"라고 하며, 전차 500대를 파견하여 초나라를 구하고 오나라를 공격하게 하였다. 합려 10년 6월에 직(稷)에서 오나라 병사를 무찔렀다. 한편 오왕 합려가 오랫동안 초나라에 머물며 소왕을 찾고 있는 동안 합려의 아우인 부개가 도망쳐 귀국하더니 스스로 왕위에 올랐다. 이 소식을 들은 합려는 초나라를 포기하고 돌아와 아우인 부개를 공격하였다. 부개는 패주하여 결국 초나라로 도망쳤다. 초의 소왕은 오나라에 내란이 일어난 것을 알고는 다시 영으로 들어가 부개를 당계(堂溪)에 봉하여 그를 당계씨(堂溪氏)라고 하였다. 초나라는 다시 오나라와 교전하여 오나라를 무찌르니 오왕은 귀국해버렸다.

2년 후, 합려는 태자 부차(夫差)에게 병사를 거느리고 초나라를 공격하게 하여 파(番)[25] 땅을 빼앗았다. 초나라는 오나라가 대거 공격해 올 것이 두려워 영(郢)을 떠나 약(鄀)[26]으로 천도(遷都)하였다. 이때 오나라는 오자서와 손무의 계책으로 서쪽으로는 초나라를 무찌르고, 북쪽으

---

25) 파: 지금의 강서성(江西省) 파양현(波陽縣).

26) 약: 지금의 호북성 선성현(宣城縣) 동남쪽.

로는 제(齊)나라와 진(晉)나라를 위협하였으며, 남쪽으로는 월(越)나라를 굴복시켰다.

그로부터 4년 후, 공자(孔子)가 노(魯)나라의 재상(宰相)이 되었다.

5년 후, 오나라가 월나라를 공격하였다. 월왕 구천(句[勾]踐)이 반격하여 고소(姑蘇)[27]에서 오나라를 무찌르고 합려의 손가락[28]에 상처를 입히자 오나라 군사는 퇴각하였다. 합려는 상처가 심해져 죽게 되었을 때 태자 부차에게 "구천이 네 아비를 죽인 일을 너는 잊겠느냐?"라고 묻자, 부차는 "잊지 않을 것입니다"라고 대답하였다. 그날 저녁 합려가 죽으니, 부차는 왕위에 올라 백비(伯嚭)를 태재(太宰)[29]로 삼고 군사를 훈련시켰다. 2년 후, 월나라를 공격하여 부추산(夫湫山)[30]에서 월나라를 무찔렀다. 월왕 구천은 잔병 5천 명을 거느리고 회계산(會稽山)[31] 위에 머물면서 대부(大夫) 종(種)[32]을 시켜 후한 예물을 오나라 태재 백비에게 보내어 나라를 오나라에 바치고 모두가 신하와 첩이 되는 조건으로 강화를 청하게 하였다. 오왕이 이를 승낙하려고 하자, 오자서가 간언하였다. "월왕은 고통을 잘 견디는 사람입니다. 지금 멸망시키지 않으면 나중에 반드시 후회하시게 될 것입니다."

---

27) 고소: 지금의 강소성(江蘇省) 소주시(蘇州市).

28) 원문에는 '지(指)'라고 되어 있으나, 일설에는 '指'와 '趾'가 통하므로 '발가락'으로 풀이하기도 한다.

29) 태재: 왕실의 내외 사무를 관장하는 관직 이름.

30) 부추산: 부초산(夫椒山)이라고도 하며, 지금의 강소성 오현(吳縣) 서남쪽.

31) 회계산: 지금의 절강성(浙江省) 중부 소흥현(紹興縣) 일대.

32) 대부 종: 월나라 대부 문종(文種).

그러나 오왕은 이 말을 듣지 않고 태재 백비의 계책을 받아들여 월나라와 강화하였다.

그로부터 5년 후, 오왕은 제나라 경공(景公)이 죽자 제나라 대신들이 권력투쟁을 하고 새로 왕위에 오른 군주가 유약하다는 말을 듣고서 군사를 일으켜 북쪽으로 제나라를 공격하였다. 오자서는 간언하였다. "구천이 한 가지 반찬만으로 검소한 식사를 하며 죽은 자를 조문하고 병든 자를 문병하고 있는데, 이것은 장차 그들을 써먹을 곳이 있기 때문입니다. 이 사람이 죽지 않으면 반드시 오나라의 우환이 될 것입니다. 지금 오나라에 월나라가 존재한다는 것은 마치 사람에게 뱃속의 질병이 있는 것과 같습니다. 그럼에도 왕께서는 월나라를 먼저 처치하지 않으시고 제나라에만 힘을 쓰고 계시니 어찌 잘못된 일이 아니겠습니까!"

그러나 오왕은 듣지 않고 제나라를 공격하여 제나라 군사를 애릉(艾陵)[33]에서 대패(大敗)시키고, 마침내 추(鄒)나라와 노(魯)나라 군주를 위협하고서는 귀국하였다. 이후로 오왕은 더욱 오자서의 계책을 소홀히 대하였다.

그로부터 4년 후, 오왕이 북쪽으로 제나라를 공격하려고 하자, 월왕 구천은 자공(自貢)[34]의 계책을 써서 그의 군사를 이끌고 오나라를 돕는 한편 귀중한 보물을 태재 백비에게 바쳤다. 태재 백비는 여러 번 월왕의 뇌물을 받았기 때문에 월왕을 유난히 좋아하고 신임하여 밤낮으로

---

33) 애릉: 지금의 산동성(山東省) 래무현(萊蕪縣) 동북쪽.

34) 자공: 춘추시대 위(衛)나라 사람으로 성은 단목(端木)이며 이름은 사(賜), 공자의 제자.

오왕에게 월왕을 좋게 이야기하자, 오왕은 백비의 계책을 신용하였다. 오자서가 간언하였다. "월나라는 뱃속에 생긴 병처럼 골칫거리인데, 이제 월왕의 허황한 말과 속임수를 믿으시고 제나라를 탐내고 계십니다. 제나라를 무찌른다고 해도 자갈밭과 같은 제나라는 아무런 쓸모가 없습니다. 또 『서경(書經)』「반경(盤庚)」편의 고(誥)에도 '예법을 거스르고 불공스러운 행동을 하는 사람은 코를 베거나 죽여서 살아남지 못하게 하고 이 땅에 번식하지 못하게 하라'고 하였는데, 이것이 상(商)나라가 흥성한 까닭입니다. 바라건대 왕께서는 제나라를 내버려두시고 먼저 월나라를 처치하십시오. 만약 그렇지 않으면 나중에 후회해도 소용이 없을 것입니다."

그러나 오왕은 이 말을 듣지 않고 오자서를 제나라에 사신으로 보냈다. 오자서는 제나라로 떠날 무렵 아들에게 "내가 여러 번 왕께 간언을 하였지만 왕께서 듣지 않으신다. 내가 지금 보기에는 오나라는 곧 멸망할 것이다. 네가 오나라와 함께 망하는 것은 무익한 일이다"라고 하면서 그 아들을 제나라의 대부(大夫) 포목(鮑牧)에게 맡기고는 오나라로 돌아와 (그간의 제나라 정세를) 보고하였다.

오나라의 태재 백비는 원래 오자서와 사이가 나빴으므로 그를 참언하였다. "오자서의 사람됨은 고집이 세고 사나우며 인정이 없고 시기심이 강하니, 그가 품고 있는 원한이 큰 화를 불러일으킬까 두렵습니다. 예전에 왕께서 제나라를 공격하시려고 할 때 오자서가 안 된다고 하였지만 왕께서는 결국 제나라를 공격하여 커다란 공을 거두셨습니다. 오자서는 자신의 계책이 쓰이지 않은 것을 수치스럽게 여기며 오히려 원망을 품었습니다. 그런데 지금 왕께서 또 제나라를 공격하시려고 하는데 오자서가 멋대로 고집을 부리며 강력히 간하여 왕께서 하시려는 일을 저지하고 비방하는 것은 다만 오나라가 패하여 자기의 계책이 정확하다는 것이 드러나기를 바라는 것일 뿐입니다. 지금 왕께서 친히 출정하시고 온 나라의 병력을 총동원하여 제나라를 공격하시려고 하는데, 오자서는 간언이 채택되지 않았다 하여 사직하고 병을 핑계 삼아 출정하지 않으려 하니, 왕께서는 이에 대한 방비를 하셔야만 하며, 이번에 어떤 화가 일어날지 예상하는 것은 어려운 일이 아닙니다. 또 제가 사람을 시켜 은밀히 오자서를 조사해 보니 그가 제나라에 사신으로 갔을 때 자기 아들을 제나라의 포씨(鮑氏)에게 맡겨 두었습니다. 오자서는 신하의 몸으로 국내에서 뜻을 못 이루었다고 해서 밖으로 제후들에게 의탁하려고 하며, 자기는 선왕의 모신(謀臣)이면서 지금은 저버림을 받고 있다고 하여 항상 불평과 원망을 품고 있습니다. 바라건대 왕께서는 조속히 이 일을 처리하십시오."

그러자 오왕은 "그대의 말이 없었다고 하더라도 나 역시 그를 의심하고 있었소"라고 하고는, 사신을 보내 오자서에게 촉루(屬鏤)라는 검을 내리며 "그대는 이 칼로 죽어라!"라고 하였다. 오자서는 하늘을 우러러보고 탄식하며 말하였다. "아! 참언을 일삼는 간신 백비가 나라를 어지럽히고 있거늘 왕은 도리어 나를 주살하는구나. 내가 그의 아버지를 패자(霸者)로 만들었고, 그가 왕위에 오르기 전 여러 공자들이 왕위를 다투고 있을 때 내가 죽음으로써 선왕(先王)과 다투지 않았다면 그는 거의 태자가 될 수 없었을 것이다. 그가 왕위에 오르고 나서 나에게 오나라를 나누어주려고 하였을 때 나는 감히 그것을 바라지 않았다. 그러나 지금 그는 아첨하는 간신의 말을 듣고 나를 죽이려 하는구나."

그러고 나서 그의 문객(門客)에게 "나의 무덤 위에 반드시 가래나무를 심어 오왕의 관재(棺材)로 삼도록 하라. 그리고 내 눈알을 도려내어 오나라 동문(東門) 위에 걸어두어 월나라 군사들이 쳐들어와 오나라를 멸망시키는 것을 볼 수 있게 하라"고 하고는 스스로 목을 찔러 죽었다. 이 소식을 듣고 크게 노한 오왕은 오자서의 시체를 가져다가 말가죽 자루에 넣어 강물에 던져버렸다. 오나라 사람들이 그를 불쌍히 여겨 강기슭에 사당을 세우고 서산(胥山)[35]이라고 명명하였다.

오왕은 오자서를 죽이고 난 후, 마침내 제나라를 공격하였다. 이때 제나라 포씨가 그의 군주인 도공(悼公)을 죽이고 양생(陽生)을 옹립하였으므로 오왕은 그 역적들을 토벌하려고 하였으나 승리하지 못하고 귀국하였다. 그로부터 2년 후, 오왕은 노(魯), 위(衛)나라의 군주[36]를 불러 탁고(槖皐)[37]에서 회맹(會盟)하였다. 그 다음해, 북상하여 황지(黃池)[38]에서 제후들과 대대적으로 회맹하고 주나라 왕실에 호령하였다. 그러나 월왕 구천이 오나라를 기습하여 태자를 죽이고 오나라 군사를 무찔렀다. 이 소식을 듣고 귀국한 오왕은 사신을 보내 후한 예물로 월나라와 강화하였다. 9년 후, 월왕 구천은 마침내 오나라를 멸망시키고 오왕 부차를 죽였으며, 자기 군주에게 불충(不忠)하였으며 외부에서 많은 뇌물을 받고 자기와 내통하였다는 이유로 태재 백비를 주살하였다.

---

35) 서산: 지금의 강소성 오현(吳縣) 서남쪽에 있는 작은 산.

36) 노나라의 애공(哀公)과 위나라의 출공(出公).

37) 탁고: 지금의 안휘성 소현(巢縣) 서북쪽에 있는 자고진(柘皐鎭).

38) 황지: '황정(黃亭)'이라고도 불리며, 지금의 하남성 봉구현(封丘縣) 서남쪽.

예전에 오자서와 함께 도망쳤던 초나라 태자 건(建)의 아들 승(勝)은 오나라에 있었다. 오왕 부차 때 초혜왕(楚惠王)이 초나라로 돌아오도록 승을 부르려고 하자, 섭공(葉公)이 간언하였다. "승은 용맹스러운 것을 좋아하여 죽음도 불사하는 병사들을 은밀히 구하고 있으니, 아마 사사로운 음모(陰謀)가 있을 것입니다."

그러나 혜왕은 듣지 않고 마침내 승을 불러 초나라 변경 지역의 읍인 언(鄢)[39]에 살게 하고 백공(白公)이라고 불렀다. 백공이 초나라로 돌아온 지 3년째 되던 해에 오나라는 오자서를 주살(誅殺)하였다.

백공(白公) 승(勝)은 초나라로 돌아온 후, 정(鄭)나라가 그의 아버지를 죽인 것에 대해서 원한을 품고 죽음도 불사하는 병사들을 은밀히 양성하여 정나라에 보복하려고 하였다. 그가 초나라로 돌아온 지 5년째 되던 해, 정나라를 토벌하기를 요청하자, 초나라 영윤(令尹) 자서(子西)가 이를 허락하였다. 그런데 출병도 하기 전에 진(晉)나라가 정나라를 공격하니, 정나라는 초나라에 구원을 요청하였고 초나라는 자서를 보내 구원하게 하였다. 자서는 정나라와 맹약(盟約)을 맺고 돌아왔다. 그러자 백공 승은 노하여 말하였다. "원수는 정나라가 아니라 바로 자서이다."

승이 스스로 칼을 가니 어떤 사람이 물었다. "무엇을 하려고 그러십니까?"

승은 대답하였다. "자서를 죽이려고 한다."

이 말을 들은 자서는 웃으며 말하였다. "승은 아직 부화하지 않은 알(卵) 정도밖에 안되니 무슨 일을 할 수 있겠는가?"

39) 언: 지금의 하남성 언릉현(鄢陵縣) 서북쪽.

그로부터 4년 후, 백공 승은 석기(石乞)와 함께 초나라 영윤 자서와 사마(司馬) 자기(子綦)를 기습하여 조정(朝廷)에서 그들을 죽였다. 석기가 "왕을 죽이지 않으면 안 됩니다"라고 하여, 초나라 혜왕을 죽이려고 하였으나 왕은 고부(高府)[40]로 도망쳤다. 석기의 시종인 굴고(屈固)[41]가 초혜왕을 업고 소부인(昭夫人)의 궁으로 달아났다. 섭공은 백공이 반란을 일으켰다는 소식을 듣자 자기 백성들을 거느리고 백공을 공격하였다. 백공의 무리들은 패하자 산중으로 도망하여 자살하였다. 섭공은 석기를 사로잡아 백공의 시체가 있는 곳을 물으며 말하지 않으면 삶아 죽이려고 하였다. 석기는 "일이 성공하였다면 경(卿)[42]이 되었겠지만 실패하였으니 삶겨 죽게 되는 것이 당연하다"라고 하며 끝내 백공의 시체가 있는 곳을 말하지 않았다. 결국 섭공은 석기를 삶아 죽이고 혜왕을 찾아 다시 왕으로 세웠다.

태사공(太史公)은 말한다.

"사무친 원한이 사람에게 끼치는 영향은 심히 크도다! 왕이라 하더라도 신하에게 원한을 사서는 안 되는 것인데, 하물며 동등한 지위에 있는 사람에게 있어서야! 일찍이 오자서가 아버지 오사를 따라 같이 죽었다면 하찮은 땅강아지나 개미와 무엇이 달랐겠는가? 그는 소의(小義)를 버리고 큰 치욕을 갚아 명성이 후세에까지 전해졌다. 슬프다! 오

---

40) 고부: 초나라의 도성 안에 있는 창고 이름.

41) 굴고: 『춘추좌전(春秋左傳)』의 기록에 의하면 초 혜왕을 업고 도망친 자는 굴고가 아니라 어공(圉公) 양(陽)이다.

42) 경: 서주(西周)와 춘추시대에 주나라 왕과 제후에 속한 고급 대신(大臣).

자서가 강가에서 위급한 상황에 처하고 길에서 걸식을 할 때도 마음속에 잠시라도 초나라의 국도(國都)인 영(郢)을 어찌 잊은 적이 있었겠는가? 그러므로 그는 모든 고초를 참고 견디며 공명(功名)을 이룰 수 있었으니, 강인한 대장부가 아니면 어느 누가 이런 일을 이룰 수 있겠는가? 백공이 만약 스스로 왕위에 오르지 않았다면 그의 공적과 계략도 이루 다 말할 수 없을 것이로다!"

맹상군열전孟嘗君列傳

맹상군(孟嘗君)은 이름이 문(文)이며, 성은 전씨(田氏)이다. 문의 아버지는 정곽군(靖郭君) 전영(田嬰)이다. 전영은 제위왕(齊威王)의 막내아들로서 제선왕(齊宣王)의 이복동생이다. 전영은 위왕 때부터 관직에 등용되어 정사(政事)를 관리하였으며, 성후(成侯)인 추기(鄒忌), 전기(田忌)와 함께 장군이 되어 한(韓)나라를 구원하고 위(魏)나라를 공격하였다. 성후는 전기와 왕의 총애를 다투었는데, 성후가 전기를 모함하였다. 전기가 두려워하여 제나라 변방의 고을을 공격하였으나 승리하지 못하고 도망갔다. 때마침 위왕이 죽고 선왕이 즉위하였는데, 성후가 전기를 모함한 사실을 알고서 다시 전기를 불러 장군으로 삼았다. 선왕 2년에 전기와 손빈(孫臏), 전영이 함께 위(魏)나라를 공격하여 마릉(馬陵)[1]에서 패배시켰고, 위나라 태자인 신(申)을 사로잡고 장군 방연(龐涓)을 죽였다. 선왕 7년에 전영이 한나라와 위나라에 사자로 가니 한나라와 위나라가 제나라에 복종하였다. 전영은 한소후(韓昭侯), 위혜왕(魏惠王)과 함께 동아(東阿)[2]의 남쪽에 가서 그들에게 제선왕(齊宣王)을 만나 맹약하고 돌아가게 하였다. 이듬해 전영은 다시 위혜왕과 견(甄)[3]에서 만났다. 그 해에 양혜왕(梁惠王)[4]이 죽었다. 선왕 9년에 전영은 제나라의 재상이 되었다. 제선왕과 위양왕(魏襄王)이 서주(徐州)[5]에서 만나 서로

1) 마릉: 고대 지명으로 지금의 하남성 범현(范縣) 서남쪽 또는 하북성 대명(大名) 동남쪽.

2) 동아: 아읍(阿邑). 지금의 산동성 양곡현(陽谷縣) 동북쪽.

3) 견: 지금의 산동성 견성현(甄城縣) 북쪽에 있던 읍.

4) 양혜왕: 즉 위혜왕. 당시 위(魏)나라는 대양(大梁)에 도읍하였기에 양(梁)나라라고도 불렀다.

왕이라고 칭하기로 하였다. 초위왕(楚威王)이 그 소식을 듣고 전영을 꾸짖었다. 이듬해 초나라가 서주에서 제나라 군사를 공격하여 패배시키고, 사람을 시켜 전영을 쫓아내려고 하였다. 전영이 장축(張丑)을 시켜 초위왕에게 유세하니, 위왕이 마침내 그만두었다. 전영이 제나라에서 재상으로 있은 지 11년 만에 제선왕이 죽고 제민왕(齊湣王)이 즉위하였다. 민왕이 즉위한 지 3년 만에 전영을 설(薛) 땅에 봉하였다.

처음 전영에게는 아들이 40여 명이나 있었다. 그중 천한 첩에게서 난 문(文)이라는 아들이 있었는데, 문은 5월 5일에 태어났다. 전영이 아이의 어미에게 "키우지 말라"라고 하였다. 그러나 그 어미가 몰래 거두어 길렀다. 문이 장성하자, 그의 어미가 형제들을 통해서 전영에게 자식인 문을 만나게 하였다. 전영이 노하여 그 어미에게 물었다. "내가 너에게 이 아이를 버리라고 하였는데 감히 아이를 키운 것은 무슨 까닭이냐?"

문이 머리를 조아리며 되물었다. "군(君)께서 5월에 태어난 아이를 키우지 않는 것은 무슨 까닭이십니까?"

전영이 대답하였다. "5월에 태어난 아이는 키가 문설주(門戶) 높이와 같아지면 장차 그 부모에게 이롭지 않기 때문이다.[6]"

문이 물었다. "사람이 태어날 때 그 운명은 하늘에서 받는 것입니까? 아니면 문설주에서 받는 것입니까?"

---

5) 서주: 지금의 산동성 등현(滕縣) 남쪽에 있던 읍.

6) 고대 미신에 의하면 5월 5일에 태어나는 아이는 만약 사내이면 그가 아버지를 죽이고, 계집이면 어머니를 해친다고 여겼다.

전영은 대답이 없었다. 문이 또 물었다. "반드시 하늘에서 명을 받는다면 군께서는 무엇을 근심하십니까? 또 반드시 문설주에서 명을 받는다면 즉 그 문설주를 높이면 누가 그 높이에 이를 수가 있겠습니까?"

그러자 전영이 "그대는 그만두어라"라고 말하였다.

얼마 지나서 문이 한가한 틈을 타서 아버지 전영에게 물었다. "아들의 아들은 무엇이라고 합니까?"

전영은 대답하였다. "손자라고 한다."

문이 전영에게 물었다. "손자의 손자는 무엇이라고 합니까?"

전영은 대답하였다. "현손(玄孫)이라고 한다."

문이 전영에게 물었다. "현손의 손자를 무엇이라고 합니까?"

전영은 대답하였다. "알 수 없다."

문이 말하였다. "군께서 권력을 잡고 제나라에서 지금까지 세 명의 왕에 걸쳐 재상을 하였으나 제나라는 그 영토를 넓히지 못하였고, 군의 개인 집은 만금의 부를 쌓았지만 문하에는 한 명의 현자(賢者)도 보이지 않습니다. 저는 장수의 집안에는 반드시 장수가 있고, 재상의 집안에는 반드시 재상이 있다고 들었습니다. 지금 군의 후궁들은 무늬 있는 고운 명주옷을 밟고 있지만 선비들은 짧은 바지도 얻어 입지 못하고, 하인과 첩들은 쌀밥과 고기반찬을 남기지만 선비들은 술지게미와 겨도 배불리 먹지 못하고 있습니다. 지금 군께서는 또 오히려 저장한 것이 남아돌 정도로 많은 것을 축적하고서 알지도 못하는 어떤 사람에게 주려고 하여 국가의 일이 날로 손상되는 것을 잊고 계시는데, 저는 은근히 그것이 이상하다고 생각합니다."

그래서 전영이 마침내 문을 예우하여 집안일을 돌보게 하고 빈객(賓

客)들을 대접하게 하였다. 그러자 빈객들이 날로 모여들어 문의 명성이 제후들에게 알려졌다. 제후들이 모두 사람을 시켜 설공(薛公) 전영에게 문을 태자로 삼으라고 하니 전영이 그것을 허락하였다. 전영이 죽으니 시호를 정곽군(靖郭君)이라고 하였다. 문이 과연 대를 이어 설(薛) 땅에 봉해지니, 이 사람이 바로 맹상군(孟嘗君)이다.

맹상군이 설 땅에 있으면서 제후와 빈객 그리고 죄짓고 도망친 사람들을 부르니 그들이 모두 맹상군에게 모여들었다. 맹상군은 집의 재산으로써 그들을 후하게 대접하였기 때문에 천하의 선비들이 다 모였다. 식객(食客)이 수천 명이 되었지만, 그는 귀천의 구분 없이 한결같이 자신과 동등하게 대우하였다. 맹상군이 객을 대접하며 앉아서 이야기할 때에는 병풍 뒤에 항상 시사(侍史)[7]가 있었는데, 맹상군이 객과 이야기하면서 친척의 거처를 물으면 그가 책임지고 기록하였다. 객이 가면 맹상군은 사람을 시켜 방문하고, 그 친척에게 예물을 주었다. 맹상군이 일찍이 객을 대접하여 저녁밥을 먹고 있을 때 어떤 사람이 불빛을 가렸다. 객은 밥이 다 같지 않다고 화를 내며 밥을 먹지 않고 나가려고 하였다. 맹상군이 일어나 스스로 자신의 밥그릇을 들고 객의 밥과 비교해 보이니 객이 부끄러워 스스로 목을 찔러 죽었다. 이로 인해서 선비들이 맹상군에게 더욱 많이 모여들었다. 맹상군은 객을 가리지 않고 모두에게 잘 대우해주었다. 사람들은 각자가 스스로 맹상군이 자신과 친하다고 여겼다.

진소왕(秦昭王)은 맹상군이 어질다는 소문을 듣고서 먼저 경양군(涇

7) 시사: 귀족 관리 밑에서 문서업무를 담당하는 사람.

陽君)을 제나라에 인질로 보내놓고 맹상군을 만나기를 요구하였다. 맹상군이 장차 진나라에 들어가려고 하니, 빈객 중에는 그가 진나라에 가는 것을 바라는 자가 없어 그에게 가지 말라고 간하였으나 듣지 않았다. 소대(蘇代)[8]가 말하였다. "오늘 아침 제가 밖에서 돌아오는데 나무 인형과 흙 인형이 서로 말하는 것을 보았습니다. 나무 인형이 '하늘에서 비가 오면 그대는 장차 무너질 것이다'라고 말하였습니다. 흙 인형은 '나는 흙에서 태어났으니 무너져도 흙으로 돌아갈 뿐이다. 만약 하늘에서 비가 오면 그대는 떠내려가 멈추는 곳을 알지 못한다'라고 하였습니다. 지금 진나라는 호랑이와 이리 같은 나라인데도 군께서 가고자 하시니 만약 다시 돌아오지 못하면 흙 인형의 비웃음을 면치 못하지 않겠습니까?"

그러자 맹상군은 가지 않았다.

제민왕(齊湣王) 25년에 다시 추진되어 결국 맹상군이 진나라에 들어가니, 진소왕은 맹상군을 진나라의 재상으로 삼으려고 하였다. 어떤 사람이 진소왕에게 유세하였다. "맹상군은 어질고 또 제나라의 왕족인데 지금 진나라의 재상으로 삼는다면, 그는 반드시 제나라를 먼저 생각하고 진나라를 나중에 생각할 것이니 진나라는 위태로워질 것입니다."

그리하여 진소왕은 마침내 이 일을 중지하였다. 맹상군을 가두고 그를 죽이려고 모의하자, 맹상군은 사람을 시켜 소왕이 총애하는 첩을 배알하고 풀어줄 것을 청하였다. 소왕의 애첩이 말하였다. "저는 답례로 맹상군의 흰여우 가죽으로 만든 옷을 원합니다."

---

8) 소대: 동주(東周) 낙양(洛陽) 사람으로 종횡가(縱橫家)이다.

이때 맹상군에게는 흰여우 가죽으로 만든 옷이 하나 있었는데, 천금의 값어치가 있고 천하에 둘도 없는 것으로 진나라에 들어와 소왕에게 그것을 바쳤으므로 다른 흰여우 가죽옷은 없었다. 맹상군이 이것을 걱정하여 두루 식객들에게 물어보았으나 대답할 수 있는 사람이 없었다. 가장 아래쪽에 앉아 개의 흉내를 내어 도적질을 하는 사람이 있었는데, 그가 말했다. "제가 흰여우 가죽옷을 훔쳐올 수 있습니다."

그러고 나서 밤에 개의 흉내를 내어 진나라의 궁중 창고에 들어가 전에 바쳤던 흰여우 가죽옷을 훔쳐 가지고 와서 진소왕의 애첩에게 바쳤다. 애첩이 그를 위하여 진소왕에게 말하니, 소왕이 맹상군을 풀어주었다. 맹상군이 빠져나오자 바로 말을 타고 달려가 봉전(封傳[9])을 고치고 이름과 성을 바꾸어 관(關)을 나가려고 하였다. 한밤중에 함곡관(函谷關)[10]에 도착하였다. 진소왕이 맹상군을 풀어준 것을 후회하여 그를 찾았으나 이미 떠나고 없어서 즉시 사람을 시켜 말을 타고 그를 쫓게 하였다. 맹상군이 함곡관에 도착하였으나 관의 법은 닭이 울어야 객들을 내보내게 되어 있었다. 맹상군은 추격하는 사람들이 도착할까 두려워하고 있는데, 식객 가운데 맨 끝에 앉은 자가 닭울음소리를 흉내 내자 다른 닭들이 일제히 울어, 마침내 봉전을 보이고 관을 빠져나왔다. 그들이 관을 나오자마자 과연 진나라의 추격자들이 관에 도착하였으나, 이미 맹상군이 관을 빠져나온 뒤였기 때문에 그들은 돌아갈

9) 봉전: 당시 관문을 통과하는데 필요한 통행증. 나무판으로 만들어 윗면에 성명 등의 인적사항을 쓰고 다시 나무판으로 봉한 뒤 인장을 찍었기 때문에 봉전이라고 한다.

10) 함곡관: 진(秦)나라가 동쪽의 여러 나라와 교통하던 중요한 길목이었던 관문으로, 지금의 하남성 영보현(靈寶縣) 동북쪽에 옛 터가 남아있다.

수밖에 없었다. 처음에 맹상군이 이 두 사람을 빈객의 무리에 넣었을 때 빈객들이 모두 수치스러워하였지만, 맹상군이 진나라에서 곤란을 겪었을 때 마침내 이 두 사람이 그를 구출하였던 것이다. 그 후부터는 빈객들이 모두 그들에게 탄복하였다.

맹상군이 조(趙)나라를 지나자, 조나라의 평원군(平原君)이 그를 빈객으로 대우하였다. 조나라의 사람들이 맹상군이 어질다는 소문을 듣고 나와서 그를 보고는 모두 다 웃으며 말하였다. "처음에 설공은 키가 크고 장대하다고 생각하였는데, 이제 그를 보니 왜소하고 약한 장부(丈夫)일 따름이다."

맹상군이 그 소리를 듣고 노하였다. 그와 함께 동행을 하였던 빈객들이 수레에서 내려 칼을 빼고는 수백 명을 쳐 죽이고 마침내 한 고을을 전멸시키고 돌아갔다.

제민왕은 자신이 맹상군을 내보냈기 때문에 스스로 덕이 없다고 여겼다. 그는 맹상군이 도착하자 바로 제나라의 재상으로 삼고 정사를 맡겼다.

맹상군은 진(秦)나라에 원한이 있었는데 장차 제나라가 한(韓)나라, 위(魏)나라를 도와 초나라를 공격하게 되자, 이 기회에 한나라, 위나라와 함께 진나라를 공격하기 위해서 서주(西周)에서 군사와 식량을 빌리려고 하였다. 소대(蘇代)가 서주를 위해서 맹상군에게 말하였다. "군께서 제나라의 힘으로 한나라와 위나라를 위하여 초나라를 공격한 지 9년 만에 완(宛)과 섭(葉)의 북쪽을 빼앗아 한나라와 위나라를 강하게 하였는데, 지금 다시 진나라를 공격하여 그들을 이롭게 하려고 합니다.

한나라와 위나라에게 남쪽으로부터 초나라에 대한 근심이 없고 서쪽으로부터 진나라에 대한 근심이 없다면, 오히려 제나라가 위태로울 것입니다. 한나라와 위나라는 반드시 제나라를 가볍게 여기고 진나라를 두려워할 것이니, 신은 군을 위하여 그것을 위험하게 생각합니다. 군께서는 저희 서주(西周)를 진나라와 깊이 협력하게 하시고, 서주를 공격도 하지 마시고, 군사와 식량을 빌리지도 않으시는 것이 더 낫겠습니다. 군께서 함곡관에 도착하여도 진나라를 공격하지 마시고, 저희 서주로 하여금 군의 심정을 진소왕에게 '설공은 반드시 진나라를 격퇴하여 한나라와 위나라를 강하게 하지는 않을 것입니다. 그가 진나라를 공격하려는 것은 폐하께서 초나라 왕으로 하여금 동국(東國)[11] 땅을 떼어내어 제나라에 주게 하고, 진나라는 초회왕(楚懷王)을 풀어줌으로써 서로 화친하기를 바라기 때문입니다'라고 말하게 하십시오. 군께서는 서주에게 이러한 방법으로써 진나라에 은혜를 베풀게 하시면, 진나라는 자기 나라의 군대가 격퇴되지도 않고 또한 동국 땅을 가지며 스스로의 화(禍)를 면할 수 있으니, 진나라는 반드시 그렇게 하고자 할 것입니다. 초나라 왕이 풀려나오면 반드시 제나라에 감격할 것입니다. 제나라가 동국을 얻으면 더욱 강해질 것이고, 설(薛)은 대대로 근심이 없을 것입니다. 진나라가 크게 약해지지 않은 채 삼진(三晉)[12]의 서쪽에 있으면, 삼진은 반드시 제나라를 귀중하게 여길 것입니다."

설공이 "좋소"라고 하였다. 한나라와 위나라에게 다시 진나라와 화

11) 동국: 서주(西周) 초기에 동이(東夷)의 일부인 서융(徐戎)이 세운 서(徐)나라. 지금의 강소성 사홍현(泗洪縣) 일대를 중심으로 삼았는데, 춘추시대 때 초(楚)나라에게 멸망당했다.

12) 삼진: 진(晉)나라에서 갈려나온 한(韓), 조(趙), 위(魏) 세 나라를 말한다.

목하게 하고, 세 나라에게 서로 공격하지 않게 하였으며, 서주에서 군사와 식량을 빌리지도 않았다. 이때 초회왕이 진나라에 들어갔는데, 진나라가 그를 억류하자 맹상군은 그를 반드시 구출하고자 하였다. 진나라는 끝내 초회왕을 내보내지 않았다.

맹상군이 제나라의 재상이 되니 그의 사인(舍人)인 위자(魏子)가 맹상군을 위하여 봉읍의 세금을 거두어들였는데, 봉읍을 세 번이나 왕복하면서도 한번도 세금을 가져오지 않았다. 맹상군이 그에게 물으니, 그는 대답하였다. "현자(賢者)가 있어서 제가 가만히 그에게 주었기 때문에 세금을 가져오지 못하였습니다."

맹상군이 화를 내며 위자를 물러가게 하였다. 몇 년 지나 어떤 사람이 제민왕에게 맹상군을 헐뜯으며 말하였다. "맹상군이 장차 반란을 일으키려고 합니다."

전갑(田甲)도 민왕을 위협하자, 민왕은 내심 맹상군을 의심하였고 맹상군은 마침내 달아났다. 위자가 곡식을 주었던 그 현자가 이 소식을 듣고 곧 글을 올려 맹상군은 반란을 일으키지 않을 것이며, 자신이 몸으로써 그것을 맹세하겠다고 하고는 마침내 왕궁 문 앞에서 스스로 목을 찔러 맹상군의 결백을 증명하였다. 민왕이 놀라 종적을 조사하여 물어보니 맹상군은 과연 반란을 꾸미지 않았기에 다시 맹상군을 불렀다. 맹상군은 병을 핑계로 사직을 청하여 돌아가 설 땅에서 노년을 보내고자 하였고, 민왕이 그것을 허락하였다.

그 뒤에 진나라에서 도망쳐온 장군 여례(呂禮)가 제나라의 재상이 되자 소대(蘇代)를 핍박하려고 하였다. 소대가 맹상군에게 일렀다. "주최(周最)[13]는 제나라에서 신임이 매우 두터웠는데, 제나라 왕이 그를 쫓아내고서 친불(親弗)의 말을 듣고 여례를 재상으로 삼고자 하는 것은 진(秦)나라와 관계를 맺고자 하기 때문입니다. 제나라와 진나라가 합치게 되면 친불과 여례는 중용될 것입니다. 그들이 중용되면 제나라와 진나라는 반드시 군(君)을 가볍게 여길 것입니다. 군께서는 급히 군사를 이끌고 북쪽으로 가셔서 조나라 군사를 공격함으로써 진나라와 위나라가 화친하게 하고, 주최를 불러들여 후하게 대우하고, 또 제나라 왕의 신임을 회복하게 하여 천하의 정국변화를 막으시는 것이 더 낫겠습니다. 제나라가 진나라와 관계를 맺지 않으면 즉 천하는 제나라로 모일 것이며, 친불은 반드시 달아날 것이니 그러면 제나라 왕은 누구와 함께 나라를 다스리겠습니까!"

그리하여 맹상군이 그의 계책을 따르니, 여례가 맹상군을 미워하여 그를 해치려고 하였다.

맹상군이 두려워서 마침내 진(秦)나라의 재상인 양후(穰侯) 위염(魏冉)에게 편지를 보냈다. "내가 듣건대 진(秦)나라는 여례로써 제나라와 관계를 맺으려 한다고 합니다. 제나라는 천하의 강국인데 만약 그렇게 된다면 반드시 가볍게 여겨질 것입니다. 제나라와 진나라가 서로 연합하여 한(韓), 조(趙), 위(魏) 세 나라 위에 군림하면 여례는 반드시 두 나라의 재상을 겸할 것이며, 이것은 그대가 제나라와 연합하여 여례를 중용하는 것과도 같습니다. 만약 제나라가 천하의 군사적 위협에서 모면할 수 있다면, 제나라는 반드시 그대를 깊이 원수로 여길 것입니다. 그러니 그대가 진나라 왕에게 권하여 제나라를 공격하게 하는 것이 더 낫겠는데, 제나라가 격퇴되면 내가 청하여 빼앗은 땅을 그대에게

13) 주최: 주(周)나라 왕족의 책사(策士).

봉하도록 하겠습니다. 제나라가 격퇴되면 진(秦)나라는 진(晉)나라가 강해지는 것을 두려워할 것이니, 진(秦)나라는 반드시 그대를 중용하여 진(晉)나라와 관계를 맺으려고 할 것입니다. 진(晉)나라는 제나라에 의해서 피폐해져 진(秦)나라를 두려워할 것이니, 진(晉)나라는 반드시 그대를 중용하여 진(秦)나라와 관계를 맺으려고 할 것입니다. 이렇게 되면 그대는 제나라를 격퇴하여 공을 세우는 것이 되고, 진(晉)나라를 끼고 중용하게 되는데, 이것은 그대가 제나라를 격퇴해서 봉읍을 정하고, 진(秦)나라와 진(晉)나라가 함께 그대를 중용하게 하는 것입니다. 만약 제나라가 격퇴되지 않는다면 여례는 다시 등용되고 그대는 틀림없이 크게 어려워질 것입니다."

이에 양후가 진소왕에게 말하여 제나라를 공격하도록 하자, 여례가 진나라로 도망쳤다.

뒤에 제민왕은 송(宋)나라를 멸망시키자 더욱 교만해져서 맹상군을 제거하려고 하였다. 맹상군이 두려워하여 마침내 위(魏)나라로 갔다. 위소왕(魏昭王)은 그를 재상으로 삼고 서쪽으로 진(秦)나라, 조나라와 협력하고, 연(燕)나라와 함께 제나라를 공격하여 무너뜨렸다. 제민왕은 달아나 거(莒)[14]에 있다가 마침내 그곳에서 죽었다. 제나라에서는 양왕(襄王)이 즉위하자, 맹상군은 제후들 사이에서 중립을 지켜 소속하는 데가 없었다. 제양왕은 새로 즉위해서 맹상군을 두려워하여 그와 화친하고 다시 설공과 친하였다. 문(文)이 죽으니 시호를 맹상군(孟嘗君)이라고 하였다. 여러 아들들이 서로 자리를 다투니, 제나라와 위나라가 설을 멸망시켰다. 맹상군은 후사가 없어져서 후대가 끊겼다.

---

14) 거: 지금의 산동성 거현(莒縣)에 있던 읍.

처음에 풍환(馮驩)은 맹상군이 빈객을 좋아한다는 말을 듣고 짚신을 신고 와서 그를 만났다. 맹상군이 물었다. “선생은 먼 길에서 오셨는데, 나에게 무엇을 가르쳐주시겠습니까?”

풍환이 대답하였다. “군께서 선비를 좋아한다는 말을 듣고 가난한 몸을 군께 의지하려고 합니다.”

맹상군이 풍환을 전사(傳舍)[15]에 머무르게 한 지 10일이 지나서 맹상군이 전사장(傳舍長)에게 물었다. “객이 무엇을 하고 있는가?”

그는 대답하였다. “풍환은 매우 가난하여 다만 칼 한 자루만 가지고 있는데, 그것도 칼자루를 풀 줄로 얽어맨 것입니다. 그 칼을 두드리며 ‘긴 칼아! 돌아가자. 식사에 생선 반찬이 없구나!’라고 노래하였습니다.”

맹상군이 그를 행사(幸舍)[16]로 옮기게 하고, 식사에도 생선 반찬을 놓게 하였다. 5일 뒤에 또 전사장에게 물으니, 그가 대답하였다. “객이 다시 칼을 두드리며 ‘긴 칼아! 돌아가자. 나가려고 해도 수레가 없구나!’라고 노래하였습니다.”

맹상군이 그를 대사(代舍)[17]로 옮기게 하고 출입할 때도 수레를 타게 하였다. 5일 뒤에 맹상군이 다시 전사장에게 물으니, 전사장이 대답하였다. “선생이 또 칼을 두드리며 ‘긴 칼아! 돌아가자. 집이 없구나!’라고 노래하였습니다.”

그러자 맹상군이 언짢아하였다.

---

15) 전사: 식객들이 휴식하고 잘 수 있도록 제공한 숙소.

16) 행사: 중간급의 식객이 머무르는 숙소.

17) 대사: 최고급의 식객들이 머무르는 숙소.

1년이 지나도록 풍환은 말을 하지 않았다. 맹상군은 그때 제나라의 재상으로 있었으며, 설 땅에 만호(萬戶)를 봉으로 받았다. 그의 식객은 3천 명이어서 그 봉읍의 세금으로는 식객들을 대접하기에는 부족하여 사람을 시켜서 설 땅의 사람들에게 돈을 빌려주었다. 1년이 되어도 수입이 없었고, 돈을 빌려간 사람 가운데 많은 사람들이 그 이자를 낼 수 없어서, 맹상군은 식객들을 대접할 자산이 부족하였다. 맹상군이 그것을 걱정하여 좌우의 사람들에게 물었다. "어떤 사람이 설에 가서 빚을 거두어올 수 있겠는가?"

전사장이 대답하였다. "대사(代舍)의 식객 중에 풍공(馮公)은 용모와 체격이 뛰어나고 말을 잘하며 나이가 많으나 다른 재능이 없으니 마땅히 그를 보내 빚을 거두어오게 하는 것이 좋겠습니다."

맹상군이 마침내 풍환에게 가서 그 일을 청하였다. "빈객들이 나의 불초함을 알지 못하고 다행히도 나에게 온 사람이 3천여 명이나 되는데, 봉읍의 수입으로는 빈객들을 대접하기에 부족하기 때문에 이자를 얻으려고 설에서 돈을 빌려주었습니다. 그런데 설에서는 해마다 수확이 들어오지 않고, 돈을 빌려간 백성들의 대부분도 그 이자를 갚지 않습니다. 이제 빈객들이 식사하기에도 부족하지 않을까 걱정이 되니, 선생이 그것을 책임지고 거두어주기를 바랍니다."

풍환이 "알겠습니다"라고 대답하였다. 풍환이 하직인사를 하고 떠나 설에 도착하여 맹상군에게 돈을 빌려 쓴 사람을 다 불러 모아 이자 10만 전(錢)을 거두었다. 그래서 많은 술을 빚고 살찐 소를 사서 돈을 빌려간 사람을 다 모았는데, 이자를 낼 수 있는 사람도 다 오게 하고 이자를 낼 수 없는 사람도 역시 다 오게 해서는 모두 돈의 차용증서를 가져오게 하여 그것을 합쳐보았다. 다 함께 모일 날을 정하고 이날 소를 잡고 술잔치를 벌였다. 술자리가 한창 무르익었을 때 종전과 같이 증서를 꺼내어 합쳐보고는 이자를 낼 수 있는 사람에게는 기한을 정해주고, 가난하여 이자를 낼 수 없는 사람에게는 그 증서를 받아서 불태워버렸다. 풍환이 말하였다. "맹상군께서 돈을 빌려준 까닭은 가난하여 자산이 없는 백성들을 위하여 그들이 본업[18]에 필요한 자본금을 제공하기 위해서입니다. 이자를 받는 까닭은 빈객들을 대접할 것이 없기 때문입니다. 이제 부유한 사람은 기한을 정해주고, 가난하여 어려운 사람은 차용증서를 불태워 그것을 포기하게 하겠습니다. 그러니 여러분들은 마음껏 음식이나 드십시오. 이러한 주인이 계시니, 어찌 그분을 저버릴 수 있겠습니까!"

그러자 앉아있던 사람들이 모두 일어나서 두 번 절하였다.

맹상군은 풍환이 차용증서를 불태웠다는 소식을 듣고 노하여 사자를 시켜 풍환을 불러들였다. 풍환이 도착하자, 맹상군이 물었다. "나의 식객이 3천 명이기 때문에 설에서 돈을 빌려준 것입니다. 내 봉읍의 수입은 적은데 백성들의 대다수가 오히려 때가 되어도 그 이자를 주지 않기에 빈객의 식사대접이 부족할까봐 선생에게 청하여 그것을 책임지고 거두게 한 것입니다. 듣자니 선생은 돈을 받아 많은 고기와 술을 준비하고 차용증서를 불태웠다고 하니 어찌 된 일입니까?"

풍환이 대답하였다. "그렇습니다. 고기와 술을 많이 준비하지 않으면 사람들이 다 모일 수가 없으며, 여유가 있는 사람과 부족한 사람을

18) 본업: 고대에는 농업을 본업(本業)이라고 하고, 수공업을 말업(末業)이라고 하였다.

알 수가 없습니다. 여유가 있는 사람에게는 기한을 정해주어야 하며, 여유가 없는 사람에게는 비록 그것을 10년씩이나 지키게 하여 독촉해도 이자만 갈수록 늘어날 것이며, 급해지면 그들은 도망가서 스스로 그 증서를 버릴 것입니다. 만약 급하게 독촉하여 끝내 받을 수 없게 된다면, 위로는 군(君)께서 이익을 좋아하여 선비나 백성들을 사랑하지 않는 것이 되며, 아래로는 백성들이 군을 떠나 빚을 갚지 않는다고 하는 말을 듣게 될 것이니, 이것은 선비와 백성들을 격려하고 군의 명성을 드러내게 하는 것이 아닙니다. 쓸데없는 빈 빚 증서를 불태워서 받을 수 없는 빈 계산을 버리게 하여 설 땅의 백성들로 하여금 군과 친하게 하고 군의 훌륭한 명성을 드러나게 하려고 한 것입니다. 군께서는 어찌하여 그것을 의심하십니까?"

맹상군은 마침내 손뼉을 치면서 그에게 감사하였다.

제나라 왕은 진(秦)나라와 초나라의 비방에 현혹되어 맹상군의 명성이 그의 군주보다도 높고 제나라의 권력을 마음대로 휘두른다고 여겼기에 마침내 맹상군을 쫓아냈다. 모든 빈객들이 맹상군이 파면되는 것을 보고 다 떠나버렸다. 풍환이 제의하였다. "저에게 진나라에 타고 들어갈 수 있는 수레 한 승(乘)[19]을 빌려주시면 반드시 군께서 제나라에 중용되게 하고 군의 봉읍이 더욱 넓어지도록 하겠습니다. 가능하겠습니까?"

맹상군이 곧 수레와 돈을 준비하여 그를 보냈다. 풍환이 서쪽으로 가서 진나라 왕에게 유세하였다. "천하의 유세하는 선비들이 서쪽으로 수레를 끌고 말을 달려서 진나라에 들어오는데, 진나라를 강하게 하고

---

19) 승: 네 마리의 말이 끄는 수레 한 대를 1승이라고 한다.

제나라를 약하게 하려고 하지 않는 사람이 없습니다. 또 수레를 끌고 말을 달려서 동쪽으로 제나라에 들어오는 사람은 제나라를 강하게 하고 진나라를 약하게 하려고 하지 않는 사람이 없습니다. 왜냐하면 이 두 나라는 자웅(雌雄)을 다투는 나라여서 세력이 양립하여 두 나라가 다 수컷이 될 수는 없으며, 최후에 수컷이 되는 나라는 천하를 얻을 것이기 때문입니다."

진나라 왕이 꿇어앉아 그에게 물었다. "어찌해야 진나라가 암컷이 되지 않을 수 있겠소?"

풍환이 말하였다. "폐하께서도 역시 제나라가 맹상군을 파면시킨 것을 알고 계십니까?"

진나라 왕이 "들었소"라고 대답하였다. 풍환이 말하였다. "천하에서 제나라를 귀중하게 만든 사람은 맹상군입니다. 지금 제나라 왕이 비방을 듣고 그를 파면시켰으니 그의 마음은 원망하여 반드시 제나라를 배반할 것입니다. 그가 제나라를 배반하고 진나라에 들어오면 제나라의 국정과 인사(人事)의 실정을 진나라에 모두 다 이야기할 것이며, 그러면 제나라의 땅을 얻게 될 것이니 어찌 다만 수컷만 될 뿐이겠습니까? 폐하께서는 급히 사자를 시켜 예물을 싣고 가서 은밀히 맹상군을 맞이하시고, 시기를 놓쳐서는 아니 됩니다. 만약 제나라가 깨닫고 다시 맹상군을 등용한다면 자웅의 소재는 알 수 없을 것입니다."

진나라 왕이 크게 기뻐하며 수레 10승(乘)과 황금 100일(鎰)을 보내어 이로써 맹상군을 맞이하게 하였다. 풍환이 진나라 왕과 하직하고 사자보다 먼저 가서 제나라에 도착하여 제나라 왕에게 유세하였다. "천하의 유세하는 선비들이 동쪽으로 수레를 끌고 말을 달려서 제나라에 들어오는데, 제나라를 강하게 하고 진나라를 약하게 하려고 하지 않는 사람이 없습니다. 진나라와 제나라는 자웅을 다투는 나라로 진나라가 강하면 즉 제나라는 약하게 되니, 두 나라가 모두 수컷이 될 수 있는 것은 아닙니다. 지금 제가 가만히 들으니 진나라에서 사자를 보내 수레 10승에 황금 100일을 싣고 맹상군을 맞이하게 하였다고 합니다. 맹상군이 서쪽으로 가지 않으면 그만이지만, 서쪽으로 가서 진나라의 재상이 되면 즉 천하는 그에게로 돌아가 진나라는 수컷이 되고 제나라는 암컷이 될 것이니, 암컷이 되면 임치(臨淄)[20]와 즉묵(卽墨)[21]은 위태로워질 것입니다. 폐하께서는 어째서 진나라의 사자가 도착하기 전에 먼저 맹상군을 다시 등용하시고 봉읍을 더 넓혀주어서 그에게 사과하지 않으십니까? 맹상군은 반드시 기뻐하며 그것을 받을 것입니다. 진나라가 비록 강국이지만 어찌 남의 나라의 재상을 청하여 맞이하겠습니까! 진나라의 음모를 꺾어서 그들이 강한 패자가 되려고 하는 책략을 끊어야 합니다."

제나라 왕이 "좋소"라고 말하고는 사람을 시켜 국경에 도착하여 진나라의 사자를 살펴보게 하였다. 진나라 사자의 수레가 마침 제나라의 국경으로 들어오려고 하자, 사자가 급히 돌아와서 그것을 알리니, 왕이 맹상군을 불러 재상의 지위를 회복시켰고 옛 봉읍의 땅을 다시 주고 또 천호(千戶)를 더해주었다. 진나라의 사자는 맹상군이 다시 제나라의 재상이 되었다는 말을 듣고 수레를 되돌려 돌아갔다.

제나라 왕이 비방을 하여 맹상군을 파면시키자, 모든 식객들이 다

---

20) 임치: 지금의 산동성 치박시(淄博市) 동북쪽에 있던 제(齊)나라의 도성.
21) 즉묵: 지금의 산동성 평도현(平度縣) 동남쪽에 있던 제(齊)나라의 중요한 성읍.

맹상군을 떠난 바 있다. 뒤에 제나라 왕이 불러 맹상군을 복직시키니 풍환은 빈객들을 맞이하였다. 빈객들이 도착하기 전에 맹상군은 크게 탄식하며 말하였다. "내가 항상 빈객을 좋아하여 그들을 대접함에 감히 실수한 것이 없었으며, 식객이 3천여 명이나 되었던 것은 선생께서도 아는 바입니다. 식객들은 내가 하루 만에 파면되는 것을 보고 모두 나를 저버리고 가서 나를 돌보는 사람이 없었습니다. 이제 선생에 의해서 다시 그 지위를 얻었지만, 식객들은 무슨 면목으로 나를 다시 볼 수 있겠습니까? 만약 다시 나를 보는 사람이 있다면 반드시 그 얼굴에 침을 뱉고 그를 크게 욕보일 것입니다."

풍환이 말고삐를 메어놓고 수레에서 내려와 절을 하였다. 맹상군도 수레에서 내려와 그를 맞으며 말하였다. "선생이 식객들을 대신해서 사과하시는 것입니까?"

풍환이 되물었다. "식객들을 대신해서 사과하는 것이 아닙니다. 군께서 말을 실수하셨기 때문입니다. 무릇 물건에는 반드시 그렇게 되는 결과가 있고, 일에는 당연히 그렇게 되는 도리가 있는데, 군께서는 그것을 아십니까?"

맹상군이 대답하였다. "나는 어리석어 선생이 말하는 바를 모르겠습니다."

풍환이 말하였다. "살아 있는 것이 반드시 죽는다는 것은 사물의 필연적 결과이며, 부유하고 귀하면 선비가 많고 가난하고 천하면 친구가 적은 것은 일의 당연한 도리입니다. 군께서는 아침에 시장에 모이는 사람들을 보지 못하셨습니까? 날이 밝으면 어깨를 비비고 다투며 시장 문으로 들어가는데, 날이 저문 뒤에는 시장을 지나는 사람들이 어깨를 늘어뜨리며 돌아보지 않습니다. 이것은 아침을 좋아하고 저녁을 미워하는 것이 아니라, 기대하는 물건이 그 안에는 없기 때문입니다. 이제 군께서 지위를 잃으니 빈객들이 다 떠나갔는데, 이 일로써 선비들을 원망하면서 일부러 빈객들의 길을 끊을 필요는 없습니다. 군께서는 예전과 같이 빈객들을 대우하시기를 바랍니다."

맹상군이 두 번 절하며 말하였다. "삼가 그 말씀을 따르겠습니다. 선생의 말씀을 듣고 어찌 감히 가르침을 따르지 않겠습니까?"

태사공(太史公)은 말한다.

"내가 일찍이 설(薛) 땅을 지난 적이 있는데, 그 마을은 대체로 흉포한 젊은이들이 많아 추(鄒)나라나 노(魯)나라와는 달랐다. 그 까닭을 물으니 '맹상군(孟嘗君)이 천하의 협객과 무뢰한들을 불러 모아 설 땅에 들어온 자가 대략 6만여 호(戶)가 되었다'라고 하였다. 세상에 전하는 말에 의하면 맹상군이 빈객을 좋아하여 스스로 즐거워하였다고 하는데, 그 명성이 헛되이 전하는 것은 아니었다."

굴원가생열전屈原賈生列傳

굴원(屈原)은 이름이 평(平)이고 초(楚)나라 왕실과 동성(同姓)이다. 그는 초회왕(楚懷王)의 좌도(左徒)[1]였다. 그는 견문이 넓고 의지가 강했으며, 치란(治亂)[2]에 밝았고, 문사(文辭)에도 능숙하였다. 조정에 들어가서는 왕과 함께 국사를 도모하여 이로써 명령을 내렸으며, 나가서는 빈객(賓客)을 접대하고 제후들을 응대하였다. 그래서 왕은 그를 매우 신임하였다.

상관대부(上官大夫)는 그와 동등한 지위였는데, 서로 왕의 총애를 다투게 되자 마음속으로 굴원의 재능을 시기하였다. 회왕이 굴원에게 헌령(憲令)[3]을 만들도록 하였는데, 굴원이 초안을 아직 완성하지 않았을 때, 상관대부는 그 사실을 알고 그것을 빼앗으려고 하였으나 굴원이 넘겨주지 않자, 이로 인하여 그를 참소(讒訴)하였다. "폐하께서 굴평(屈平)에게 법령을 만들게 하신 일은 모르는 자가 없는데, 법령이 나올 때마다 굴평은 자기의 공적을 자랑하여 '내가 아니면 만들 수 없다'고 여기고 있습니다."

회왕은 분노하여 굴원을 멀리하였다.

굴원은 왕이 한쪽 말만 듣고 시비를 가리지 못하는 것과, 아첨하는 무리들이 왕의 총명을 가로막는 것과, 사악하고 비뚤어진 무리가 공명정대한 사람을 해치는 것과, 단정하고 정직한 사람을 받아들이지 않는

---

1) 좌도: 초나라의 관직 이름. 정사에 관여하고 조령(詔令)을 초안하는 직책을 맡았다.

2) 치란: 치와 란은 평화로움과 어지러운 정치상황, 즉 국가의 흥망성쇠를 가리킨다.

3) 헌령: 국가의 법령(法令).

것을 애통하게 생각하였기에 우수와 근심으로써 「이소(離騷)」[4]를 지었다. '이소'란 근심스러운 일을 만났음(離憂)을 뜻한다. 무릇 하늘은 사람의 시초이며, 부모는 사람의 근본이다. 사람이 궁지에 이르면 근본을 돌이켜보는 까닭에, 힘들고 피곤해지면 하늘을 찾지 않을 수 없는 것이며, 질병으로 고통스럽고 참담해지면 부모를 찾지 않을 수 없는 것이다. 굴원은 올바른 도리를 곧게 실행하여 충성을 다하고 지혜를 다 발휘하여 그 군주를 섬기었는데, 도리어 군주와 그의 사이가 이간질을 당하여 궁지에 처하였다고 말할 수 있겠다. 신의를 지켰으나 의심을 받았고, 충성을 바쳤으나 비방을 당하니 어찌 원망스럽지 않겠는가? 굴원이 지은 「이소」는 본디 이런 원망으로부터 생겨난 것이다. 「국풍(國風)」[5]은 사랑을 읊으면서도 음탕하지 않았고, 「소아(小雅)」[6]는 원망과 비난을 담고 있으나 반란의 내용은 아니었다. 「이소」와 같은 것은 그 두 가지를 다 겸한 것이라고 하겠다. 위로는 제곡(帝嚳)을 칭송하고, 아래로는 제환공(齊桓公)을 말하며, 그 중간에는 탕왕(湯王)과 무왕(武王)을 서술함으로써 세상일을 풍자한 것이다. 도덕성의 광대한 숭고함과 치란(治亂)의 조리들을 밝히면서 언급되지 않은 것이 없다. 그 문장은 간략하나 그 내용은 자세하고, 그의 의지는 깨끗하며 그의 행동은 청렴하다. 그 문장에서 작은 것을 비유하였으나 그것이 지칭하는 것은

---

4) 이소: 굴원이 자신의 억울한 생애를 읊은 장편 서사시.

5) 국풍: 『시경』의 편명으로, 각 지방의 민간가요이다. 15개 지역의 민가(民歌) 160수가 전한다.

6) 소아: 『시경』의 편명으로, 「대아」가 서주(西周) 전기부터 동주(東周) 후기까지의 귀족들의 연회에 사용되었던 악가(樂歌)인데 비하여, 「소아」는 당시 조정의 실정(失政)을 비평하면서 불만스러운 정서를 담고 있다.

매우 크며, 사소한 예를 들었으나 그것이 의미하는 바는 심원하다. 그의 의지가 깨끗하였기에 그가 비유한 사물들이 향기를 발하고, 그의 행동이 청렴하였기에 죽을지라도 자신에 대한 요구를 느슨하게 하지 않았다. 진흙구덩이에 빠져 더럽혀질지라도 매미가 허물을 벗듯이 세속의 밖으로 헤쳐 나와서 세속의 쌓인 때를 덮어쓰지 않았으니, 그는 결백하게 진흙 속에 있으면서도 물들지 않은 사람이었다. 이러한 지조를 미루어 보건대, 그야말로 일월(日月)과 함께 빛을 다투는 사람이라고 할 수 있겠다.

굴원이 파면되자, 그 후 진(秦)나라는 제(齊)나라를 정벌하려고 하였는데, 제나라는 초나라와 연맹관계를 맺고 있었다. 진혜왕(秦惠王)은 그것을 두려워하여 장의(張儀)[7]에게 거짓으로 진나라를 떠나 후한 예물을 바치고 초나라를 섬기게 하고는, 다음과 같이 말하게 하였다. "진나라는 제나라를 매우 싫어하며, 제나라와 초나라가 연맹을 맺고 있으나 초나라가 만약 제나라와의 관계를 단절할 수만 있다면, 진나라는 상(商)과 오(於)[8]지역의 600리를 바치려고 할 것입니다."

초회왕은 욕심스레 장의를 믿고서, 마침내 제나라와 단교하였고, 사신을 진나라로 보내 땅을 받아오도록 하였다. 그러나 장의는 교활하게 말하였다. "나 장의는 초나라 왕과 6리를 약속하였지, 600리를 약속하지 않았다."

---

7) 장의: 위(魏)나라 사람으로 전국시대에 동서의 여러 나라를 연합하여 진(秦)나라에 복종시키려고 하는 연횡(連橫/連衡)이라는 정책을 주도하였다.

8) 상, 오: 지금의 섬서성 상현(商縣) 일대와 하남성 내향현(內鄕縣) 일대의 땅.

초나라의 사신은 노하여 돌아와서 회왕에게 보고하였다. 회왕은 격노하여 대군을 일으켜 진나라를 공격하였다. 진나라도 군대를 동원하여 맞서 싸웠는데, 단(丹)과 석(淅)[9]에서 초나라 군대를 격퇴시켰으며, 8만 명의 목을 잘랐고 초나라의 장수 굴개(屈丐)를 사로잡아, 마침내 초나라의 한중(漢中) 지역을 탈취하였다. 회왕은 이에 격분하여 전국의 군대를 발동하여 진나라 내부로 깊숙이 들어가 공격하여, 남전(藍田)[10]에서 큰 전투를 벌였다. 위(魏)나라는 그 소식을 듣고, 초나라를 습격하여 등(鄧)[11]에까지 이르렀다. 초나라의 군대는 두려워하여 진나라로부터 철수하였다. 그때 제나라는 결국 노하여 초나라를 구원하지 않았으므로, 초나라는 몹시 곤경에 빠지게 되었다.

이듬해에 진나라는 한중 일대를 떼어내 줌으로써 초나라와 강화를 맺으려고 하였다. 초나라의 왕은 말하였다. "땅을 얻고 싶지는 않고, 장의를 얻는 것으로 만족할 뿐이오."

장의가 그 소식을 듣고서 말하였다. "저 한사람으로써 한중 지역을 대신한다면, 신을 초나라로 가도록 해주십시오."

그리하여 그는 초나라로 가서 풍성한 예물로써 권신(權臣)인 근상(靳尙)과 통하고, 또 회왕의 총희(寵姬)인 정수(鄭袖)[12]에게 궤변을 늘어놓았다. 회왕은 결국 정수의 말을 듣고 다시 장의를 석방시켜 돌아가게 하였다. 이때 굴원은 이미 배척되어 다시 요직에 오르지 못하였는데,

---

9) 단은 섬서성 상현(商縣) 서북쪽에서 발원하여 흐르는 단수(丹水)를 가리키고, 석은 그 지류인 석수(淅水)를 가리킨다.

10) 남전: 지금의 섬서성 남전현(藍田縣) 서쪽에 있던 현.

11) 등: 지금의 하남성 언성현(郾城縣) 동남쪽에 있던 읍.

12) 정수: 초회왕의 애비(愛妃) 남후(南后).

제나라에 사신으로 갔다가 돌아와서 회왕에게 간언하였다. "어찌하여 장의를 죽이지 않았습니까?"

회왕이 후회하여 장의를 뒤쫓게 하였으나 따라잡을 수가 없었다.

그 후 제후들이 일제히 초나라를 공격하여 크게 격퇴시켰고, 초나라의 장군 당말(唐眛)을 죽였다.

이때 진소왕(秦昭王)은 초나라와 인척관계였으므로 초회왕과 화합하고자 하였다. 이에 회왕이 몸소 가려고 하자, 굴원은 말하였다. "진나라는 호랑이나 이리와 같은 나라이므로 믿지도 마시고, 가시지도 않는 것이 좋습니다."

그러나 회왕의 어린 아들인 자란(子蘭)은 왕에게 갈 것을 권하였다. "어찌 진나라의 호의를 거절합니까!"

결국 회왕은 진나라로 갔다. 그가 진나라의 무관(武關)[13]으로 들어서자, 진나라의 복병들이 그 뒤를 차단하였고, 회왕을 억류시킨 채 초나라의 땅을 떼어내 줄 것을 요구하였다. 회왕은 노하여 허락하지 않았다. 회왕이 도주하여 조(趙)나라로 갔으나, 조나라에서는 그를 받아주지 않았다. 다시 진나라로 갔으나, 결국 그곳에서 죽임을 당하여 귀국한 뒤 장례를 치르게 되었다.

그 뒤 회왕의 큰아들 경양왕(頃襄王)이 즉위하였고, 그의 아우 자란은 영윤(令尹)이 되었다. 초나라 백성들은 자란이 회왕에게 진나라로 갈 것을 권유하여 돌아오지 못한 것에 대해서 질책하였다.

굴원은 그 사실을 한스럽게 여겼기에 비록 추방당한 처지였지만 초나라를 그리워하고, 회왕에 대해서 미련을 품어 조정으로 다시 돌아갈

13) 무관: 지금의 섬서성 상남현(商南縣) 서북쪽에 있던 진(秦)나라의 남쪽 관문.

것을 잊지 않았고, 또한 임금의 깨우침이 있어 국운의 개선이 이루어지기를 간절히 바라고 있었다. 그리하여 임금의 은덕이 있고 국운이 흥성하여 그 허물어져 가는 국운을 회복하고자 시 한 편 속에 세 번씩이나 그 뜻을 폈다. 그러나 끝내 어찌할 방도가 없었으며, 회왕은 다시금 돌아올 수 없었으니 결국 이로써 회왕이 끝까지 잘못을 깨닫지 못하였음을 알 수 있다. 군주된 자는 어리석거나 지혜롭거나 현명하거나 못난 사람을 가리지 않고, 충성심을 추구하여 자기를 위하도록 하고 현명한 자를 등용하여 자기를 보좌하도록 하지 않을 리가 없다. 그러나 나라를 망하게 하고 가정을 파괴하는 자가 계속 나오고, 성군(聖君)이 나라를 다스리며 그 대를 잇는 경우를 찾아볼 수 없는 것은, 이른바 충신은 충성을 다하지 않고, 이른바 현자(賢者)는 현명하지 않기 때문이다. 회왕은 충신과 간신을 분별할 줄 몰랐었기에 안으로 정수에게 미혹되었고, 밖으로 장의에게 속았으며, 굴원을 멀리하고 상관대부와 영윤 자란을 신임하였던 것이다. 군대는 꺾이고 영토는 깎이어 여섯 개의 군(郡)을 잃었고, 몸은 진나라에서 객사하여 천하의 웃음거리가 되었다. 이것은 사람을 제대로 알아보지 못하여 화를 입은 것이다. 『역경(易經)』[14]에서 "우물물이 맑아도 와서 마시지 않는구나. 나의 마음을 슬프게 하는 것은 이 물이 마실 수 있는 물이기 때문이다. 왕이 명철하다면 또한 그 복을 받는 법이다"라고 하였다. 왕이 명철하지 못하니 어찌 복을 받을 수 있겠는가!

영윤 자란은 굴원의 태도를 듣고 격노하여 마침내 상관대부를 시켜

14) 역경: 『주역(周易)』이라고도 하며, 고대의 철학사상을 담고 있는 점복서(占卜書)이다. 인용된 구절은 「정괘(井卦)」의 효사(爻辭)이다.

경양왕에게 굴원을 혹평하게 하였고, 경양왕도 노하여 굴원을 멀리 유배시켰다.

굴원이 강가에 이르러, 머리를 풀어헤치고 물가를 거닐면서 시를 읊었다. 그의 안색은 초췌하였고, 모습은 야위었다. 어떤 어부가 그를 보고 물었다. "그대는 삼려대부(三閭大夫)[15]가 아닙니까? 무슨 까닭에 여기까지 이르렀습니까?"

굴원이 대답하였다. "온 세상이 혼탁하나 나 혼자 깨끗하고, 모든 사람들이 다 취해 있으나 나 혼자 깨어 있어, 이런 까닭에 추방을 당하였소."

어부가 물었다. "무릇 성인(聖人)이란 물질에 구애되지 않고 세속의 변화를 따를 수 있는 사람입니다. 온 세상이 혼탁하다면 왜 그 흐름을 따라 그 물결을 타지 않으십니까? 모든 사람이 다 취해 있으면 왜 그 지게미를 먹거나 그 밑술을 마셔서 함께 취하지 않으십니까? 어찌하여 미련한 자존심만을 움켜잡고 추방을 자초하셨습니까?"

굴원이 대답하였다. "내가 듣기로는 새로 머리를 감은 사람은 반드시 관을 털어서 쓰고, 새로 목욕을 한 사람은 반드시 옷을 털어서 입는다고 하였소. 사람으로서 또한 누가 자신의 깨끗함에 더러운 오물을 묻히려 하겠소! 차라리 흐르는 강물에 몸을 던져 물고기의 뱃속에서 장사를 지낼지라도, 또 어찌 희디흰 결백함으로서 세속의 더러운 먼지를 뒤집어쓰겠소!"

15) 삼려대부: 초나라의 왕족인 소(昭), 굴(屈), 경(景)의 세 씨족이 장악하고 있는 관직을 말한다.

그러고 나서 「회사(懷沙)」라는 부(賦)를 지었다. 그 사(辭)는 다음과 같다.

양기가 넘쳐흐르는 첫여름이여
초목이 무성하구나.
상심하여 끊임없이 슬퍼하다가
서둘러 남쪽 땅을 향해 가네.
멀리 내다보니 요원하기만 하고
죽음과 같은 적막과 고요함뿐이네.
원통한 울분은 가슴에 맺히고
몸은 길이 비통한 곤경에 빠졌네.
정을 어루만지고 뜻을 힘써서
고개 숙이고 마음 굽혀 스스로 억제하네.
모난 나무를 깎아 둥글게 하려고 하나
불변의 법도는 바꿀 수 없네.
처음부터 지켜야 할 자기 본래의 길을 바꾸려 하나
군자가 천시하는 바이네.
긋는 것은 분명하게 먹줄에 의거하고
이전의 법도는 고치지 않네.
마음이 곧고 성품이 중후한 것은
군자들이 찬미하는 바이나,
솜씨 좋은 장인이 깎고 다듬지 않으면
그 누가 굽고 바름을 살피겠는가?
검은 무늬를 어두운 곳에 두면
맹인은 무늬가 빛나지 않는다고 하네.

이루(離婁)[16]도 눈을 가늘게 떠서 보면
맹인은 눈이 밝지 않다고 여기네.
흰 것을 검은 것으로 바꾸어놓고,
위의 것을 아래로 뒤집어 놓은 것이네.
봉황이 새장 속에 갇히어 있고
닭과 꿩은 훨훨 날아다니네.
옥과 돌을 뒤섞어서
하나의 저울로 재는구나.
저 붕당을 만든 자들의 더럽고도 질투함이여
나의 좋은 바를 알지 못하네.

등진 것 무겁고 실은 것 많으나
함정에 넣고 묶어 벗어날 수 없네.
아름다운 옥을 품고 또 움켜잡고 있으나
막히어 내가 보여줄 사람이 아무도 없다네.
읍성 안의 개들이 떼 지어 짖어대는데
괴상한 것만 보면 짖는구나.
준걸을 비방하고 의심하는 것은
본디 용렬하고 졸속한 자의 추태라네.
재능과 도덕을 안으로 통달하고 있으니
사람들은 나의 이채로움을 알지 못하네.
재목과 원목이 쌓여 있어도
사람들은 나의 가진 바를 알아주지 않네.

16) 이루: 고대 전설상의 사람 이름으로, 전하는 말에 의하면 그의 시력이 너무 좋아서 100보(步) 바깥까지 정확하게 볼 수 있었다고 한다.

인의(仁義)를 거듭 쌓았고
근신 돈후하여 덕성이 성대하건만,
순(舜)임금 같은 분을 만날 수 없으니
누가 인의에 편안해하는 나를 알아주겠는가!
예로부터 성군과 현신이 서로 병존하기 어렵다 하니,
어찌 그 까닭을 알겠는가?
탕왕(湯王)과 우왕(禹王)은 오래 전 성군이라서
아득하여 사모하고 추종할 수가 없네.
어긋남을 꾸짖고 분함을 바꾸어 고쳐서
마음을 억제하여 스스로 힘쓰네.
혼란의 세상을 만났어도 변절하지 말고
이 의지가 후세에 본받아지기를 바라네.
북쪽으로 나아가 묵으려하니
해는 어둑어둑 저물려고 하네.
시름도 풀고 슬픔도 버리고
이제 죽음을 맞이하네.

마무리(亂)[17]:
넓고 넓은 원수(沅水)와 상수(湘水)[18]여
갈라지며 빠르게 흐르네.
아득히 먼 길은 잡초로 뒤덮여
요원하고 어두워 끝이 없네.

---

17) 난: 요점을 추려서 거듭 앞의 말을 되풀이하는 것.
18) 원수, 상수: 호남성의 남쪽에 위치하여 북쪽으로 흘러 동정호(洞庭湖)로 들어가는 강.

더욱더 슬픈 심정을 읊노라면
길이 탄식하고 개탄하게 되네.
세상이 나를 알아주지 않는데
누구와 이 마음을 같이 나누리?
충정을 품고 훌륭한 자질을 지녔어도
내 마음 알아주는 벗도 없네.
백락(伯樂)[19]이 죽고 없으니
천리마가 장차 어떻게 그 능력을 평가받겠는가?
인생은 받은 운명이 있어
제각기 안착할 곳이 정해져 있네.
마음을 굳히고 뜻을 크게 넓히면
내 무엇이 두려우랴?
쌓이는 애통함은 애처로워
탄식만이 길어지네.
세상이 혼탁하여 나를 알아주지 않으니
누구와 이 마음을 같이 나누리?
죽음은 피할 수 없는 것임을 알기에
안타까워 할 필요가 없네.
분명하게 군자에게 아뢰니
나는 장차 군자가 본받을 표상이 되리라.

그리하여 굴원은 돌을 몸에 품고 마침내 멱라강(汨羅江)[20]에 빠져서 죽었다.

---

19) 백락: 춘추시대의 사람으로, 말을 잘 부리고 다루었다고 전한다.

20) 멱라강: 호남성 동북쪽을 거쳐 상수(湘水)로 흐르는 강.

굴원이 죽은 뒤에 초나라에는 송옥(宋玉), 당륵(唐勒), 경차(景差) 등과 같은 무리들이 있어서, 모두 문사(文辭)를 좋아하여 부(賦)로써 칭송을 받았다. 그러나 모두 태도가 침착하고 문사가 아름다운 굴원의 풍격(風格)을 모방하였지만, 끝내 감히 직간(直諫)을 하지는 못하였다. 그 후로 초나라는 날로 쇠퇴하여, 수십 년 뒤에는 결국 진(秦)나라에게 멸망당하였다.

굴원이 멱라강에 빠진 지 100여 년이 지나서, 한(漢)나라의 가생(賈生)이라는 사람이 장사왕(長沙王)의 태부(太傅)가 되어 상수(湘水)를 지나다가, 글을 지어 강물에 던져서 굴원을 애도하였다.

가생(賈生)은 이름이 의(誼)이며 낙양(雒陽) 사람이다. 그의 나이 18세 때, 『시경』을 암송하고 『서경』에 능통하여 군내(郡內)에 명성이 알려졌다. 오정위(吳廷尉)[21]가 하남(河南)[22]의 태수(太守)[23]로 있을 때, 그가 수재라는 소문을 듣고 그의 문하(門下)로 불러들여 매우 총애하였다. 효문황제(孝文皇帝)가 즉위 초기에 하남태수 오공(吳公)의 치적이 천하제일이라는 것과 이사(李斯)의 동향이었기 때문에 그에게 학문을 배웠다는 사실을 듣고서, 그를 초빙하여 정위(廷尉)로 삼았다. 오정위는 가생이 비록 나이는 어리지만 제자백가(諸子百家)[24]의 학문에 정통하다고

---

21) 오정위: 오씨 성을 가진 정위(사법을 담당하는 장관에 해당하는 관직 이름)로, 역사상의 기록에는 이름이 전하지 않는다.

22) 하남: 하남성 황하(黃河) 이남에 있는 낙수(洛水), 이수(伊水)의 하류지역에 있던 군.

23) 태수: 군(郡)의 장관에 해당하는 관직 이름.

24) 제자백가: 선진시기(先秦時期)부터 한(漢)나라 초기까지 여러 학파의 학자와 학

아뢰었다. 문제(文帝)는 가생을 불러 박사(博士)[25]로 삼았다.

이때 가생의 나이는 20여 세로, 박사 중에서 가장 연소자였다. 매번 조령(詔令)에 대해서 의논할 때마다, 여러 늙은 선생들이 답변하지 못하여도 가생은 모두 다 회답할 수 있었고, 사람들이 제각기 그러하였으면 하고 원하는 바와 그의 뜻이 같았다. 이리하여 여러 선생들은 자신들이 가생의 재능에 미치지 못한다고 생각하였다. 효문제(孝文帝)는 그에 대해서 기뻐하여 그를 특진시켜서 1년 만에 태중대부(太中大夫)까지 오르게 하였다.

가생은 한나라가 개국한 이래 효문제에 이르는 20여 년 동안 천하가 태평하고 백성이 안락하니 마땅히 역법(曆法)을 개정하고, 복색(服色)을 바꾸며, 제도를 재정비하고, 관직 명칭을 확립하며, 예악(禮樂)을 부흥시켜야 한다고 생각하였다. 그래서 의례와 법률의 기준에 대해서 전반적인 수정안을 마련하였는데, 색은 황색을 숭상하고, 숫자는 5를 준용(準用)하며, 관직 명칭을 지어 진(秦)나라의 법제를 완전히 고치려고 하였다. 효문제는 즉위 초기라서 아직 때가 아니라고 겸손하게 미루었다. 그러나 오래된 여러 율령들의 개정과 열후(列侯)들이 모두 각자의 봉지를 잘 다스려야 한다는 것은, 모두 가생에게서 나온 견해들이었다. 황제는 가생을 공경(公卿)의 직위에 임명하려고 상의하였다. 그러자 강후(絳侯), 관영(灌嬰), 동양후(東陽侯), 풍경(馮敬) 등의 무리는 모두 가생을 해치려고 하여, 그에 대해서 참소(讒訴)하였다. "낙양 출신 사람은 나이

술사상 저작.

25) 박사: 진(秦)나라 때 처음 두었으며 서한(西漢) 때는 태상(太常)의 속관(屬官)이었던 교육을 담당하는 관직.

가 어리고 학문이 미숙하면서 전적으로 권력을 독점하려 하고, 모든 일을 분란(紛亂)하게 만들고 있습니다."

이리하여 황제도 나중에는 그를 멀리하였고, 그의 건의를 수용하지 않았으며, 마침내 가생을 장사왕의 태부로 임명하였다.

가생은 하직하고 길을 나섰는데, 장사(長沙)가 땅이 낮고 습한 곳이라는 말을 듣고 자신의 수명이 길지 않으리라 생각하였으며, 또한 귀양살이로 그곳에 가는 것이어서 마음이 언짢았다. 상수를 건널 때, 가생은 부(賦)를 지어 굴원을 조문(弔問)하였다. 그 사(辭)는 다음과 같다.

> 공손히 임금의 명을 받들어
> 장사(長沙)에서 죄를 기다리네.
> 얼핏 굴원에 대해서 들으니
> 멱라강에 투신하였다고 하네.
> 상수의 조류에 몸을 맡기어
> 굴원 선생을 삼가 애도하네.
> 더할 수 없이 무도(無道)한 세상을 만나
> 그 몸을 물에 던지셨네.
> 아, 슬프다
> 만난 시대가 상서롭지 못하였도다!
> 난(鸞)새와 봉황이 엎드려 숨고
> 올빼미가 활개를 치며 나네.
> 재주 없는 자들이 존중받고 드러나며
> 참소하고 아첨하는 무리들이 뜻을 얻네.
> 현자와 성인은 거꾸로 끌려 다니고

방정(方正)한 자는 뒤바뀐 위치에 두어졌네.
세상은 백이(伯夷)를 탐욕스럽다고 하고
도척(盜跖)[26]을 청렴하다고 말하네.
막야(莫邪)[27] 보검의 날을 무디게 하고
납으로 만든 칼을 날카롭게 만드네.
아, 묵묵히 할 말이 없구나
선생의 무고함이여!
주나라의 보배로운 솥을 내다버리고
질그릇으로 만든 단지를 보배로 여기네.
지친 소에 멍에를 씌우고
절름거리는 나귀를 곁마(驂馬)로 삼네.
준마(駿馬)는 두 귀를 늘어뜨리고
소금 수레를 끌어야 하네.
머리에 쓸 관을 신발로 삼고 있으니
점점 더 오래 갈 수 없게 되었네.
아, 가련한 선생이여
홀로 이런 재앙을 만나게 되었도다!

마무리(訊)[28]:
그만 두어라 나라가 나를 알아주지 않으니
홀로 억울할 뿐 누가 나를 이해하겠는가?
봉황이 훨훨 높이 나니

---

26) 도척: 춘추시대의 대도(大盜)로 전해진다.
27) 막야: 춘추시대 오(吳)나라의 유명한 보검.
28) 신: 『초사(楚辭)』의 '난(亂)'에 해당되는 말로 전편(全篇)의 결속어(結束語)이다.

스스로 날갯짓하며 멀리 날아가네.
깊은 연못의 신령스러운 용을 본받아
깊숙이 잠겨 자신을 지키네.
밝은 빛을 마다하고 은거하니
어찌 왕개미와 지렁이를 따르겠는가?
성인의 덕성을 숭상하는 바
탁한 세상 멀리하고 자신을 숨겼네.
준마에게 고삐를 맬 수 있다면
어찌 개나 양과 다를 수 있으랴?
어지러운 곳을 떠나 억울함을 당하였으니
이 또한 선생의 허물이로구나!
천하를 돌아보며 어린 군주를 섬길 수도 있는데
하필이면 고국의 국도(國都)만을 생각하셨을까?
봉황은 천길 높이 날아올랐다가
덕이 빛나는 것을 보면 그곳에 내려오네.
소인배들의 덕성에서 험괴한 징조를 보면
까마득히 날갯짓하여 그곳을 떠나서 날아간다네.
저 조그마한 못이나 도랑에
어찌 배를 삼키는 고기를 담을 수 있겠는가!
강호를 떠다니던 큰 물고기도
개미와 땅강아지에게 제압이 되네.

가생이 장사왕의 태부가 된 지 3년이 되자, 올빼미가 가생의 집에 날아 들어와서, 좌석의 가장자리에 앉았다. 초나라 사람들은 올빼미를 '복(鵩)[29]'이라고 불렀다. 가생은 이미 귀양 가서 장사에 살았는데, 장사는 땅이 낮고 습하였기 때문에 자신의 생명이 그다지 길지 않을 것이라 생각하였고, 그것을 애석하게 여겼으므로 부(賦)를 지어 스스로 위안을 삼았다. 그 사(辭)는 다음과 같다.

정묘년 4월 초여름
경자일(庚子日) 해 저물 무렵
올빼미가 나의 집에 날아왔네.
좌석 가장자리에 앉으니
그 모양 무척 한가롭네.
이상한 것이 날아드니
난 그 까닭이 괴상야릇하네.
점복(占卜) 책을 펴놓고 이 일을 점쳤더니
점괘가 그 길흉을 일러주네.
"들새가 거처로 들어오니, 주인이 장차 나갈 것이다."
올빼미에게 청해 묻거늘
"내가 가면 어디로 가겠는고?
길한 징조이면 내게 알려주고
흉한 징조이면 어떤 재앙인지 말해다오.
그 속도가 더딘지 아니면 빠른지
그 시기를 내게 일러다오."
올빼미가 이를 탄식하니
머리를 들고 날갯죽지를 펼치네.
입으로 말을 할 수 없으니

---

29) 복: 올빼미 비슷한 새로, 옛날 사람들은 그 우는 소리를 들으면 불길하다고 여겼다.

마음으로써 대답을 청하리라.

만물은 변화하니
본디 쉬지를 않네.
돌아서 흘러 다른 곳으로 옮겨가더라도
밀려가는 듯하나 다시 돌아오네.
형체와 기운이 쉬지 않고 계속 도니
변화하고 진화하네.
심오하고 무궁한 이치이니
어찌 말로 다 표현할 수 있겠는가!
화(禍)란 복이 기대고 있는 바이고
복은 화가 숨어 있는 바이네.
근심과 기쁨이 하나의 문에 모이고
길과 흉은 한곳에 같이 있네.
저 오(吳)나라도 강대하였으나
부차(夫差)는 패망하고 말았네.
월(越)나라는 회계(會稽)에 기거하였지만
구천(句踐)은 천하의 패자가 되었네.
이사(李斯)는 유세 끝에 성공하였으나
결국 오형(五刑)[30]을 당하였네.
부열(傅說)은 죄수였지만
무정(武丁)의 재상이 되었네.

---

30) 오형: 고대에는 묵(墨: 이마에 글을 새기는 형벌), 의(劓: 코를 베는 형벌), 비(剕: 다리를 자르는 형벌), 궁(宮: 생식기를 거세하는 형벌), 대벽(大辟: 죽음에 이르게 하는 형벌) 등 다섯 가지의 정도가 다른 형벌을 오형이라고 하였다.

화를 입었으나 복이 함께 하는 것은
꼬아진 두 새끼줄과 무엇이 다른가?
운명이란 말로 할 수 없으니
누가 그 끝을 알겠는가?
물은 격해지면 빠르고 사나워지며
화살은 격해지면 멀리 날아가네.
만물은 회전하고 충돌하며
서로 부딪혀 엇섞이며 도네.
구름이 피어올라 비를 내리니
서로 얽히어 복잡해지네.
조물주가 물건을 만들 듯이
끝없이 넓고 커서 한계가 없네.
하늘의 이치는 예측할 수 없고
도(道)는 심원하여 미리 꾀할 수 없네.
수명은 길고 짧음이 있으나
어찌 그때를 알 수 있겠는가?

또 저 천지가 화로(火爐)라면
조물주는 공장(工匠)이라네.
음과 양의 조화가 숯이라면
만물은 거기서 나온 동(銅)이라네.
사물이 생성과 소멸하는 데에
어찌 불변의 법칙이 있으랴.
이 땅의 변화무쌍함에는
본래 한계가 없는 것이라네.

홀연히 사람이 되었으므로
어찌 삶에 대해서 연연할 필요가 있으랴.
다시 변하여 다른 사물이 되더라도
또 무엇을 애써 근심하겠는가!
지혜롭지 못한 자는 이기적이어서
남을 천시하고 자신을 귀중하게 여기네.
통달한 사람은 크고 넓게 보기에
만물에 좋지 않게 여기는 것이 없다네.
탐욕스러운 자는 재물로 인해서 죽고
열사(烈士)는 명예를 위해서 죽는다네.
권세를 과시하는 자는 권세에 죽고
평범한 사람은 삶에만 매달린다네.
궁색한 자들은 명리에 매이고 빈천에 쫓겨
이리저리 분주히 내달리네.
대인은 결코 의지가 흔들리지 않아
만물의 변화를 한결같이 보지만,
전통예법에 구애받는 사람은 세속에 묶이어
감옥에 갇힌 죄인인양 자기를 속박하네.
지덕을 지닌 사람은 사물을 초월하고
오직 도(道)와 함께 살아간다네.
많은 사람들이 미혹에 빠져
애증이 가슴에 가득 쌓이네.
지덕을 지닌 사람은 그 마음이 담백하여
오직 도와 더불어 안주하네.
지혜를 버리고 형체를 잊고서

초연히 자아를 망각하네.
넓고 아득하여 황홀한 경지여
도와 더불어 훨훨 날아다니리라.
물결 따라서 흘러가다가
물가의 모래섬을 만나면 멈추면 그만인데,
육신과 생명은 운명에 따라 내맡기어
스스로에 대한 어떠한 사사로움도 없네.
삶은 물 위에 뜬 것과 같고
죽음이란 오랜 휴식과 같은 것이네.
심연의 고요함과 같이 담담하고
매이지 않은 배처럼 둥둥 떠다니며 사네.
살아있다고 지나치게 자신만 귀하게 여기지 말고
빈 마음을 길러 세상 따라 떠다녀야 하네.
덕이 있는 자는 마음에 거리낌이 없고
천명을 알고 근심하지 않네.
하찮은 일이야 초목의 가시덤불 같을 뿐
어찌 걱정거리가 될 수 있으랴!

그 후 1년 남짓 지나서, 가생은 부름을 받고 황제를 알현하였다. 효문제는 마침 신의 강복(降福)을 받고서 정전(正殿)에 앉아 있었다. 황제는 귀신에 대해서 감지하는 바가 있어, 그에게 귀신의 본질에 관해서 물었다. 가생은 귀신에 관한 이치를 상세히 말해주었다. 밤이 깊도록 효문제는 바싹 다가앉아 이야기를 들었다. 가생이 설명을 마치자, 황제가 "짐이 오래도록 가생을 만나지 못하여, 내가 그보다 낫다고 여겼는데, 이제 보니 가생에게는 미치지 못하겠다"라고 하였다. 황제는 얼마 후에 가생을 우대하여 양회왕(梁懷王)의 태부(太傅)로 삼았다. 양회왕은 효문제의 막내아들로서 문제의 사랑을 받았고, 또한 독서를 좋아하였으므로 가생을 그의 스승으로 삼았다.

효문제는 또 회남(淮南)의 여왕(厲王)의 네 아들을 모두 열후(列侯)에 봉하였다. 이에 가생은 나라의 우환이 이로부터 일어날 것이라고 간언하였다. 가생은 여러 번 상소하여, 제후들이 간혹 여러 군(郡)을 병합하고 있음을 말하고, 이는 옛날의 제도에 어긋난 것이므로 점차 그것을 삭감해야 한다고 주장하였다. 그러나 효문제는 이를 받아들이지 않았다.

몇 년이 지나 회왕이 말을 타다가 떨어져서 죽었으나, 그를 이을 후사가 없었다. 가생은 태부로서의 책임을 다하지 못하였음을 자학하며, 1년 남짓 애도하다가 그 또한 죽고 말았다. 가생이 죽었을 때의 나이는 33세였다. 효문제가 죽고 효무제(孝武帝)가 즉위하자, 가생의 손자 두 명을 등용하여 군수(郡守)에까지 오르게 하였다. 가가(賈嘉)는 그중 가장 학문을 좋아하여 그의 가업을 이었으며, 그는 나와 서신을 왕래하였다. 효소제(孝昭帝) 때에 이르러 구경(九卿)[31]의 대열에 들어서게 되었다.

태사공(太史公)은 말한다.

---

31) 구경: 고대의 중앙 고급 관직의 총칭. 한대(漢代)에는 태상(太常), 광록훈(光祿勳), 위위(衛尉), 태복(太僕), 정위(廷尉), 대홍려(大鴻臚), 종정(宗正), 대사농(大司農), 소부(少府)를 구경이라고 하였다.

"나는 「이소(離騷)」, 「천문(天問)」, 「초혼(招魂)」, 「애영(哀郢)」을 읽고서, 굴원(屈原)의 심정을 슬퍼하였다. 장사(長沙)에 와서 굴원이 빠져 죽었던 깊은 물을 바라보며 눈물을 떨어뜨리지 않을 수 없었고, 그의 사람됨에 대하여 상념에 잠겼다. 가생(賈生)이 그를 애도한 작품을 읽고 나서 굴원이 그와 같은 재능으로써 다른 제후를 유세하였더라면, 어느 나라인들 그를 중용하지 않을 리가 없었을 텐데, 왜 스스로 그 지경에 이르게 되었는지 의문스러웠다. 그러나 「복조부(鵩鳥賦)」를 읽으니, 삶과 죽음을 동일시하고 조정에 있건 없건 관직에 나아가건 쫓겨나건 그 거취에 개의치 않음을 보게 되어, 이전에 가졌던 나의 근심과 고통을 가볍게 떨쳐버리게 되었다."

자객열전刺客列傳

조말(曹沫)은 노(魯)나라 사람으로, 용기와 힘으로써 노장공(魯莊公)을 섬기었다. 장공은 힘센 사람을 좋아하였다. 조말은 노나라의 장군이 되어 제(齊)나라와 싸웠는데, 세 번이나 패배하였다. 노장공은 두려운 나머지 마침내 수읍(遂邑)의 땅을 제나라에게 바치고 화친을 도모하였으며, 그러고도 조말을 계속 장군으로 삼았다.

제환공(齊桓公)[1]은 노장공과 가(柯)[2]에 모여 화친의 맹약을 맺을 것을 허락하였다. 환공과 장공이 단상에서 맹약을 맺고 있는데, 조말이 비수(匕首)를 손에 쥐고 제환공을 협박하였다. 환공의 좌우 사람들은 감히 움직일 수가 없었는데, 환공이 조말에게 물었다. "그대가 요구하는 바는 무엇이오?"

조말이 대답하였다. "제나라는 강하고 노나라는 약한데 대국인 제나라가 노나라를 침범하는 정도가 지나칩니다. 지금 노나라의 도성(都城)이 무너져 제나라의 국경을 누르고 있으니[3], 폐하께서는 이러한 점을 고려하시기 바랍니다."

그리하여 환공은 노나라에서 빼앗은 땅을 모두 돌려 줄 것을 허락하였다. 환공의 말이 끝나자, 조말은 비수를 던져버리고 단에서 내려와 북쪽을 향해서 신하들의 자리에 앉았는데, 안색은 조금도 변함이 없고

---

1) 제환공: 이른바 '춘추오패(春秋五霸)'의 영수(領袖)로서, 기원전 685년에서 기원전 643년까지 재위하였다.

2) 가: 지금의 산동성 양곡현(陽谷縣) 동북쪽에 있던 읍.

3) 제나라의 국경이 노나라에 너무 가까워 이미 도성에까지 이르고 있음을 형상화한 말이다.

말소리도 여전하였다. 이에 환공이 노하여 그 약속을 어기려고 하니, 관중(管仲)이 말하였다. "아니 됩니다. 작은 이익을 탐하여 스스로 만족하신다면, 제후들에게 신망이 떨어지고 천하의 지지를 잃게 되니 약속대로 그 땅을 돌려주시는 것이 낫습니다."

그리하여 환공이 마침내 노나라에서 빼앗은 토지를 돌려주니, 조말이 세 번 싸움에서 잃었던 땅은 이로써 모두 노나라로 되돌아갔다.

그 후 167년이 지나 오(吳)나라에 전제(專諸)의 사건이 일어났다.

전제는 오나라의 당읍(堂邑)[4] 사람이다. 오자서(伍子胥)가 초(楚)나라에서 달아나 오나라로 갔을 때에, 그는 전제의 재능을 알고 있었다. 오자서는 오나라 왕 요(僚)를 만나서 초나라를 치는 것이 유리함을 유세하였다. 오나라 공자 광(光)이 말하였다. "저 오자서는 자기 아버지와 형이 모두 초나라에서 죽임을 당하였기에, 그가 초나라를 치자고 말하는 것은 자기 개인의 복수를 하고자 함이지, 결코 오나라를 위하고자 것이 아닙니다."

그리하여 오나라 왕은 초나라를 치는 것을 단념하였다. 오자서는 공자 광이 오나라 왕 요를 죽이려 하는 것을 알아차리고 "저 광은 장차 내란을 일으키려는 야심이 있으니, 아직 대외 용병에 관한 문제를 설득할 때가 아니다"라고 하고는 전제를 공자 광에게 추천하였다.

공자 광의 아버지는 바로 오나라 왕 제번(諸樊)이다. 제번에게는 아우가 셋이 있었으니, 바로 밑 아우는 여채(餘祭)이고, 그 다음 아우는 이말(夷眛)이며, 막내아우가 계자찰(季子札)이다. 제번은 계자찰이 현명

4) 당읍: 지금의 강소성 육합현(六合縣) 서북쪽에 있던 읍.

한 것을 알고는 태자로 세우지 않았는데, 이는 차례대로 세 아우에게 왕위를 전하여, 결국에는 나라를 계자찰에게 맡기려고 하였기 때문이다. 제번이 죽은 뒤 여채에게 왕위를 전하였으며, 여채가 죽은 뒤에는 이말에게 왕위를 전하였다. 이말이 죽어서는 마땅히 계자찰에게 전해야 하였으나, 계자찰은 즉위하지 않으려고 달아나니, 오나라 사람들은 마침내 이말의 아들 요(僚)를 세워 왕으로 삼았던 것이다. 공자 광은 말하였다. "형제의 순서대로 한다면 응당 계자가 즉위하여야 하며, 반드시 아들을 세워야 한다면 나야말로 진정한 적사(適嗣)[5]이니, 당연히 내가 즉위하여야 한다."

그러므로 평소 은밀하게 모략에 능한 신하를 길러, 자기가 왕이 되는 길을 모색하였다.

광은 전제를 얻고 나서, 그를 빈객(賓客)으로 잘 대우하였다. 오나라 왕 요 9년에 초평왕(楚平王)이 죽었다. 그 해 봄에 요가 초나라 국상(國喪)을 틈타 초나라를 치려고 하여, 그의 두 아우인 공자 갑여(蓋餘)와 촉용(屬庸)에게 군사를 거느리고 가서 초나라의 첨(灊)[6]을 포위하게 하였다. 다른 한편으로 연릉(延陵)에 나가 있는 계자찰을 진(晉)나라에 보내어 각 제후들의 반응을 살피게 하였다. 초나라가 군대를 출동시켜 오나라 장군 갑여와 촉용의 퇴로를 차단하자, 오나라 군대는 돌아갈 수 없게 되었다. 공자 광은 전제에게 말하였다. "이때를 놓쳐서는 아니 되오. 구하지 않는다면 무엇을 얻을 수 있겠소! 게다가 나는 진정한 왕의 후사(後嗣)이므로 마땅히 왕위에 즉위해야 하니, 설령 계자가 오

---

5) 적사: 정처(正妻)의 장자(長子).

6) 첨: 지금의 안휘성 율산현(率山縣) 동북쪽에 있던 읍.

더라도 나를 폐하지는 못할 것이오."

그러자 전제가 말하였다. "왕 요를 죽일 수도 있습니다. 그의 어머니는 늙었고 아들은 어리며, 또한 두 아우가 군사를 거느리고 초나라를 치러 갔는데, 초나라는 그들이 돌아올 길을 끊어버렸습니다. 지금 오나라는 밖으로는 초나라에게 곤란을 당하고, 조정 내부에는 지위와 명망이 높은 충직한 신하가 없는 상황이오니 우리를 어찌할 수가 없을 것입니다."

공자 광은 고개를 끄덕이며 말하였다. "광의 몸은 곧 그대의 몸이오."

4월 병자일(丙子日)에, 광이 무장한 병사를 지하실에 숨겨두고 술자리를 마련하여 왕 요를 초청하였다. 왕 요는 사병들을 보내어 궁궐로부터 광의 집까지 진을 치게 하였고, 문과 계단의 좌우에는 모두 왕 요의 친척들로 가득 차게 하였다. 그들은 왕 요를 둘러서서 모셨는데, 전부 긴 칼을 차고 있었다. 술자리가 무르익자, 공자 광은 거짓으로 발이 아픈 척하며 지하실로 들어가서 전제에게 뱃속에 비수를 감춘 구운 생선을 진상하게 하였다. 왕 앞에 나아간 전제는 생선을 찢어 가르고 그 비수로 왕 요를 찌르니, 왕 요가 그 자리에서 숨졌다. 그러자 왕의 좌우에 있던 사람들 역시 전제를 죽였으며, 왕의 수하에 있던 신하와 친척들은 혼란에 빠지게 되었다. 공자 광은 매복시켰던 병사들을 나오게 하여 왕 요의 무리를 쳐서 모두 없앤 후, 마침내 스스로 즉위하여 왕이 되었으니 그가 바로 합려(闔閭)이다. 합려는 전제의 아들을 봉하여 상경(上卿)[7]으로 삼았다.

---

7) 상경: 제후국(諸侯國) 최고의 벼슬에 해당하는 관직 이름.

그 후 70여 년이 지나 진(晉)나라에 예양(豫讓)의 사건이 일어났다.

예양은 진(晉)나라 사람으로, 일찍이 범씨(范氏)[8]와 중항씨(中行氏)[9]를 섬겼으나, 이름이 알려지지는 못하였다. 예양이 그들을 떠나 지백(智伯)을 섬겼는데, 지백은 그를 매우 존중하고 총애하였다. 지백이 조양자(趙襄子)를 치자, 조양자는 한씨(韓氏), 위씨(魏氏)와 협력하여 지백을 멸하고, 지백의 후손까지 멸하여 그 땅을 셋으로 나누었다. 조양자는 지백을 가장 원망하여, 지백의 두개골을 옻칠을 해서 커다란 술잔으로 사용하였다. 예양은 산 속으로 피해 달아나 탄식하며 말하였다. "아! 선비는 자기를 알아주는 사람을 위해서 죽고, 여자는 자기를 좋아하는 사람을 위해서 얼굴을 아름답게 단장한다. 이제 지백이 나를 알아주었으니, 내 기필코 원수를 갚고 죽음으로써 지백에게 보답한다면 내 혼백이 부끄럽지 않을 것이다."

그리하여 성명을 바꾸고 죄수[10]로 변장하여 조양자의 궁에 들어가 뒷간의 벽을 발랐는데, 몸에는 비수를 품고서 기회를 틈타 양자를 찔러 죽이려고 하였다. 양자가 뒷간에 갔다가 몹시 놀라서 뒷간의 벽을 바르는 죄수를 잡아다 심문하니, 그가 예양으로 몸속에 흉기를 지니고 있었다. 예양이 "지백을 위해서 원수를 갚으려 하였소!"라고 하니 좌우에 있던 자들이 그를 죽이려고 하였다. 그러자 양자가 말하였다. "저

8) 범씨: 진(晉)나라의 대부(大夫) 범길사(范吉射).

9) 중항씨: 진(晉)나라의 대부 중항인(中行寅).

10) 죄수: 여기서는 옥에 갇힌 죄수가 아니라, 형벌로 고된 노역을 하는 죄인을 말한다.

사람은 의로운 자이다. 내가 조심하여 피하면 그만이다. 게다가 지백이 망하고 그의 후사조차 없는데, 그의 신하가 그를 위해서 원수를 갚겠다고 하였으니, 이 자야말로 천하의 현인(賢人)이다."

그러고 나서 드디어 그를 풀어주었다.

얼마 후 예양은 다시 몸에다 옻칠을 하여 문둥이로 가장하고 숯을 삼켜 목을 쉬게 한 뒤, 자신의 형상을 아무도 몰라보게 하고서 거리에 나가 구걸을 하였다. 그의 아내조차도 그를 알아보지 못하였다. 그의 벗을 찾아가 만나보니, 그 벗이 아직 그를 알아보고 물었다. "자네는 예양이 아닌가?"

예양이 대답하였다. "바로 나일세."

그 벗은 울면서 말하였다. "자네의 재능으로 예물을 헌납하고 신하가 되어 조양자를 섬긴다면, 양자는 반드시 자네를 가까이하고 총애할 것일세. 그가 자네를 가까이하고 총애하게 한 뒤에 자네가 하려는 일을 실행한다면, 오히려 쉽지 않겠는가? 그런데 자기 몸을 해치고 형상을 추하게 하여 양자에게 보복하려 하니, 어찌 어렵지 않겠는가!"

그러자 예양이 말하였다. "기왕 예물을 바치고 남의 신하가 되어 섬기면서 그를 죽이려고 한다면, 이는 두 마음을 품고 임금을 섬기는 짓이네. 지금 내가 하고자하는 바는 지극히 어려운 일이라네. 그러나 이렇게 하는 까닭은 장차 천하 후세에 남의 신하가 되어 두 마음을 품고 그 임금을 섬기는 자들에게 부끄럼을 알게 하려는 것이네."

그러고 나서 예양은 가버렸다.

얼마 후 양자가 외출할 때, 예양은 양자가 지나가려는 다리[11] 밑에

11) 다리: 지금의 산서성 태원(太原)에 있는 분교(汾橋).

숨어 있었다. 양자가 다리에 이르자 말이 돌연 놀라니, 양자가 "이는 필시 예양일 것이다"라고 하고는 사람을 시켜 심문하니 과연 예양이었다. 그러자 양자가 예양을 꾸짖었다. "그대는 일찍이 범씨와 중항씨를 섬기지 않았는가? 지백이 그들을 전부 멸하였는데, 그대는 범씨와 중항씨를 위해서 복수를 하지 않고, 도리어 헌신하여 지백의 신하가 되었다. 이제는 지백도 죽었는데, 그대는 어찌 유독 그를 위해서만 이토록 끈질기게 복수를 하려고 하는가?"

예양이 말하였다. "신이 범씨와 중항씨를 섬겼으나 그들은 모두 저를 보통 사람으로 대우하였기에, 저 또한 보통 사람으로서 그들에게 보답하였을 뿐입니다. 그러나 지백은 저를 국사(國士)[12]로 대우하였으므로, 저도 국사로서 그에게 보답하려는 것입니다."

그러자 양자는 감개하고 탄식하여 울면서 말하였다. "오, 예자(豫子)여! 그대가 지백을 위해서 충절을 다하였다는 명예는 이미 이루어졌고, 과인(寡人)이 그대를 용서함도 이미 충분하였다. 그대는 스스로 죽음을 각오해야 할 것이며, 과인은 그대를 다시 놓아주지 않으리라!"

그러고 나서 병사들을 시켜 그를 포위하도록 하였다. 예양이 말하였다. "신이 듣기로 현명한 군주는 남의 미명(美名)을 덮어 가리지 아니하고, 충신은 명절(名節)을 위하여 죽을 의무가 있다고 하였습니다. 지난번에 폐하께서 이미 신을 관대히 용서하시어, 천하에 폐하의 인자함을 칭송하지 않는 자가 없었습니다. 오늘의 일만으로도 신은 죽음을 당해야 마땅하오나, 바라건대 신이 폐하의 옷을 얻어 그것을 칼로 치게 함으로써 원수를 갚으려는 뜻을 이루게 해주신다면, 비록 죽어도 한이

12) 국사: 나라의 걸출한 인사(人士).

없겠습니다. 이는 신이 감히 바랄 수는 없는 일이오나, 대담하게 신의 마음속의 요구를 말할 뿐입니다!"

이에 양자는 그의 의기(義氣)에 크게 찬탄하고, 사람을 시켜 자기 옷을 가져다 예양에게 주도록 하였다. 예양은 칼을 뽑아들고 세 번을 뛰어 그 옷을 치면서 말하였다. "내 이제야 비로소 지하에 잠든 지백에게 보답할 수 있게 되었도다!"

그러고 나서 끝내 칼에 엎어져 자결하였다. 그가 죽던 날, 조(趙)나라의 지사(志士)들은 이 소식을 듣고 모두 그를 위해서 눈물을 흘리며 울었다.

그 후 40여 년이 지나 지(軹)[13] 땅에서 섭정(聶政)의 사건이 일어났다.

섭정은 지(軹) 땅의 심정리(深井里) 사람이다. 그는 사람을 죽이고 그 원수를 피해서 어머니와 누이를 데리고 제(齊)나라로 도망가서, 백정을 직업으로 삼고 살았다.

오랜 세월이 지나서 복양(濮陽)[14] 사람 엄중자(嚴仲子)가 한애후(韓哀侯)를 섬겼는데, 그는 한(韓)나라 재상 협루(俠累)와 사이가 매우 나빴다. 엄중자는 죽음을 당할까 두려운 나머지 그곳에서 도망가서 여러 곳을 돌아다니며 협루에게 원수를 갚아줄 사람을 구하였다. 제나라에 이르자, 어떤 제나라 사람이 말하였다. "섭정이라는 용감한 사나이가 있는데, 원수를 피해서 백정들 틈에 끼어 숨어 지냅니다."

엄중자가 그의 집으로 찾아가 교제를 청하고, 자주 왕래한 후 술자

---

13) 지: 지금의 하남성 제원현(濟源縣) 동남쪽에 있던 읍.

14) 복양: 지금의 하남성 복양현(濮陽縣) 서남쪽에 있던 읍.

리를 마련하여 손수 섭정의 어머니에게 술잔을 올렸다. 술자리가 한창 무르익었을 때, 엄중자는 황금 100일(鎰)을 받쳐 들고서 섭정의 어머니 앞으로 나아가 장수를 축원하였다. 섭정은 그 후한 예물에 깜짝 놀라 이상하게 여기고 극구 거절하였다. 엄중자가 굳이 바치려고 하자, 섭정은 사양하며 말하였다. "신에게는 요행히 늙은 어머니가 건재하시고, 집은 비록 가난하지만 객지를 떠돌며 개 잡는 백정 노릇을 하여 조석으로 달고 부드러운 음식을 얻어 어머니를 봉양합니다. 어머니께 봉양할 음식은 충분히 마련하였으니, 당신이 주시는 예물은 감히 받을 수가 없습니다."

그러자 엄중자는 사람들을 피하여 섭정에게 말하였다. "나에게는 원수가 있어, 그 원수를 갚아줄 사람을 찾기 위해서 여러 제후들의 나라를 두루 돌아다녔소. 그런데 제나라에 와서 당신의 의기(義氣)가 매우 높다는 말을 몰래 듣고서 황금 100일을 바쳐 어머니의 음식비용에나 쓰시게 해서 당신과 친교를 더하고 싶었지, 어찌 감히 다른 바람이야 있었겠소!"

그러자 섭정이 말하였다. "신이 뜻을 굽히고 몸을 욕되게 하여 시정(市井)에서 백정 노릇이나 하는 까닭은 단지 노모를 봉양하기 위해서입니다. 노모가 세상에 계신 동안에는 제 몸을 남에게 감히 허락할 수가 없습니다."

엄중자가 아무리 권해도 섭정은 끝내 받으려고 하지 않았다. 그래도 엄중자는 끝까지 빈객과 주인의 예의를 다하고 떠났다.

오랜 시간이 지나서 섭정의 어머니가 세상을 떠났다. 장례를 마치고 상복을 벗은 후, 섭정이 말하였다. "아! 나는 시정 바닥에서 칼을 들고 짐승을 도살하는 백정이다. 그런데 엄중자는 제후의 경상(卿相)[15]으로, 그런 분이 천리 길도 멀다 아니하고 수레를 몰고 찾아와서 나와 사귀었다. 내가 그를 대우함은 지극히 조촐하여 아직까지 그에게 칭송 받을만한 커다란 공을 세우지 못하였다. 그런데도 엄중자는 황금 100일을 받쳐 들고 돌아가신 모친의 장수를 기원하였으니, 내가 비록 받지는 않았지만 그렇게까지 한 것은 오로지 나를 깊이 알아주었기 때문이다. 그러한 현명한 군자가 격분하여 원수를 흘겨보고 나 같은 시골뜨기를 가까이하고 믿어주었으니, 내가 어찌 가만히 있을 수가 있겠는가! 또 지난번 그가 나를 필요로 하였으나, 나는 오직 노모가 계시다는 핑계로 사양하였는데, 모친께서 이제 장수를 누리고 세상을 떠났으니 나는 장차 나를 알아주는 사람을 위해서 힘을 다할 것이다."

그리하여 마침내 서쪽 복양으로 가서 엄중자를 찾아뵙고 말하였다. "일전에 당신께 제 몸을 허락하지 않은 까닭은 단지 모친이 아직 살아계셨기 때문입니다. 이제 불행히도 모친께서 천수를 누리시고 돌아가셨습니다. 중자께서 원수를 갚으려는 자가 누구입니까? 청컨대 제가 그 일을 맡게 해주십시오!"

그러자 엄중자가 상세하게 고하였다. "나의 원수는 한나라 재상 협루인데, 협루는 또한 한나라 왕의 숙부로서 그 일족이 번성하여 수가 많고, 거처는 경비가 대단히 엄중하여 내가 사람을 시켜 그를 찔러 죽이려고 하였지만 끝내 성공하지 못하였소. 지금 당신이 다행히도 마다 않으니 당신에게 도움이 될만한 수레와 말 그리고 장사들을 더 보태어 주리다."

---

15) 경상: 재상(宰相)에 해당하는 대신(大臣).

그러자 섭정이 말하였다. "한나라와 위나라는 서로 떨어진 거리가 그다지 멀지 않습니다. 지금 그 나라 재상을 죽이려고 하는데, 그 재상 또한 그 나라 왕의 친족인지라 이러한 형세에서는 많은 사람을 쓰면 안 됩니다. 사람이 많다 보면 생포되는 자가 나오게 되며, 생포되는 자의 입에서 비밀이 누설될 것입니다. 비밀이 누설되면 한나라는 거국적으로 엄중자를 원수로 삼을 것인즉, 어찌 위험하지 않겠습니까!"

그리하여 수레와 말, 장사들을 모두 사양하였다.

섭정은 엄중자와 헤어져 홀로 떠나 칼을 차고 한나라에 이르자, 한나라 재상 협루가 마침 관부(官府)의 자리에 앉아 있었는데, 무기를 들고 그를 호위하는 자들이 아주 많았다. 섭정이 곧장 들어가서 단상에 올라가 협루를 찔러 죽이니, 좌우에 있던 부하들은 큰 혼란에 빠졌다. 섭정은 큰소리로 외치며 수십 명을 쳐 죽이고, 스스로 자신의 얼굴 가죽을 벗기고 눈을 도려냈으며, 자신의 배를 갈라 창자를 끄집어내고는 마침내 숨을 거두었다.

한나라는 섭정의 시체를 가져다가 시정의 거리에 드러내놓고 그의 신원을 물었으나 아무도 그가 누구의 자손인지 아는 사람이 없었다. 그리하여 한나라는 상금으로 걸고 재상 협루를 죽인 자가 누구인가 말해주는 사람에게 천금을 주겠다고 하였다. 그러나 오랜 시간이 지나도 아는 사람이 나타나지 않았다.

한편 섭정의 누이 섭영(聶榮)은 한나라의 재상을 찔러 죽인 자가 있는데 범인의 신원을 알지 못하고, 한나라에서는 그의 성명을 모르기에 범인의 시체를 드러내어 천금의 상금을 걸었다는 소문을 듣고 목이 메어 말하였다. "그는 내 동생일 것이다. 아, 엄중자가 내 동생을 알아주었구나!"

그러고 나서 곧바로 한나라 시정 거리로 가보니 죽은 자가 과연 섭정이었다. 그녀는 시체 위에 엎드려 매우 슬피 울며 말하였다. "이 사람은 지(軹) 땅의 심정리에 살던 섭정이라는 자입니다."

시정을 왕래하던 여러 사람들이 말하였다. "이 자는 우리나라의 재상에게 포악한 짓을 하여 왕께서 그 성명을 알고자 천금을 걸었는데, 부인은 이를 듣지 못하였소? 어찌 감히 와서 이 자를 안다고 하시오?"

그러자 섭영이 응대하였다. "그 말은 들었습니다. 그러나 섭정이 오욕을 뒤집어쓰고 시정 바닥에 몸을 던져 백정이 된 것은 노모가 건재하시고 나도 아직 시집을 가지 않았기 때문입니다. 어머니께서 천수를 누리신 뒤 돌아가셨고 나 또한 시집을 갔습니다. 일찍이 엄중자는 내 동생의 인물됨을 살펴서 곤궁하고 욕된 형편에 있는 그와 교제를 하였는데, 그 은택이 두터우니 어찌하겠습니까? 선비는 본디 자기를 알아주는 사람을 위해서 죽는다는데, 지금에 와서 내가 아직 살아 있기 때문에 자신의 몸을 훼손하여 남은 친족이 죄에 연루되는 것을 피하려고 한 것입니다. 내 어찌 죽음의 화를 두려워하여 어진 동생의 장한 이름을 없앨 수가 있겠습니까!"

섭영의 말에 한나라 사람들은 크게 놀랐다. 그녀는 큰 소리로 하늘을 세 번 외치고는 몹시 슬퍼하다가 끝내 섭정의 곁에서 죽었다.

진(晉)나라, 초(楚)나라, 제(齊)나라 위(衛)나라에서 이 소문을 듣고 모두들 말하였다. "오직 섭정만이 대단한 것이 아니고, 그의 누이 역시 열녀(烈女)이다. 만일 섭정이 진정 그의 누이가 연약하여 참고 견디는 성격이 아니어서 해골을 드러내는 고난을 대수롭게 여기지 않고, 반드시 천리 험한 길을 달려와서 이름을 나란히 하여 누이와 동생이 한나라 시정 바닥에서 함께 죽게 될 것을 알았더라면, 또한 감히 자신의 몸을 엄중자에게 허락하지는 않았을 것이다. 엄중자 역시 사람을 보는 안목이 있어 현사(賢士)를 얻었다고 말할 수 있다."

그 후 220여 년이 지나 진(秦)나라에서 형가(荊軻)의 사건이 일어났다.

형가는 위(衛)나라 사람이다. 그의 선조는 제나라 사람으로, 나중에 형가가 위나라로 옮겨가자 위나라 사람들은 그를 경경(慶卿)이라고 불렀고, 연(燕)나라로 옮겨가자 연나라 사람들이 그를 형경(荊卿)이라고 불렀다.

형경은 독서와 검술을 좋아하여, 그 솜씨로 위원군(衛元君)에게 유세하였으나 원군은 그를 등용하지 않았다. 그 후 진(秦)나라가 위(魏)나라를 쳐서 동군(東郡)[16]을 설치하였고, 위원군의 일족을 야왕(野王)으로 옮기게 하였다.

형가는 일찍이 떠돌아다니다가 유차(楡次)[17]를 지날 때에 갑섭(蓋聶)과 검술에 대해서 논하였는데, 갑섭이 화를 내며 그를 노려보았다. 형가가 나가버리자 어떤 사람이 형경을 다시 부르라고 하였다. 갑섭이 말하였다. "얼마 전에 나는 그와 함께 검술을 논하다가, 의견이 일치하지 않아서 내가 그를 노려보았소. 시험 삼아 가 봐도, 이런 상황에서 그는 응당 떠나버리지 감히 머물지 못할 것이오."

그래서 사람을 시켜 그의 주인집에 가보게 하니, 형경은 이미 수레

---

16) 동군: 지금의 하남성과 산동성 경계에 위치하였던 군(郡).

17) 유차: 지금의 산서성 유차현.

를 몰아 유차로 떠나버렸다. 사자(使者)가 돌아와서 이를 아뢰자, 갑섭이 말하였다. "당연히 떠났을 것이오. 내가 지난번에 눈을 부릅떠 혼을 내주었으니까요!"

형가가 한단(邯鄲)[18]에서 돌아다닐 때 노구천(魯句踐)과 장기를 두었는데, 장기판의 길을 다투다가 노구천이 화내어 그를 꾸짖자 형가는 아무 말 없이 달아났고, 그 후로는 다시 그를 만나지 못하였다.

그 후 형가는 연나라로 가서 연나라의 개를 잡는 백정과 축(筑)[19]을 잘 타는 고점리(高漸離)를 좋아하게 되었다. 형가는 술을 즐겨 날마다 백정, 고점리와 어울려 연나라 시정 바닥에서 술을 마셨는데, 술이 얼큰해지면 고점리가 축을 타고 형가는 그 소리에 맞추어 시정 가운데서 노래를 부르며 서로 즐기다가, 그치면 서로 울기도 하며 마치 옆에 사람이 아무도 없는 것처럼 하였다. 형가는 비록 술꾼들과 사귀며 놀았지만, 그의 사람됨은 도리어 침착하고 신중하였으며 글 읽기를 좋아하였다. 그가 제후국을 떠돌면서도 모두 현인(賢人)이나 호걸장자들과 서로 사귀었다. 그가 연나라로 가자, 연나라의 은사(隱士) 전광(田光) 선생 역시 그를 잘 대우하였으니, 이는 그가 보통 사람이 아님을 알았기 때문이었다.

얼마 뒤에, 마침 연나라 태자 단(丹)이 진(秦)나라의 인질로 있다가 달아나 연나라로 돌아왔다. 연나라 태자 단은 일찍이 조(趙)나라의 인질로 가 있었는데, 진나라 왕 정(政)은 조나라에서 태어나 어린 시절에

---

18) 한단: 조(趙)나라의 도성(都城). 지금의 하북성 한단시 서쪽.

19) 축: 고대 현악기의 일종으로, 거문고와 같이 죽척(竹尺)으로 소리를 내는 악기이다.

는 단과 사이가 좋았다. 정이 즉위하여 진나라 왕이 되자, 단은 진나라의 인질로 갔다. 진나라 왕이 연나라 태자 단에 대한 대우가 좋지 못하였으므로, 단은 이를 원망하여 도망쳐 돌아온 것이었다. 연나라로 돌아와 진나라 왕에게 보복할 방법을 궁리하였으나, 나라가 약소하여 힘이 미치지 못하였다. 그 후 진나라는 날마다 산동(山東)[20] 지역으로 출병하여 제나라, 초나라, 삼진(三晉)을 쳐서 제후국의 땅을 조금씩 잠식(蠶食)하더니, 급기야는 연나라에 이르렀다. 연나라의 왕과 신하들은 모두 화가 미칠 것을 두려워하였다. 태자 단은 이를 우려하여 사부(師傅)인 국무(鞠武)에게 물었다. 국무는 대답하였다. "진나라의 영토는 천하를 두루 미치어 한나라, 위나라, 조나라를 위협하고 있습니다. 북쪽으로는 감천산(甘泉山)[21], 곡구(谷口)[22]와 같은 험한 지대가 있고, 남쪽으로는 경하(涇河), 위하(渭河)와 같은 옥토가 있으며, 파(巴), 한중(漢中)과 같이 풍요로운 땅을 독점하고 있습니다. 오른쪽에는 농(隴), 촉(蜀)과 같은 산악지대가 있고, 왼쪽에는 함곡관(函谷關)과 효산(崤山)과 같은 험준한 산이 있습니다. 백성들은 수가 많고 병사들은 패기가 넘치며, 무기와 장비도 넉넉합니다. 진나라가 쳐들어올 뜻이 있다면, 장성(長城)[23]의 남쪽과 역수(易水)[24]의 북쪽은 조금도 안녕(安寧)하지 못할 것

---

20) 산동: 지금의 산동성을 말하는 것이 아니라, 전국시대(戰國時代)에는 효산(崤山) 또는 화산(華山)의 동쪽을 산동이라고 하였다. 대략 황하의 하류지역을 말한다.

21) 감천산: 지금의 섬서성 순화현(淳化縣) 서북쪽에 있는 산.

22) 곡구: 지금의 섬서성 경양현(涇陽縣) 서북쪽에 있던 진나라의 요충지(要衝地).

23) 장성: 지금의 하북성과 요녕성(遼寧省)의 경내로, 당시 연나라의 북쪽 경계구역이었다.

24) 역수: 고대의 강 이름으로, 당시 연나라의 남쪽 경계구역이었다.

입니다. 어찌 능멸을 당하였다는 원한으로 진나라 왕의 역린(逆鱗[25])을 건드리고자 하십니까?"

그러자 단이 "그렇다면 어떻게 해야겠소?"라고 하자, 국무는 대답하였다. "안으로 들어가 생각해보겠습니다."

얼마 뒤에, 진나라 장군 번오기(樊於期)가 진나라 왕에게 죄를 짓고 연나라로 망명해오자, 태자는 그를 받아들여 살게 하였다. 국무가 간언하였다. "아니 됩니다. 저 흉포한 진나라 왕이 연나라에게 원한을 쌓고 있다는 사실만으로도 족히 가슴이 서늘해지는데, 하물며 번오기 장군이 연나라에 있다는 소문을 듣는다면 어찌 되겠습니까? 이는 '고기를 호랑이가 다니는 길목에 던져놓는다'는 이치와 같아, 그 화를 반드시 구제할 수 없을 것입니다. 비록 관중(管仲)과 안영(晏嬰)이 살아있다고 해도 이 일을 위해 대책을 세울 수 없을 것입니다. 태자께서는 빨리 번 장군을 흉노(匈奴)에게 보내어 진나라가 트집 잡을 말이 없게 하시기를 바랍니다. 청컨대 서쪽으로 삼진(三晉)과 맹약을 맺고, 남쪽으로 제나라, 초나라와 연합하고, 북쪽으로는 흉노의 선우(單于)와 친교를 맺으면, 그런 후에 비로소 진나라에 대한 대책을 세울 수 있을 것입니다."

태자가 말하였다. "태부의 계책은 너무나 오랜 시간을 요하니 나의 마음은 근심으로 어지러워 아마 잠시도 기다릴 수 없을 것 같소. 그뿐만이 아니라 번 장군은 천하에 몸 둘 곳을 잃고서 나에게 몸을 기탁하

---

25) 역린: 전설에 의하면 용의 목 위에는 거꾸로 생긴 비늘(逆鱗)이 있어, 이를 건드리면 용이 사람을 잡아먹는다고 한다. 여기에서는 폭군(暴君)의 흉포함을 비유한 말이다.

였는데, 내가 강포(強暴)한 진나라의 협박을 받게 될 것으로 인해서 슬프고 가련하게 된 친구를 져버리고, 그를 흉노에게 보낼 수는 없소. 흉노에게 보낸다면 그것은 오직 내 운명이 끝날 때에나 그렇게 될 것이오. 태부께서는 다시 고려해 보기를 바라오."

국무가 말하였다. "무릇 위태로운 일을 행하며 안전함을 구하거나 화를 만들면서 복을 구한다면 계책은 얕아지고 원망은 깊어지게 됩니다. 한 명의 새 친구와 교제하기 위해서 국가의 커다란 피해를 돌보지 않는다면, 이는 이른바 '원한을 쌓고 재앙을 조장하는'격이 되는 것입니다. 기러기의 가벼운 털[26] 하나를 화로의 숯불 위에 놓는다면, 말할 필요도 없이 한순간에 없어지고 말 것입니다. 또한 독수리나 매처럼 사나운 진나라가 원망이 가득하여 흉포한 노여움을 터뜨린다면, 어찌 말할 필요가 있겠습니까? 연나라에는 전광선생이 계신데, 그의 사람됨이 지혜가 심원(深遠)하며 용감하고 침착하니 함께 의논할만합니다."

그러자 태자가 말하였다. "태부를 통해서 전광 선생과 사귀고 싶은데, 그럴 수 있겠소?"

국무가 말하였다. "삼가 명을 받들겠습니다."

국무가 바로 나가서 전광 선생을 만나 말하였다. "태자께서 선생을 뵙고 국사(國事)를 의논하고 싶어 하십니다."

전광은 "삼가 말씀대로 따르겠습니다"라고 하고는 태자를 만나러 갔다.

태자는 전광을 나아가 맞이하고 뒤로 물러서면서 길을 인도하더니, 무릎을 꿇고 전광이 앉을 자리를 털었다. 전광이 자리에 앉자 좌우에

26) 연나라의 힘이 미약함을 비유한 말이다.

는 아무도 없었고, 태자는 앉았던 자리를 떠나며 의견을 청하였다. "연나라와 진나라는 양립할 수 없으니, 선생께서 배려해주시기를 바라오."

그러자 전광이 말하였다. "신이 듣기로는 준마가 기운이 왕성할 때에는 하루에 천리를 달리지만, 노쇠해지면 둔한 말도 그것을 앞선다고 합니다. 지금 태자께서는 제가 왕성할 때의 일만 들으시고, 신의 정력이 이미 다 없어진 것은 모르십니다. 비록 그렇지만, 제가 감히 국사를 도모하지는 못하여도 다행히 형경(荊卿)이라는 쓸 말한 사람이 있습니다."

태자가 말하였다. "선생을 통해서 형경과 교제를 맺고 싶은데, 그럴 수 있겠소?"

전광은 "삼가 명을 따르겠습니다"라고 말하고 즉시 일어나 재빨리 나갔다. 태자가 문까지 배웅하며 말하였다. "제가 말한 것이나 선생이 말한 것은 국가의 대사이니, 선생께서는 이를 누설하지 마시길 바라오!"

전광이 고개를 숙이고 웃으며 "알겠습니다"라고 대답하였다. 전광은 굽은 몸을 이끌고 형경을 찾아가 만나서 말하였다. "내가 당신과 서로 친하게 지내는 것은 연나라에서 모르는 사람이 없소. 지금 태자가 내가 한창이던 시절의 일만을 들으셨을 뿐, 내 몸이 이미 쇠퇴하였음을 모르시고서 황송하게도 내게 하교하여 '연나라와 진나라는 양립할 수 없으니, 선생께서 배려해주시기를 바라오'라고 하셨소. 나는 감히 자신과 상관없는 일이라 여기지 않고 당신을 태자께 추천하였으니, 당신이 왕궁으로 가서 태자를 찾아뵙기를 바라오."

형가는 "삼가 말씀을 따르겠습니다"라고 하였다. 그러자 전광이 말하였다. "내가 듣기로는 나이 들고 덕 있는 자가 일을 행함에는 남에게 의심을 품게 하지 않는다고 하였소. 지금 태자께서 내게 '우리가 말한 것은 국가의 대사이니, 선생께서는 이를 누설하지 마시길 바라오'라고 주의를 주셨는데, 이는 태자가 나를 의심한 것이오. 무릇 행할 때 남의 의심을 받는 것은 절개 있고 의협심 있는 사람의 행동이 아니오."

그러고 나서 스스로 목숨을 끊어 형경을 격려하려고 하였고, "바라건대 빨리 태자를 찾아가서 전광은 이미 죽었다고 말하고, 그러니 누설하지 못할 것이라고 밝히시오"라고 말하고는 이내 스스로 칼로 목을 찔러 죽었다.

형가가 마침내 태자를 찾아가서, 전광 선생은 이미 죽었다고 말하며 전광의 말을 전하였다. 태자는 두 번 절을 하고 무릎을 꿇은 채로 나아가 눈물을 흘리더니, 잠시 후 말하였다. "내가 전광 선생께 말하지 말라고 주의를 준 것은 국가의 대사를 도모하는 것을 성공시키고자 하였기 때문이었소. 지금 전광 선생이 죽음으로써 누설하지 않음을 밝혔는데 그것이 어찌 나의 본심이었겠는가!"

형가가 자리에 앉자, 태자는 자리를 떠나 머리를 숙이며 말하였다. "전광 선생은 내가 어질지 못한 것을 모르고 내게 그대를 만나 감히 말할 수 있는 기회를 주었으니, 이것은 하늘이 연나라를 불쌍히 여겨 외로운 나의 몸을 버리지 않았다는 의미가 아니겠소? 지금 진나라는 이익을 탐하는 마음이 있어, 그 욕망이 만족할 줄을 모르오. 천하의 땅을 다 빼앗고 천하의 왕들을 모두 신하로 삼지 않고서는, 그 욕심이 그치지 않을 것이오. 이제 진나라는 이미 한(韓)나라의 왕을 사로잡고 그 땅을 전부 거두었소. 또한 군사를 일으켜 남쪽으로는 초나라를 치고, 북쪽으로는 조나라까지 임박하였소. 즉 왕전(王翦)이 수십만 대군을 거느리고 장(漳), 업(鄴)으로 갔으며, 이신(李信)은 태원(太原)[27]과 운중(雲中)[28]으로 출병하였소. 조나라는 진나라에 저항하지 못하고 반드시 진나라로 들어가 신하가 될 것이며, 조나라가 진나라의 신하로 들어가게 되면 그 화(禍)가 연나라에까지 미치게 되오. 연나라는 약소하여 여러 차례 전쟁으로 시달려왔는데, 이제는 거국적으로 힘을 모아도 진나라를 당해내기에 부족하오. 각국의 제후들은 진나라에 복종하고, 감히 우리와 합세하여 따르려는 자가 없소. 나 개인의 어리석은 계책으로는, 만약 천하의 용사를 얻을 수 있다면 그를 진나라에 사신으로 보내 커다란 이익을 미끼로 내세우는 것이 좋다고 생각하오. 진나라 왕이 이익을 탐하게 되면, 그 형세로 보아 반드시 우리가 원하는 바를 얻을 것이오. 만일 진나라 왕을 위협하여 그로 하여금 제후들에게서 빼앗은 땅을 모두 돌려주게 한다면, 이는 조말(曹沫)이 제환공(齊桓公)에게 하였던 바와 같은 커다란 수확이 될 것이오. 그렇게 할 수 없다면, 그를 찔러 죽이는 방법밖에 없소. 진나라의 대장들은 나라밖에서 군사를 통솔하고 있는데 내부에 난(亂)이 발생하면 임금과 신하가 서로 의심을 하게 될 것이고, 그 틈에 제후들이 합세하여 대항한다면 반드시 진나라를 쳐부술 수 있을 것이오. 이것이 나의 가장 큰 소망이나, 이러한 사명을 맡길 만한 사람을 모르고 있으니, 오로지 형경(荊卿)만은 이 일에 대해서 유념해주시오."

---

27) 태원: 지금의 산서성 중부에 있던 군.

28) 운중: 지금의 내몽고자치구(內蒙古自治區) 동남부에 있던 군.

그러고 난 한참 후에, 형가가 말하였다. "이는 국가의 대사인데, 신은 어리석고 재주가 없으니 그러한 사명을 맡기에는 부족한 것 같습니다."

태자가 앞으로 가서 머리를 조아리며 사양하지 않기를 강력하게 요청한 후에야 형가는 허락하였다. 그리하여 형가를 높여 상경(上卿)으로 삼고, 상등관사(上舍)에 머물게 하였다. 태자는 날마다 문안하여, 태뢰구(太牢具)[29]의 음식을 접대하고 진기한 물건들을 주었으며, 또 수레, 말, 미녀 등을 바쳐 형가에게 모든 욕망을 충족하게 하여, 그의 환심을 사려고 하였다.

오랜 시간이 지나도록 형가는 아직 진나라로 떠날 뜻을 보이지 않았다. 진나라 장군 왕전이 조나라를 쳐부수어 조나라 왕을 사로잡고 그 영토를 모두 거두어들인 뒤, 북쪽으로 진격하여 땅을 빼앗으며 연나라 남쪽 경계까지 이르렀다. 태자 단이 두려워하며 바로 형가에게 청하여 말하였다. "진나라 군대가 조만간 역수(易水)를 건너오면, 내 비록 오래도록 선생을 모시고 싶지만 어찌 그럴 수 있겠소?"

형가가 말하였다. "태자의 말씀이 아니더라도 신이 뵙고 말씀드리려고 하였습니다. 지금 진나라로 가봐야 믿을 만한 증거가 없이는 진나라 왕을 가까이할 수가 없습니다. 저 번오기 장군은 진나라 왕이 황금천근과 만호의 식읍(食邑)을 내걸고 찾고 있습니다. 만약 번 장군의 목과 연나라 옥토인 독항(督亢)[30]의 지도를 얻어 진나라 왕에게 바친다

29) 태뢰구: 태뢰는 본래 소, 양, 돼지의 세 가지 희생(犧牲)을 갖춘 제수(祭需) 또는 요리를 말한다. 여기서는 풍성한 주연(酒宴)을 뜻한다.

30) 독항: 연나라 남쪽에 있는 비옥한 땅으로, 지금의 하북성 정흥(定興), 신성(新城), 고안현(固安縣) 일대.

면, 진나라 왕이 기뻐하며 반드시 신을 만날 것이며, 그리하여야 비로소 신이 태자께 은혜를 갚을 수 있을 것입니다."

그러자 태자는 말하였다. "번 장군은 곤궁에 처하여 나에게 와서 몸을 맡기었는데, 내가 개인적인 욕심으로 인하여 덕 있는 연장자의 마음을 상하게 하는 짓은 차마 못하겠으니, 선생께서는 다른 방도를 고려해보시지요!"

형가는 태자가 차마 번 장군의 목을 베지 못하게 할 것임을 알고, 마침내 개인적으로 번 장군을 만나서 말하였다. "진나라가 장군을 대우함은 참으로 잔인하다고 할 수 있겠습니다. 부모와 온 집안이 다 몰살되었고, 지금 듣기에 장군의 목에다 황금 천근과 만호의 식읍을 내걸었다고 하니, 장차 이를 어찌하시렵니까?"

그러자 번오기는 하늘을 우러러보며 길게 탄식하더니 눈물을 흘리며 말하였다. "내가 매번 그것을 생각하면 언제나 골수에 사무치도록 괴로우나, 어찌해야 할 바를 모를 따름이오!"

형가가 물었다. "지금 단 한마디로 연나라의 근심을 없애고 장군의 원수를 갚을 방법이 있다면, 어떻게 하시겠습니까?"

번오기는 형가에게 다가가서 되물었다. "어떻게 하는 것입니까?"

형가가 말하였다. "바라건대 장군의 목을 얻어 진나라 왕에게 바치고자 합니다. 그러면 진나라 왕은 반드시 기뻐하여 저를 만나볼 것이오니, 그때에 제가 왼손으로 그의 소매를 잡고 오른손으로 그의 가슴을 찌르겠습니다. 그렇게 되면 장군의 원수를 갚고 연나라가 당한 모욕도 씻을 수 있을 것입니다. 장군께서는 어떻게 생각하십니까?"

번오기가 한쪽 옷소매를 걷어붙여 어깨를 드러내고 손으로 팔을 움켜쥐며 다가서서 말하였다. "이는 내가 밤낮으로 이를 갈며 가슴 태우던 일이었으나, 이제 비로소 가르침을 받게 되었습니다!"

그러고 나서 스스로 목을 찔러 죽었다. 태자는 이 소식을 듣고 달려가서 시체에 엎드려 통곡하며 매우 슬퍼하였으나 이미 어쩔 수가 없었으며, 마침내 번오기의 목을 상자에 넣어 봉하였다.

당시 태자는 미리 천하에서 가장 예리한 비수를 구하려던 중 조(趙)나라 사람 서부인(徐夫人)[31]의 비수를 찾아내어, 황금 100근을 주고 그것을 사들여 공인(工人)을 시켜 칼날에 독약을 묻혀 사람을 찔러보니, 한 방울의 피만 흘려도 그 자리에서 죽지 않는 자가 없었다. 그래서 짐을 챙겨 형가를 진나라에 보내기로 하였다. 연나라에는 진무양(秦舞陽)이라는 용사가 있었는데, 그는 13세의 나이에 살인을 하였을 정도여서 사람들은 감히 그를 반감의 눈초리로 쳐다보지 못하였다. 그리하여 태자는 진무양을 형가의 조수로 삼았다. 형가에게는 기다려 함께 가려던 사람이 있었는데, 그 사람은 멀리 살았으므로 아직 오지 않았으며, 그동안 형가의 행장이 다 꾸려졌다. 얼마동안 형가가 출발하지 않자, 태자는 그가 시간을 끈다고 여기며 혹시 마음이 변해 후회하는 것이 아닌가 하고 의심하였다. 그래서 거듭 청하여 말하였다. "시간이 이미 다되었는데 형경께서는 무슨 다른 뜻이 있소? 청컨대 진무양을 먼저 보내게 해주시오."

형가는 노하여 태자를 질책하여 말하였다. "태자께서는 어찌 무양을 보낸다고 하십니까? 그놈은 한번 가면 돌아오지 못할 것입니다. 또한

31) 서부인: 성이 서(徐)이며 이름이 부인(夫人)인 사람으로, 여자가 아니라 남자이다.

비수 한 자루를 가지고 무슨 일이 벌어질 것인지 예측할 수 없는 포악한 진나라로 들어가는데, 제가 아직 머무르고 있는 까닭은 제 길벗을 기다려 함께 떠나고자 하였기 때문입니다. 지금 태자께서 더디다고 하시니, 그럼 하직하고 떠나겠습니다!"

그러고 나서 마침내 출발하였다.

태자와 이 일을 아는 빈객들이 모두 흰 의관(衣冠)[32]을 하고 그를 배웅하였다. 역수 강변에 이르러, 도조신(道祖神)에게 제사를 지내고, 형가는 길에 올랐다. 고점리가 축을 타고 형가가 화답하여 노래를 불렀는데, 변치(變徵)[33]의 소리를 내자 사람들이 모두 눈물을 흘리며 울었다. 그리고 앞으로 나아가며 노래를 불렀다. "바람소리 쓸쓸하고 역수는 차갑구나. 장사가 한번 가면 다시 돌아오지 못하리라."[34]

다시 우성(羽聲)[35]으로 노래하니 그 소리가 비분강개(悲憤慷慨)하여, 사람들이 모두 눈을 부릅떴고 머리카락은 관(冠)으로 치솟았다. 그리하여 형가는 수레를 타고 떠났는데, 끝내 뒤를 돌아보지 않고 가버렸다.

드디어 진나라에 도착한 형가는 천금이나 되는 예물을 갖고 가서 진나라 왕의 총신(寵臣)인 중서자(中庶子) 몽가(蒙嘉)에게 주었다. 몽가는 형가를 위해서 진나라 왕에게 먼저 말하였다. "연나라 왕이 진정

---

32) 흰 의관은 본래 상복(喪服)을 말한다. 태자 단은 형가가 진나라로 떠나면 돌아오기 어렵다는 사실을 알고 상복과 같은 차림으로 그를 전송하며 격려하였다.

33) 변치: 중국 고대 음률에 의하면 궁(宮), 상(商), 각(角), 변치(變徵), 치(徵), 우(羽), 변궁(變宮) 등 7성(聲)으로 나뉜다. 변치는 서양음악의 F조(調)에 해당하며, 그 소리가 처량하고 구슬픈 비가(悲歌)이다.

34) 風蕭蕭兮易水寒, 壯士一去不復還.

35) 우성: 중국 고대 음률의 7성(聲) 중에서 서양음악의 A조(調)에 해당하는 음계로, 그 소리가 높고 격앙(激昂)되며 강개(慷慨)하다.

대왕의 위엄을 두려워하여 감히 군사를 일으켜 우리 군대에 항거하지 못하고 거국적으로 진나라의 신하가 되기를 원하고 있으며, 각 제후국의 행렬에 동참해서 진나라의 군현(郡縣)처럼 공물과 세금을 바치어 선왕의 종묘(宗廟)[36]를 받들어 지킬 수 있기를 원하였습니다. 그러나 두렵고 떨려 감히 대왕께 직접 아뢰지 못하고, 삼가 번오기의 목을 베어 연나라 독항의 지도와 함께 바치려고 상자에 밀봉해 왔습니다. 연나라 왕이 궁정에서 증정 의식을 거행하고 사신을 보내어 대왕께 아뢰도록 하였으니, 대왕께서 그에게 명령을 내리소서."

진나라 왕이 이를 듣고 매우 기뻐하여 조복(朝服)을 갖추고 구빈(九賓)[37]의 예를 베풀어, 연나라 사신을 함양궁(咸陽宮)에서 만나기로 하였다. 형가는 번오기의 목이 든 상자를 받들고, 진무양은 독항의 지도가 든 궤(柙)를 받들고 차례로 나아갔다. 어전의 계단 밑에 이르러 진무양이 안색이 변하며 겁에 질려 벌벌 떨자, 여러 신하들이 괴이하게 여겼다. 형가가 진무양을 돌아보고 웃고는 앞으로 나아가 사과하였다. "북방 오랑캐 땅에 천하게 살던 사람인지라 여태껏 천자를 뵌 적이 없었으므로 떨며 두려워하는 것입니다. 바라건대 대왕께서는 이 사람의 무례를 용서하시고, 어전에서 사신의 임무를 마치게 해주소서."

그러자 진나라 왕이 형가에게 말하였다. "진무양이 가지고 있는 지도를 가져오너라."

형가가 지도를 꺼내어 진나라 왕에게 바치니 진나라 왕이 지도를

---

36) 종묘: 제왕(帝王)과 제후(諸侯)가 선조(先祖)에게 제사지내는 장소.

37) 구빈: 아홉 가지의 격식이 다른 예절, 빈객을 접대하는 아홉 사람, 지위가 서로 다른 아홉 명의 빈객 등 여러 가지 해석이 있다.

펼쳤고, 지도가 다 펼쳐지자 비수가 보였다. 그러자 형가는 왼손으로 진나라 왕의 옷소매를 붙잡고 오른손으로는 비수를 쥐고 진나라 왕을 찔렀다. 그러나 미처 비수가 몸에 닿지 못하였는데, 진나라 왕이 놀라서 몸을 당겨 일어서자 소매가 잘라졌다. 진나라 왕이 칼을 뽑으려고 하였으나 칼이 길어 뽑지 못하고 칼집만 잡았다. 너무나도 황급한 데에다 굳게 꽂혀 있었으므로 즉시에 뺄 수가 없었던 것이다. 형가가 진나라 왕을 뒤쫓자 진나라 왕은 기둥을 돌며 달아났다. 군신들이 모두 놀랐으나, 졸지에 일어난 일이라 어찌할 바를 몰랐다. 그리고 진나라 법에 의하면, 전상(殿上)에서 왕을 모시는 군신들은 한 자 한 치의 조그만 무기라도 몸에 지닐 수 없었으며, 여러 낭중(郎中)[38]들이 무기를 가지고 전하에 늘어서 있었으나 왕이 부르지 않고서는 전상으로 올라갈 수가 없었다. 너무도 다급하여 아래에 있는 병사들을 부를 사이가 없었으므로, 형가가 진나라 왕을 쫓아다닐 수 있었던 것이다. 그러자 대신들은 황급하였고, 무기를 가지고 있지 않았기에 맨손으로 모두 형가를 내리쳤다. 이때 시의(侍醫)[39] 하무저(夏無且)는 받쳐 들고 있던 약주머니를 형가에게 던졌다. 진나라 왕은 기둥을 돌며 달아나기만 할 뿐 황급하여 어떻게 해야 할지를 몰랐다. 좌우에 있던 신하들이 진나라 왕에게 말하였다. "폐하께서는 칼을 등에 지십시오!"

진나라 왕이 칼을 등에 지고 마침내 칼을 뽑아 형가를 쳐서, 그의 왼쪽 다리를 잘랐다. 형가는 쓰러진 채 비수를 당기어 진나라 왕에게

38) 낭중: 낭중령(郎中令)에 속하는 진나라의 관직 이름으로, 황제를 가까이서 시중하는 일을 맡는 관직.

39) 시의: 황제 측근에서 시중을 드는 의관(醫官).

던졌으나, 적중을 시키지 못하고 오동나무 기둥에 맞혔다. 그러자 진나라 왕은 다시 형가를 쳐서 여덟 군데나 상처를 입혔다. 형가는 스스로 일이 실패하였음을 알고 기둥에 기대어 웃으며, 양쪽 다리를 벌리고 앉아 꾸짖으며 말하였다. "일이 실패한 까닭은 진나라 왕을 사로잡아 협박하여 반드시 약속을 받아냄으로써 태자에게 보답하고자 하였기 때문이다."

이때 좌우의 신하들이 몰려가서 형가를 죽였다. 진나라 왕은 오래도록 불쾌해하였다. 그런 후에 공을 논하고 여러 신하들에게 상벌을 내리면서 각기 차등을 두었는데, 하무저에게는 황금 200일을 주며 말하였다. "무저가 나를 사랑하여, 약주머니를 형가에게 던졌다."

이로써 진나라 왕은 크게 노하여 더 많은 군사를 동원해서 조나라로 보내고, 왕전의 군대에 조서(詔書)를 내려 연나라를 치게 하였다. 열 달 만에 계성(薊城)[40]이 함락되니, 연나라 왕 희(喜), 태자 단 등은 모두 정예 병사를 이끌고 동쪽으로 달아나 요동(遼東)[41]을 지켰다. 진나라 장군 이신(李信)이 급히 연나라 왕을 추격하자, 대왕(代王) 가(嘉)[42]는 연나라 왕 희에게 곧 서신을 보내었다. "진나라가 특별히 연나라 왕을 추격하는 까닭은 태자 단 때문입니다. 지금 폐하께서 단을 죽여 진나라 왕에게 바친다면, 진나라 왕은 반드시 노여움을 풀고 용서할 것입니다. 그렇게 되면 연나라의 사직(社稷)은 보존되어 다행히 계속 제사를 받들

40) 계성: 연나라의 도성.

41) 요동: 지금의 요녕성 동남부에 있었던 군.

42) 대왕 가: 조가(趙嘉). 조나라 왕이 포로가 된 후, 조나라 대부들은 조가를 옹립하여 왕을 대신하게 하였다.

게 될 것입니다."

그 후에도 이신이 단을 추격하자, 단은 연수(衍水)[43] 가운데 있는 섬에 몸을 숨기었고, 연나라 왕은 사자를 보내 단의 목을 베어 진나라에 바치고자 하였다. 진나라는 다시 파병하여 연나라를 쳤다. 5년 후, 진나라는 마침내 연나라를 멸망시키고 연나라 왕 희를 사로잡았다.

그 이듬해에 진나라는 천하를 통일하자, 칭호를 황제(皇帝)라고 하였다. 그리고 태자 단과 형가가 거느리던 객들을 추격하였으나 그들은 모두 달아나 버렸다. 고점리는 성명을 바꾸고 남의 머슴이 되어 송자(宋子)[44]라는 곳에 숨어서 일하였다. 그는 오랜 동안을 괴롭게 지냈는데, 주인 집 마루 위에서 객이 축을 타는 소리를 들으면 주변을 방황하며 떠나지를 못하였다. 그는 매번 말하였다. "저 사람은 어떤 점은 좋은데, 어떤 점은 좋지 않군."

하인이 그 주인에게 말하였다. "저 머슴은 소리를 들을 줄 아는지, 남 몰래 잘하느니 잘못하느니 말합니다."

그러자 집 주인이 고점리를 불러 자기 앞에서 축을 타게 하였는데, 그 자리에 있던 사람들이 모두 잘한다고 칭찬하며 술을 주었다. 그러자 고점리는 오랫동안 이렇게 숨어서 두려움과 가난함 속에 살아보아야 끝이 없겠다고 생각하고, 자리에서 물러나 궤짝에서 축과 좋은 옷을 꺼내어 차림새를 바꾸고 다시 나타났다. 자리에 앉았던 객들이 모두 놀라서 자리에서 내려와 서로 대등한 예를 나누고, 그를 상객(上客)

---

43) 연수: 지금의 요녕성 요양시(遼陽市)에 있던 하천으로, 속칭 태자하(太子河)라고도 한다.

44) 송자: 지금의 하북성에 있었던 읍.

으로 모셨다. 그가 다시 축을 타며 노래를 불렀는데, 눈물을 흘리며 돌아가지 않은 객이 아무도 없었다. 송자 고을에서는 그를 돌아가며 손님으로 삼았고, 그 소문이 진시황(秦始皇)에게까지 들리게 되었다. 진시황이 그를 불러 만나보자, 어떤 사람이 그를 알아보고 말하였다. "이 사람이 고점리입니다."

진시황은 축을 잘 타는 그의 솜씨를 아깝게 여겨, 죽을죄를 용서하되 그의 눈을 멀게 만들어 축을 타게 하였는데, 연주할 때마다 칭찬하지 않는 적이 없었다. 진시황이 나날이 그를 가까이하자, 고점리는 납덩어리를 축 속에 감추어두고, 다시 진시황 곁에 가까이 갔을 때 축을 들어 진시황을 내리쳤으나 맞지 않았다. 진시황은 결국 고점리를 죽이고 평생 동안 제후국의 사람들을 가까이하지 않았다.

노구천은 형가가 진나라 왕을 찔러 죽이려 하였다는 소문을 듣고, 혼자 말하였다. "아, 아깝게도 그는 칼로 찌르는 기술이 부족하였구나! 내가 이전에 그를 너무 몰랐었구나! 당초 내가 그를 꾸짖었을 때, 그는 나를 사람으로 보지 않았을 것이야!"

태사공(太史公)은 말한다.

"형가(荊軻)에 관한 세간의 이야기 가운데 태자 단(丹)의 운명에 대해서 '하늘에서 곡식이 내리고, 말의 머리에 뿔이 돋아났다'라고 하는 말이 있는데, 이는 너무도 과장된 것이다. 또한 형가가 진나라 왕을 찔러 상처 입혔다고 하는 것도 모두 사실이 아니다. 당시 공손계공(公孫季功)과 동중서(董仲舒)는 하무저(夏無且)와 교유하였으므로 이 사건을 자세히 알고 있었는데, 그들이 나에게 말한 바는 위에서 서술한 바와 같다. 조말(曹沫)부터 형가에 이르기까지 다섯 사람의 자객들은, 그 의협심이 혹자는 성공하기도 하였고 혹자는 실패하기도 하였지만, 그들이 세운 뜻은 매우 분명하였고, 자신들의 뜻을 욕되게 하지 않았으니, 그들의 이름이 후세에 전해지는 것이 어찌 망령되겠는가!"

□해설

사마천司馬遷과 『사기史記』에 관하여

1. 사마천의 생애

『사기(史記)』는 지금으로부터 약 2,100년 전 중국의 고대 왕조인 전한(前漢) 무제(武帝) 시기에 태사령(太史令) 사마천(司馬遷)에 의해서 저술된 중국 최초의 기전체(紀傳體) 통사(通史)이다. 또한 청대(淸代)에 와서 중국의 정사(正史)로 정해진 24사(二十四史)의 첫 번째 사서(史書)이기도 하다. 그러므로 이 책은 중국 역사 서술의 시작이라 해도 과언이 아니다. 수많은 후대 사람들이 『사기』에 대해 논하였으며, 지금까지도 중국의 고대 역사와 문화를 이해하기 위해서는 중요한 필독서로 여겨지고 있다.

『사기』의 저자인 사마천의 생애를 조명하기 위해서 가장 먼저 참고해야 할 자료는 『사기』 권130 「태사공자서(太史公自序)」이다. 사마천은 「태사공자서」를 통해서 자신의 생애와 생애 속에서 추구해 온 많은 신념, 『사기』의 저술 동기와 목적 등을 비교적 상세하게 서술하고 있다. 사마천은 「태사공자서」의 첫 부분부터 자신의 가계(家系)의 역사성에 대해서 서술하고 있다. 그의 선조 사마씨(司馬氏)는 대대로 주(周)나라의 역사 기록을 담당한 태사(太史)였다. 사마천은 가계에 대한 서술 후에 자신의 부친 사마담(司馬談)의 전기에 대해서 언급하고 있다. 당시 역사를 기록하는 관직이었던 태사령(太史令)은 그다지 높은 벼슬이 아니었으나 사마천은 자신의 직분과 가계의 뿌리에 대해서 대단한 자긍심을 가지고 있었다. 그는 자신이 하늘과 인간의 관계를 구명하고 고금의 변화를 관통하는 원리를 밝혀 스스로 독자적인 입론의 체계를 이루어 당대의 역사를 후세에 올바로 전하겠다는 사명감으로 충만해 있었다.

사마천의 자(字)는 자장(子長)이며, 하양현(夏陽縣) 즉 지금의 섬서성(陝西省) 한성시(韓城市) 남쪽 교외에서 태어났다. 그가 태어난 곳은 근처에 황하(黃河)의 나루터로 유명한 용문(龍門)이 있어 등용문(登龍門)의 고사가 생겨난 곳이기도 하다. 이 나루터 가까이에 용문산(龍門山)이 있고 그 남쪽 구릉에서 유년 시절을 보냈는데, 부친을 따라 농사를 짓고 목축을 하며 살았다. 사마천은 역사가임에도 불구하고 자신에 대해서는 기록을 남기지 않았다. 그의 생졸(生卒) 연대는 「태사공자서」와 『한서(漢書)』의 「사마천전」에도 보이지 않으므로 정확하게 알 수가 없다. 다만 「태사공자서」에 "태사공이 된 지 5년은 태초(太初) 원년(기원전 104년)에 해당한다"라고 하였고, 당대(唐代) 장수절(張守節)의 『사기정의(史記正義)』에는 "이때 사마천의 나이 42세라고 생각된다"라고 하였으므로, 이로써 미루어 계산하면 사마천이 전한(前漢) 경제(景帝) 중원(中元) 5년(기원전 145년)에 태어났음을 알 수 있다. 그의 사후에 나온 여러 문헌에 의하여 출생 시기를 추측한 결과, 기원전 153년, 145년, 135년에 태어났다는 여러 설이 분분하나, 기원전 145년이 학계에서 정설로 인정받고 있다.

선조가 태사(太史)였다는 사실에 큰 자부심을 가졌던 부친 사마담은 마침내 한무제 때 태사령에 임명되었다. 사마담은 당도(唐都)에게서 천문학(天文學)을 배웠고, 양하(楊何)에게서 『역(易)』을 전수받았으며, 황생(黃生)에게서 도가(道家)의 이론을 익혔는데, 사마천은 이러한 부친의 학문을 모두 계승하였다. 사마천은 10세 때 이미 고문으로 된 경서를 암송할 수 있었고, 『좌전(左傳)』, 『국어(國語)』 등과 같은 역사 문헌을 읽을 수 있었다. 수도 장안(長安)으로 이주한 사마천은 공자의 후손인 공안국(孔安國)을 스승으로 하여 『고문상서(古文尙書)』를 배웠고, 당시 금문(今文)의 대가인 동중서(董仲舒)로부터 『춘추공양전(春秋公羊傳)』을 배울 기회를 가졌으며, 그 외 여러 학자들한테도 두루 학문을 배웠다. 20세가 되던 해 사마천은 2년간 천하 각지를 유력(遊歷)하는 기행에 나섰는데, 그가 천하 구석구석에 이르지 않는 곳이 없었다. 이 기행은 부친의 강력한 후원에 의해 이루어졌던 것으로 보이며, 역사 유적을 탐방하여 잊혀진 사람들을 찾고 사람들을 만나 인정이나 풍속을 이해하는데 여정을 보냈는데, 이 장대한 역정(歷程)은 후일 『사기』를 저술하는데 큰 도움을 주었다.

사마천은 「태사공자서」에서 자신의 여행 과정을 “20세에 남쪽으로 장강(長江)과 회하(淮河)를 두루 다녔고, 회계산(會稽山)에 올라 우혈(禹穴)을 탐방하고 구의산(九疑山)을 살펴보고, 원(沅)과 상(湘) 두 강에서 배를 탔다. 북쪽으로 문수(汶水), 사수(泗水)를 건너가서 제(齊)나라와 노

(魯)나라의 수도에서는 학술을 강론하고, 공자(孔子)의 유풍(遺風)을 관찰하였으며, 추(鄒)와 역(嶧)에서는 향사(鄕射)를 참관하였다. 파(鄱), 설(薛), 팽성(彭城) 등에서는 한동안 곤란과 재액을 겪다가 양(梁)과 초(楚)를 거쳐 돌아왔다"라고 기록하고 있다. 그 후에 회음(淮陰)을 답사하여 「회음후열전(淮陰侯列傳)」을 지었고, 설현(薛縣)에서 자료를 채집하여 「맹상군열전(孟嘗君列傳)」을 썼으며, 주요 인물들의 옛집을 직접 방문하여 많은 일화를 들을 수가 있었기에 「번역등관열전(樊酈滕灌列傳)」을 기록할 수 있었다.

장안으로 돌아온 지 얼마 뒤에 사마천은 낭중(郎中)에 임명되어 출사길을 나서게 된다. 이 무렵 같은 직위의 동료인 이릉(李陵)을 만나게 되는데, 이 사람이 뒤에 사마천의 운명에 커다란 영향을 미치게 된다. 30세 무렵에 사마천은 황제를 수행하여 산천에 제사하고 전국 각지를 유람할 수 있는 기회를 또 한번 갖게 된다. 이 기행으로 사마천은 무제가 실시한 대외정책의 실상을 현장에서 확인할 수 있었고, 그때 둘러본 각 지방에 대한 견문은 뒷날 「화식열전(貨殖列傳)」을 쓸 때 크게 도움이 되었다. 사마천은 부친이 죽을 때까지 중국의 거의 전 지역을 기행하며 견문할 수 있었다.

기원전 110년, 한무제는 안정 기반을 구축한 후 동쪽으로 순시하여 태산(泰山)에서 봉선(封禪) 대제를 행한 다음 연호를 원봉(元封)이라고 고쳤다. 당시 태사령이었던 사마담은 주남(周南)에 있었기 때문에 봉선 대제에 참여하지 못하고 이로 말미암아 병이 생겨 죽게 되었다. 사마천은 봉선 대제를 위해 지방으로 가던 중 부친이 위독하다는 전갈을 받고 낙양으로 되돌아왔다. 사마담은 한무제에게 인정받지 못하고 울분 속에서 죽는다. 그는 이미 일찍이 역사를 기술할 준비와 계획을 갖추고 있었으나 완성하지 못하고, 사마천에게 태사령이 되어 그것을 계승하라는 유언을 남기고 죽는다. 사마담은 자신이 태사령으로서 완수하고자 했던 『사기』의 저술을 자기를 대신해 끝마치도록 아들에게 간곡히 부탁하였던 것이다.

무제 원봉 3년(기원전 108년), 사마천은 37세가 되던 해에 부친의 직을 이어 태사령이 되었다. 사마천은 태사령이 된 후에, 한무제의 명으로 태초력(太初曆)을 편수할 때에는 역법(曆法) 개정의 발의로부터 신력(新曆) 반포에 이르기까지 모두 그가 주관하였으며, 그 경위는 『한서』의 「율력지(律曆志)」에 자세히 기록되어 있다. 사마천은 이 역법 개정을 계기로 본격적인 『사기』 저술에 착수하였고, 이 작업은 천한(天漢) 2년(기원전 99년) '이릉(李陵) 사건'이 일어날 때까지 6년간 계속되었다. 그는 태사령이라는 지위를 이용하여 여러 자료들을 수집하고 많은 사료들을 읽었다. 『사기』의 저술은 기원전 104년, 사마천의 나이 42세 때 시작되었다. 그러던 중 '이릉 사건'이라는 뜻하지 않은 불운을 만나 죽음에 직면하게 된다. 흉노(匈奴) 토벌에 나섰던 이릉이 겨우 5천 명의 보병으로 기마부대를 주력으로 하는 8만 명의 흉노군과 싸워 중과부적으로 대패하고, 이릉 자신도 적의 화살을 맞고 실신하여 포로가 되고 말았다. 이에 무제는 그가 흉노에게 투항했다고 해서 크게 노하고 조정에서 처벌하도록 했다. 이때 신하들이 모두 자신에게 화가 미칠까 두려워 아무 말도 못했는데, 사마천은 감히 당당하게 이릉을 변호하고 나섰다. 『사기』가 채 완성되기 전에 이릉을 구하려는 상소로 말미암아 무제의 미움을 사게 되었고, 그는 황제를 무고했다는 죄명으로 47세의 나이에 사형을 선고받았다. 사마천이 당시 사형을 면할 수 있는 길은 오십만 냥의 배상금을 내어 감형을 받거나 치욕을 감수하고 궁형(宮刑)을 당하는 길밖에 없었다. 사마천은 많은 배상금을 낼 처지가 아니었기에 궁형을 당해 구차하게 목숨을 이어가든지 아니면 죽음을 당하든지 둘 중에서 하나를 선택해야만 했다. 죽음과 삶의 기로에서 사마천은 부친의 유언을 지켜『사기』를 완성하기 위해 궁형을 자청하여 환관이 되었다. 부형(腐刑)이라 불리는 궁형은 사람이 당하는 모욕 가운데 가장 심한 형벌이었다. 궁형을 받은 후 3년 째 되던 해에 연호가 태시(太始)로 바뀌고 대사면(大赦免)이 단행되어 옥중에서 석방된 사마천은 중서령(中書令)에 임명되었고『사기』의 집필을 계속할 수 있었다.

사마천은 궁형의 치욕을 견디며『사기』를 완성하여 후세 사람들에게 전할 수 있다면 그 치욕을 보상받을 수 있다는 확고한 일념으로 발분(發憤)하여『사기』를 완성시킬 수 있었던 것이다. 사마천은『사기』가 거의 완성될 무렵인 기원전 91년, 그의 나이 55세에 친구인 임안(任安)이 옥에 갇혔다는 소식을 듣고 착잡한 심정으로 서한「보임소경서(報任少卿書)」를 보내 지난날 자신이 옥에 갇히고『사기』를 저술하는데 혼신의 힘을 쏟은 심경을 고백하였는데, 편지 중의 일부 내용이 한무제의 심기를 건드려 기원전 90년, 그의 나이 56세 때 처형당했다고 한다. 그러나 그가 실제 처형당했는지, 언제 죽었는지는 기록이 없어 확실하지 않다.『사기』완성 후 몇 년 더 살다가 딸을 출가시키고 나서 60세에 자살했다는 설도 있으나 이 또한 근거가 확실하지 않다.

사마천의 생애는 인간적인 면에서 별로 행복한 일생을 보낸 것은 아니었다. 그러나 그는 한 시대의 지식인으로서 죽음을 무릅쓰고 자신이 옳다고 생각하는 일에 대해서 당당히 의견을 내세웠으며, 자신의 어려운 현실과 울분 및 하늘에 대한 의구심을 역사 서술을 통해서 해결하였다. 사마천은 단지 현실 속에서의 굴욕에 패배하지 않고 자신의 역사 서술이 미래에 분명 긍정적으로 평가받을 것을 확신하고 자신의 목표를 실천하였다. 그 결과 궁형이라는 신체적, 정신적 고통을 완전히 극복하고 중국 최초의 정사인 『사기』를 저술한 위대한 역사가로 청사(靑史)에 길이 빛나게 되었다.

2. 『사기』의 편찬과 완성

『사기』는 「본기(本紀)」 12권, 「표(表)」 10권, 「서(書)」 8권, 「세가(世家)」 30권, 「열전(列傳)」 70권의 다섯 부분으로 구성된 총 130권(52만 6천여 자)에 달하는 방대한 저작이다. 저자인 사마천 자신은 『태사공서(太史公書)』라고 명명했는데, 이는 '태사령(太史令) 사마천의 저서'라는 뜻이다. 『사기』라는 서명은 사마천이 지은 책의 원명이 아니며, 자신이 붙인 서명도 아니다. 『한서(漢書)』 「예문지(藝文志)」에 보면 유흠(劉歆)의 『칠략(七略)』을 언급하면서 '태사공 130편'이라고 칭하고 있다. 또 『한서』의 「선원육왕전(宣元六王傳)」에는 『태사공서』라고 부르고 있고, 반표(班彪)의 『약론(略論)』과 왕충(王充)의 『논형(論衡)』에도 그와 같이 불렀다. 이로써 양한(兩漢) 시대에는 아직 이 책을 『사기』라고 부른 일이 없음을 알 수 있다. 당시에는 『태사공서』 또는 『태사공기(太史公記)』라고 불리다 사마천이 죽은 후, 진수(陳壽)가 편찬한 『삼국지(三國志)』 「위지(魏志)」의 「왕숙전(王肅傳)」에서 처음 『사기』라는 명칭을 썼으며, 『수서(隋書)』 「경적지(經籍志)」에서부터 비로소 정식으로 사마천의 『태사공서』를 가리켜 『사기』라는 명칭을 사용하게 되었다.

사마천이 역사를 창작하여 기록하지 않은 이상 기존의 사료에 근거하여 『사기』를 저술한 것은 틀림없는 사실인데, 그가 어떠한 역사 자료에 의거하여 『사기』를 저술하였는지 살펴보면 대략 다음과 같다. 먼저 반표의 『약론』에 의하면, 사마천은 『좌전(左傳)』, 『국어(國語)』, 『세본(世本)』, 『전국책(戰國策)』, 『초한춘추(楚漢春秋)』 등에 의거하여 『사기』를 저술하였다고 하였다. 또한 『사기』의 내용 중에서 저자 스스로 밝힌 바에 의하면, 사마천이 채용한 주요 자료는 '육예(六藝)', 진사기(秦史記), 세계(世系)와 시호(諡號)를 적은 첩기(牒記), 당시에 현존한 제자(諸子)의 저작, 공령(功令)과 관서(官書), 방사(方士)의 술서(術書) 등인데, 진시황의 분서(焚書) 이후에 제후들의 기록과 보유 사료인 사기(史記)가 소멸된 것은 사마천에게 최대의 안타까움이었을 것이다. 사마천이 사료를 실지 답사와 방문 채록에 많이 의존한 것은 그 광범한 유력(遊歷)에 의한 여행 기록에서 찾아볼 수 있다. 이 모든 여행 기록은 사마천의 『사기』가 기존 서적 이외에서 역사 자료를 많이 취한 증거로 남아 있다.

『사기』 이전의 역사서는 편찬 방식이 시대별, 연월을 따라 사적을 기록한 편년체(編年體)였다. 공자가 저술한 『춘추』, 좌구명(左丘明)이 지은 것으로 전해지는 국별사(國別史) 『국어』도 편년체로 쓰였다. 『사기』는 이러한 편년체의 서술 방식에다 개인의 전기를 더 첨가하여 역사의 사실을 보충했다. 이러한 새로운 역사 서술 방식은 '본기'와 '열전'에서 명칭을 따서 '기전체(紀傳體)'라고 불리게 되었다. 기전체란 제왕의 즉위 연대에 따라 기록하는 단순한 역사 편찬 방식이 아니라, 통치자를 중심으로 하여 여기에 속한 신하들의 전기, 제도, 문물 등을 분류하고 서술하여 왕조 전체의 체제를 이해하기에 편한 역사 서술로서, 역사적 사실뿐만 아니라 역사적 시각의 다양성까지 표현할 수 있어 생동감 있는 역사를 재현할 수 있는 커다란 장점을 가지고 있다. 즉 중국인의 시공에서 전개된 역사 인물의 여러 활동 및 그 결과를 총망라할 수 있기 때문에 『사기』의 이러한 역사 서술 방식은 이후 중국 역대 왕조사의 편찬에 채용되었으며, 이로써 『사기』는 후대 정사(正史)의 모범이 되었다.

『사기』는 단순히 역사적 사실을 있는 그대로만 기록하는 것 자체가 목적인 사서는 아니었다. 역사를 위해서 역사를 기록한다는 것은 다만 근대 역사가의 새로운 관념일 뿐이며, 고대의 역사가가 역사를 기록하는 것은 대개 따로 어떤 목적을 가지고 역사적 사실을 빌려서 그 목적을 주장하기 위한 수단으로 삼았던 것이다. 공자가 편찬한 『춘추』는 표면상으로는 2백년에 걸친 단순한 역사적 사실의 기록인 것처럼 보이나 실상 그 속에는 헤아릴 수 없는 '심오한 사상과 위대한 도리(微言大義)'가 담겨져 있다. 그러므로 후세 학자들은 『춘추』를 단순한 사서(史書)로 여기지 않고 경서(經書)로 간주하여 '오경(五經)'에 편입하였다. 사마천이 부자에 걸쳐 태사령이라는 사관 직책을 맡았기 때문에 가문의 전통인 사관의 소명 의식에 따라 『춘추』를 계승하고 부친의 유업으로 사서를 써야 하는 단순한 직업적 의식 외에도, 새로운 사서 편찬의 역사적 필연성에 대한 자각적 사명 의식의 계승이라는 외면적 요인도 있었을 것이다. 아울러 '이릉 사건' 이후 사마천의 개인적인 비극이 『사기』 저술 동기에 중요한 계기가 되었던 것이다.

사마천이 중국 최초의 체계적인 사서를 편찬한 목적은 "하늘과 인간의 관계를 구명하고 고금의 변화를 관통하는 원리를 밝혀 스스로 독자적인 이론과 체계를 이루려는 것(究天人之際, 通古今之變, 成一家之言)"이라고 「보임소경서(報任少卿書)」에서 분명히 밝히고 있다. 이러한 저술 목적은 『사기』의 전체적 구성과 서술에 그 입장이 잘 견지되어 나타나 있다. 그러나 사마천은 하늘과 인간의 상호 대응 관계에서 전개되는 인간의 역사를 냉엄하게 통찰한 결과 하늘에서 해방된 인간 중심의 역사를 발견하였다. 그러므로 그는 '본기'와 '세가'보다는 '열전'에 가장 많은 비중을 두었고, 신비하고 괴이한 신화와 전설의 부류에 속하는 자료는 모두 배제하고 주로 유가 경전을 기준으로 합리적으로 믿을 수 있다고 판단된 자료만 채용하여 기록하였다. 이로써 본다면 『사기』 저술의 최대 목적은 사마천 스스로 독자적인 이론과 체계를 이루려는 것에 있었기에, 그는 역사에 대한 이성적 통찰과 감성적인 이해를 통하여 자신의 '일가지언(一家之言)'을 이루기 위해 최선을 다하였다.

『사기』의 완성 시기가 언제인지, 『사기』의 내용 전부가 사마천의 손에 의해 완성된 책이었던가 하는 문제는 학술적으로 중요한 문제이나 이 책에서 상세히 다룰 수 있는 성질은 아니라고 본다. 「태사공자서」를 보면 『사기』 130편이 전적으로 사마천의 손에 의해 완성된 것처럼 되어 있다. 그러나 고금 학자들의 고증에 의하면, 현존하는 『사기』는 처음 사마천이 쓴 그대로가 아니고 후대 사람이 가필하거나 변조한 부분이 있다고 본다. 동한(東漢)의 반고(班固)는 "『사기』 중 10편은 목록만 있고 실제로 책은 전하지 않는다"(『한서』「사마천전」)라고 하였는데, 당시 반고가 볼 수 없었다면 후대 사람들 또한 볼 수 없었기에 이 10편은 전적으로 위작(僞作)이라고 간주할 수 있다. 특히 「무제본기(武帝本紀)」, 「삼왕세가(三王世家)」, 「귀책열전(龜策列傳)」, 「일자열전(日者列傳)」은 전한(前漢) 말기에 저소손(褚少孫)이 보충한 것이 분명하며, 그밖에도 사마천 이후에 첨가된 부분이 더러 있다고 본다. 또한 『사기』의 내용 중에 후대 사람의 변조가 있었다는 것은 원본이 없는데 후인이 보충하여 기록한 것, 후인이 속편으로 쓴 것, 후인이 고의로 변조한 것 등 대체로 세 가지가 있다. 『사기』 전체의 분량이 방대한데다가 전사(傳寫)가 어려운 시대에는 책이 산실(散失)되기 쉬웠기에 이러한 가필이나 변조가 충분히 가능했을 것이라 추정할 수 있다. 이밖에도 『사기』 기사의 최종 연한에 관해서 태초(太初) 연간(기원전 104-100년)이라는 설, 천한(天漢) 연간(기원전 100-97)이라는 설, 무제 말년이라는 설 등 많은 이설이 있으나, 태초, 천한 연간의 일들은 사마천이 직접 볼 수 있었던 일이기에 가능성이 크다는 점 이외엔 여기서 더 이상 상세하게 소개하지 않겠다.

『사기』는 『태사공서』 이래로 셀 수 없이 많은 판본들이 세상에 나왔다. 남북조(南北朝)에 이르러 이미 "이 책을 조사 비교해 보면 문구가 서로 다르고 분량의 많고 적음이 서로 달라 어떤 것이 진짜인지 구별할 수가 없다. 그래서 세간의 혹자들은 저것을 정하거나 이것을 따른다면서 시비가 서로 뒤엉키고 진위가 뒤섞여 어수선하다"(裴駰 『史記集解序』)라고 한 것을 보면, 그때에 벌써 『사기』는 서로 다른 초본(抄本)이 있어서 진위(眞僞)를 분간하기 어려울 정도였다. 그래서 당시 서광

(徐廣)은 여러 초본들을 비교 검토하여 『사기음의(音義)』 13권을 지었는데, 이것은 여러 초본의 서로 다른 점들을 찾아내고 훈해(訓解)를 붙임으로써 『사기』의 첫 번째의 주본(注本)이 되었지만 지금은 전하지 않는다. 그 후 남조(南朝) 송(宋)의 배인(裴駰)은 서광의 『사기음의』를 확대시켜 『사기집해(史記集解)』 80권을 지었고, 남조 제(齊)의 추탄생(鄒誕生)은 『사기음의』 3권, 수(隋)의 허자유(許子儒)는 『사기주의(史記注義)』 130권, 유고언(柳顧言)은 『사기음의』 30권, 당(唐)의 유백장(劉伯莊)은 『사기음의』 20권, 사마정(司馬貞)은 『사기색은(史記索隱)』 30권, 장수절(張守節)은 『사기정의(史記正義)』 30권을 각각 지었다. 송대(宋代)에 와서 『사기』는 비로소 각인본(刻印本)이 나오게 되는데, 최초로 북송(北宋)의 태종(太宗) 순화(淳化) 연간에 『사기집해』가 간행되었다. 이 판본은 정문(正文)과 주석을 처음으로 한데 모은 것인데, 지금은 그것의 몇 권만이 북경도서관(北京圖書館)에 남아 있을 뿐이다. 그 후 북송 경우(景祐) 연간, 남송(南宋) 소흥(紹興) 연간, 명(明) 홍치(弘治) 연간에 각각 중간(重刊)한 것이 있어, 이것은 오늘날 남아 있는 가장 오래된 진기한 『사기』 각본(刻本)으로 일컬어진다. 남송 시기에 간행된 『사기』는 현존하는 판본만도 20종류에 가깝고, 원대(元代)에 간행된 『사기』는 현존하는 것만도 10종류나 되며, 명(明) 청대(淸代)에 오면 그 수는 엄청나게 불어나게 된다. 청대 전태길(錢泰吉)은 일찍이 명대 능치융(淩稚隆)의 『사기평림(史記評林)』을 취하여 도광(道光) 연중에 세 차례에 걸쳐 상세히 교감(校勘)하였고, 또 원대 초기의 『사기』 중통본(中統本)을 위시하여 명 청대의 수많은 『사기』 판본을 교감함으로써 『사기』 판본에 대하여 큰 공적을 쌓았다. 그 후 청대 장문호(張文虎)는 이 전태길의 교본(校

本)과 자기 스스로 목도한 여러 판본을 근거로 고증과 교감을 철저히 하여 마침내 동치(同治) 9년 금릉서국(金陵書局)에서 『사기』를 간행하였는데, 이것이 바로 '금릉서국간본(金陵書局刊本)'이다. 1959년, 북경 중화서국(北京中華書局)은 이 '금릉서국간본'을 저본(底本)으로 하여 표점본(標點本) 『사기』를 간행하였는데, 이것이 오늘날 통행되고 있는 『사기』의 대표적 원서이다.

3. 『사기』의 구성과 내용

『사기』는 「본기(本紀)」 12권, 「표(表)」 10권, 「서(書)」 8권, 「세가(世家)」 30권, 「열전(列傳)」 70권 등 다섯 부분 130권으로 되어 있는데, 사마천은 「태사공자서(太史公自序)」에 이 130권(편)의 주제를 간단히 기술하고 제목을 달았다.

(1) 「본기」는 오제(五帝)로부터 한무제(漢武帝)에 이르기까지의 대략 2,400년간의 역사를 움직인 제왕의 정치와 행적을 연대순으로 기록한 것이다.

(2) 「표」는 각 시대에 대한 역사를 도표화한 것이며, 주로 「본기」와 「세가」에 나오는 제왕과 제후들의 흥망의 역사적 사실을 일람하기 위한 연표(年表)이다. 사마천의 과학적인 사고와 정통을 중시하는 노력의 흔적이 잘 나타나 있으며, 「본기」와 「세가」의 역사 내용을 이해하는 데 큰 도움이 된다.

(3) 「서」는 일종의 문화사나 제도사의 성격을 갖는 것으로 역법(曆

法), 천문(天文), 법제(法制), 경제(經濟), 예법(禮法), 음악(音樂), 치수(治水)에 이르기까지 여러 문물제도의 연혁과 변천 및 실제적인 운용을 기록한 분류사(分類史)이다. 이 「서」는 후대의 정사(正史)인 반고(班固)의 『한서(漢書)』부터 「지(志)」라는 명칭으로 계승된다.

(4) 「세가」는 제왕 아래서 열국(列國)의 통치를 위임받은 제후(諸侯)들의 가문의 계보와 사적, 흥성과 몰락의 과정을 나라별로 기술한 열국사(列國史)를 겸한 개인 전기이다. 「세가」에는 「오세가(吳世家)」부터 진(晉), 초(楚), 제(齊), 연(燕), 조(趙), 위(魏)나라와 같은 춘추전국시대의 강국은 물론, 송(宋), 진(陳), 정(鄭)나라와 같은 약소국 및 외척(外戚)들의 세가도 있고 「소상국세가(蕭相國世家)」와 같은 한대(漢代) 공신들의 세가도 포함되어 있다. 특히 공자(孔子)와 진섭(陳涉)은 결코 제후에 오른 사람이 아님에도 불구하고 세가에 넣어 기록하였다. 공자는 후세에 제왕(諸王)들의 존경을 받는다는 점에서 제후의 위치와 다를 바가 없다고 간주하여 세가에 포함시켰고, 진섭은 진(秦)나라에 반기를 들고 타도에 실패하였지만 진섭이 봉한 제후들과 장상(將相)들이 결국 진을 몰락시켰다는 점에서 세가에 포함시켰다. 그밖에도 한고조(漢高祖) 유방(劉邦)의 개국공신인 조참(趙參) 장군과 그 후손을 다룬 「조상국세가(曹相國世家)」, 장량(張良)을 다룬 「유후세가(留侯世家)」, 한나라 외교에 커다란 공을 세운 진평(陳平)을 다룬 「진승상세가(陳丞相世家)」는 각각 제후가 아니지만 한나라 통일과 안정을 위해 공을 세운 개국공신이었기에, 사마천의 개인적인 역사인식에 입각하여 세가에 포함시킴으로써 그들을 제후의 반열에 올려놓았다.

(5) 「열전」은 『사기』 중에서 가장 많은 부분을 차지하고 있으며, 문학

적 가치가 매우 높은 『사기』의 결정체라 할 수 있다. 백이(伯夷)와 숙제(叔齊)로부터 한무제(漢武帝)에 이르기까지 「본기」와 「세가」를 둘러싼 제왕과 제후들을 위해 일했던 영웅호걸, 귀족, 관료, 장군, 정치가, 유세가, 자객, 토호, 은자(隱者), 서민과 군왕의 총애를 받았던 여인에 이르기까지 다양한 역사 인물의 전기(傳記)를 기록하고 있을 뿐만 아니라, 흉노, 조선 등 중국을 둘러싼 이민족의 풍속과 교화도 포함되어 있어 중국 전체의 광범위한 역사를 두루 다루고 있다. 사마천은 「열전」에서 생애의 모든 것을 기록하는 통상적인 전기와는 달리, 해당 인물에 대한 특징적인 면모를 골라서 기록하였다. 이는 자신이 처한 특수한 입장에서 해당 인물을 선정하고 자신의 역사관과 가치관에 따라 평가하고 해석한 그의 독특한 역사인식에서 기인된 것으로 볼 수 있다.

『사기』의 이 다섯 부분은 서로 긴밀하게 연계되어 있어 「열전」의 내용이 「본기」나 「세가」에 중복되어 나타나기도 하는데, 그것은 한 시대적, 공간적 틀에서 복잡하게 이루어지는 인물군(人物群)의 행적을 분류별로 따로 떼어낼 수 없는 데서 기인한 불가피한 것으로 보인다. 전체 130편의 편명(篇名)과 주요 내용을 요약하여 소개하면 다음과 같다.

「본기(本紀)」 12편

01. 「오제본기(五帝本紀)」

전설적인 제왕인 황제(黃帝), 전욱(顓頊), 제곡(帝嚳), 요(堯), 순(舜)에 대한 기록이다.

02. 「하본기(夏本紀)」

하(夏)왕조에 대한 기록이다. 시조는 황제의 자손인 우(禹)이다. 마지막 왕인 걸왕(桀王)은 명조(鳴條)의 싸움에서 은(殷)의 수령인 탕(湯)에게 패해 17대를 끝으로 멸망하였다.

03. 「은본기(殷本紀)」

은(殷)왕조에 대한 기록이다. 시조는 설(契)이다. 순임금은 우임금의 치수 사업을 크게 도운 설에게 상(商)지방을 영지로 내리고 자(子)라는 성을 하사했기 때문에 은나라를 상(商)이라고도 한다. 14대의 탕왕이 하(夏)나라의 걸(桀)을 멸하고 은을 세웠다. 마지막 왕인 주왕(紂王)은 주(周)나라의 무왕(武王)에게 패해 30대를 끝으로 멸망하였다.

04. 「주본기(周本紀)」

주(周)왕조에 대한 기록이다. 주(周) 부족의 시조는 기(棄)이고, 9대 고공단보(古公亶父: 太王)가 건국 시조이다. 손자 서백창(西伯昌: 文王)이 태공망(太公望)을 얻어 국력을 크게 신장시켰으며, 뒤를 이은 무왕(武王) 발(發)이 은의 주왕을 멸하고 주를 세웠다. 12대 유왕(幽王)때 태자인 평왕(平王)이 도읍을 동쪽의 낙읍(洛邑: 洛陽)에 천도하여 그 이전을 서주(西周), 이후를 동주(東周)라 부른다. 37대를 끝으로 멸망하였다.

05. 「진본기(秦本紀)」

시황제(始皇帝)가 통일하기 전까지의 진(秦)나라에 대한 기록이다. 진나라 조상은 전욱의 먼 후손이고 주평왕(周平王)때 주나라를 도와 견융족(犬戎族)을 물리치고 제후의 자리에 올랐다. 춘추시대인 9대 목공(繆公)에 이르러 패자(霸者)의 자리에 올랐다. 전국시대의 효공(孝公)때 상앙(商鞅)을 등용하여 통일의 기틀을 다졌으며, 장의(張儀)의 연형책(連衡策)과 범저(范雎)의 원교근공책(遠交近攻策)을 채택하여 주변국을 멸하였으며, 시황제에 이르러 육국(六國)을 통일하였다.

06. 「시황본기(始皇本紀)」

시황제가 진을 통일한 후의 진에 대한 기록이다. 진시황은 군현제도(郡縣制度) 제정, 도량형(度量衡) 통일, 만리장성(萬里長城) 축조, 분서갱유(焚書坑儒), 아방궁(阿房宮) 건조, 전국순행(全國巡行) 등 많은 치적과 사건을 남겼다. 그러나 통일 후 불과 15년이 지난 기원전 207년에 2세 황제 자영(子嬰)이 유방에게 항복하여 멸망하였다.

07. 「항우본기(項羽本紀)」

유방과 패권을 다툰 서초패왕(西楚霸王) 항우에 대한 기록이다. 항우는 진승(陳勝)과 오광(吳廣)의 난에 자극 받아 의병을 일으켰으며, 55년간 유방과 천하의 패권을 놓고 싸웠다. 기원전 202년 해하(垓下)의 싸움에서 패해 오강(烏江)에서 자살하였다.

08. 「고조본기(高祖本紀)」

한고조 유방에 대한 기록이다. 유방은 진승과 오광의 난 이후 패(沛)에서 의병을 일으켜 패공(沛公)으로 불리었으며, 서초패왕 항우를 물리친 후 국호를 한(漢)으로 하고 도읍을 장안(長安)으로 정하여 한나라(前漢)를 세웠다.

09. 「여태후본기(呂太后本紀)」

한고조의 황후인 여후(呂后)에 대한 기록이다. 한고조를 도와 한나라를 안정시킨 공적과 고조가 죽은 후의 각종 악행에 대해서도 상세히 기록하고 있다.

10. 「효문본기(孝文本紀)」

한나라 5대 황제 문제(文帝: 劉恒)에 대한 기록이다. 진평(陳平)과 주발(周勃)을 중용하여 온건정책으로 천하를 안정시켰다.

11. 「효경본기(孝景本紀)」

한나라 6대 황제 경제(景帝: 劉啓)의 재위 16년에 대한 기록이다.

12. 「효무본기(孝武本紀)」

한나라 7대 황제 무제(武帝: 劉徹)에 대한 기록이다. 사마천이 살았던 시대로 태산(泰山)에서 봉선(封禪)을 행한 기록도 있다.

「표(表)」 10편

01. 「삼대세표(三代世表)」

하(夏), 은(殷), 주(周)의 세 왕조와 오제(五帝: 黃帝, 顓頊, 帝嚳, 堯, 舜)의 계보를 기록하였으며, 주나라 2대 성왕(成王)부터 12제후국의 간략한 계보를 정리하였다.

02. 「십이제후연표(十二諸侯年表)」

주나라 시대의 12제후국(周, 魯, 齊, 晉, 秦, 楚, 宋, 衛, 陳, 蔡, 曹, 燕)에 대한 연표이다. 주나라 26대 경왕(敬王: 丐)까지 포함되어 있다.

03. 「육국연표(六國年表)」

주나라와 전국칠웅(戰國七雄: 韓, 魏, 趙, 齊, 燕, 楚, 秦)의 연표이다. 주나라 27대 원왕(元王: 仁)부터 통일 진(秦)나라 2세 황제 자영(子嬰)까지 포함되어 있다.

04. 「진초지제월표(秦楚之際月表)」

통일 진(秦)나라 붕괴부터 초(楚)나라의 항우(項羽)를 거쳐 한고조(漢高祖) 5년까지의 역사 변천에 대한 기록이다.

05. 「한흥이래제후왕연표(漢興以來諸侯王年表)」

한고조(漢高祖)부터 7대 황제 무제(武帝)까지의 기간동안 왕으로 봉했던 제후들의 흥망에 대한 기록이다.

06. 「고조공신후자연표(高祖功臣侯者年表)」

한고조(漢高祖)부터 7대 황제 무제(武帝)까지의 기간동안 제후로 봉했던 공신(功臣)들의 흥망에 대한 기록이다. 한고조를 도운 진평(陳平), 장량(張

良), 소하(蕭何) 등의 기록도 포함되어 있다.

07. 「혜경간후자연표(惠景間侯者年表)」

한나라 2대 황제 혜제(惠帝: 劉盈)부터 6대 황제 경제(景帝)까지의 기간동안 제후로 봉했던 94개국의 인물들에 대한 기록이다.

08. 「건원이래후자연표(建元以來侯者年表)」

한나라 7대 황제 무제(武帝)때 공로로 제후에 봉해진 인물들에 대한 기록이다.

09. 「건원이래왕자후자연표(建元以來王子侯者年表)」

건원(建元) 이후에 유씨(劉氏)의 황족으로서 제후에 봉해진 인물들에 대한 기록이다.

10. 「한흥이래장상명신연표(漢興以來將相名臣年表)」

한고조 이래로 승상(丞相), 상국(相國), 대위(大尉), 장군(將軍) 등 요직을 지낸 관리들에 대한 기록이다.

「서(書)」 8편

01. 「예서(禮書)」

예(禮)의 기원과 효용 및 그 정신의 중요성에 대한 기록이다.

02. 「악서(樂書)」

음악(音樂)에 대한 기록이다.

03. 「율서(律書)」

군사(軍事)와 육률(六律)에 대한 기록이다.

04. 「역서(曆書)」

역법(曆法)의 의의와 원리 및 그 변천에 대한 기록이다.

05. 「천관서(天官書)」

해와 달과 별의 운행 및 그 관측과 인간과의 관계에 대한 기록이다.

06. 「봉선서(封禪書)」

천자가 태산(泰山)에서 행한 봉선(封禪) 희생제(犧牲祭)와 종교행사에 대한 기록이다.

07. 「하거서(河渠書)」

황하(黃河)를 중심으로 하는 하천의 치수(治水)와 수리사업에 대한 기록이다.

08. 「평준서(平準書)」

한나라 시대의 재정과 각종 경제정책에 대한 사마천의 현실 고발성이 강한 기록이다.

「세가(世家)」 30편

01. 「오태백세가(吳太伯世家)」

주나라 건국시조 태왕(太王) 고공단보(古公亶父)의 장자 태백(太伯)이 건국한 오(吳)나라의 흥망 역사에 대한 기록이다.

02. 「제태공세가(齊太公世家)」

태공망(太公望) 여상(呂尙)이 시조인 제(齊)나라의 역사에 대한 기록이다.

03. 「노주공세가(魯周公世家)」

주나라 문왕(文王) 서백창(西伯昌)의 아들이며 무왕(武王)의 동생인 주공단(周公旦)이 세운 노(魯)나라의 역사에 대한 기록이다. 경공(頃公)까지 기록하고 있다.

04. 「연소공세가(燕召公世家)」

주나라 무왕의 둘째 동생인 소공석(召公奭)이 세운 연(燕)나라의 역사에 대한 기록이다. 환공(桓公)까지 기록하고 있다.

05. 「관채세가(管蔡世家)」

주나라 무왕의 동생들인 숙선(叔鮮)이 세운 관(管)나라와 숙도(叔度)가 세운 채(蔡)나라의 역사에 대한 기록이다.

06. 「진기세가(陳杞世家)」

순(舜)임금의 자손이 세운 진(陳)나라와 우(禹)임금의 후손이 건국한 기(杞)나라의 역사에 대한 기록이다.

07. 「위강숙세가(衛康叔世家)」

주나라 무왕의 넷째 동생 강숙(康叔)이 세운 위(衛)나라의 흥망 역사에 대한 기록이다.

08. 「송미자세가(宋微子世家)」

은(殷)나라의 폭군 주(紂)왕의 이복형인 미자계(微子啓)가 세운 송(宋)나라의 흥망 역사에 대한 기록이다.

09. 「진세가(晋世家)」

주나라 무왕의 아들인 당숙우(唐叔虞)가 세운 진(晋)나라의 흥망과, 진나라 19대 헌공(獻公) 궤제(詭諸) 및 패자가 된 24대 문공(文公) 중이(重耳)의 등극과정에 대한 기록이다.

10. 「초세가(楚世家)」

전국칠웅(戰國七雄)의 하나인 초(楚)나라 흥망 역사에 대한 기록이다.

11. 「월왕구천세가(越王句踐世家)」

와신상담(臥薪嘗膽)의 주인공으로 알려진 월왕(越王) 구천(句踐)의 역사에 대한 기록이다.

12. 「정세가(鄭世家)」

정(鄭)나라 시조인 환공(桓公)의 역사에 대한 기록이다.

13. 「조세가(趙世家)」

전국칠웅(戰國七雄)의 하나인 조(趙)나라의 역사에 대한 기록이다.

14. 「위세가(魏世家)」

전국칠웅(戰國七雄)의 하나인 위(魏)나라의 역사에 대한 기록이다.

15. 「한세가(韓世家)」

전국칠웅(戰國七雄)의 하나인 한(韓)나라의 역사에 대한 기록이다.

16. 「전경중완세가(田敬仲完世家)」

제(齊)나라의 역사와 제나라가 전씨(田氏)에게로 넘어간 흥망과정에 대한 기록이다.

17. 「공자세가(孔子世家)」

중국 최고의 성인(聖人)인 공자(孔子)의 생애에 대한 기록이다.

18. 「진섭세가(陳涉世家)」

진승(陳勝)의 사적과 진승 · 오광(吳廣)의 난(亂)에 대한 기록이다.

19. 「외척세가(外戚世家)」

황제의 외척인 황후일족(皇后一族)에 대한 기록이다.

20. 「초원왕세가(楚元王世家)」

한고조의 형제로 제후에 봉해진 인물들과 조왕(趙王), 하간왕(河間王)에 대한 기록이다.

21. 「형연세가(荊燕世家)」

한고조의 일족인 형왕(荊王) 유가(劉賈)와 연왕(燕王) 유택(劉澤)에 대한 기록이다.

22. 「제도혜왕세가(齊悼惠王世家)」

한나라의 봉국(封國)인 제(齊)나라와 도혜왕(悼惠王) 유비(劉肥)에 대한 기록이다.

23. 「소상국세가(蕭相國世家)」

한고조 유방의 일등 개국공신인 재상(宰相) 소하(蕭何)에 대한 기록이다.

24. 「조상국세가(曹相國世家)」

한고조 유방의 공신 평양후(平陽侯) 조참(曹參)과 그 후손에 대한 기록이다.

25. 「유후세가(留侯世家)」

초한전(楚漢戰)에서 한고조 유방의 참모로 활약한 개국공신 유후(留侯) 장량(張良)에 대한 기록이다.

26. 「진승상세가(陳丞相世家)」

한고조 유방의 참모로 승상(丞相)을 지낸 진평(陳平)에 대한 기록이다.

27. 「강후주발세가(絳侯周勃世家)」

한고조 유방의 시종관(侍從官)으로 강후(絳侯)에 봉해진 주발(周勃)에 대한 기록이다.

28. 「양효왕세가(梁孝王世家)」

한나라의 봉국(封國)으로 단명한 양(梁)나라와 효왕(孝王)에 대한 기록이다.

29. 「오종세가(五宗世家)」

한나라 경제(景帝)의 다섯 황후로부터 출생한 13명의 황자(皇子)에 대한 기록이다.

30. 「삼왕세가(三王世家)」

한무제의 세 황자가 왕위에 오르기까지의 과정에 대한 기록이다.

「열전(列傳)」 70편

01. 「백이열전(伯夷列傳)」

고죽국(孤竹國)의 공자(公子)인 백이(伯夷)와 숙제(叔齊)의 인품에 대한 기록이다. 그러나 백이와 숙제에 대한 기록은 간단하며 대부분 사마천 자신의 논설을 적고 있다. 천도(天道)에 대한 의문은 곧 자신의 기구한 운명을 간접적으로 원망하고 있는 것으로 볼 수 있다.「백이열전」은 단순한 인물들의 전기가 아니라 사마천의 의식이 반영되어 있는 역작이다. 조선시대의 선비 김득신은「백이열전」의 문장이 너무 좋아 일생 동안 무려 1억 2만 80번이나 암송하였다고 한다. 과장이 지나치지만 그 문장의 훌륭함을 미루어 짐작할 수 있다.

02.「관안열전(管晏列傳)」

제환공(齊桓公)을 패자로 만든 명재상(名宰相) 관자(管子) 관중(管仲)과, 관중이 죽은 지 100년 후에 나타난 명재상으로 안자(晏子) 안영(晏嬰)에 대한 기록이다.

03.「노자한비열전(老子韓非列傳)」

도가(道家)의 대표인 노자(老子)와 법가(法家)의 대표인 한비자(韓非子)에 대한 기록이다. 그밖에도 신불해(申不害)와 장자(莊子)에 대해서도 기록하고 있다.

04.「사마양저열전(司馬穰苴列傳)」

제(齊)나라의 유명한 재상인 안영(晏嬰)의 추천으로 장군에 임명되어 사마양저 병법을 보급시킨 병법가(兵法家) 사마양저에 대한 기록이다.

05.「손자오기열전(孫子吳起列傳)」

제(齊)나라 출신으로 오왕(吳王) 합려(闔閭)때 등용되어 오자서(伍子胥)와 함께 초(楚)나라를 무찌른 손무(孫武)와, 위(衛)나라 사람으로 초나라 도왕(悼王)때 재상을 지낸 오기(吳起)에 대한 기록이다.

06.「오자서열전(伍子胥列傳)」

초평왕(楚平王)이 부친과 형을 죽이자 복수하기 위해 오나라로 망명하였으며, 오왕 합려에게 등용되어 손무와 함께 초나라를 무찌른 오자서(伍子胥)에 대한 기록이다.

07. 「중니제자열전(仲尼弟子列傳)」

공자(孔子)와 그 제자 73인에 대한 기록이다.

08. 「상군열전(商君列傳)」

전국시대(戰國時代) 진(秦)나라 법가(法家)를 대표하는 정치가 상앙(商鞅)에 대한 기록이다. 그는 병제(兵制), 세제(稅制), 법제(法制)를 정비하고 토지제도와 군현제(郡縣制)를 시행하는 대개혁을 단행하였다. 그의 개혁은 진(秦)나라가 중국을 통일하는데 기초를 다졌지만, 지나친 개혁이 관료들의 반발을 사 결국 거열형(車裂刑)에 처해졌다.

09. 「소진열전(蘇秦列傳)」

전국시대에 진(秦)나라에 맞서 육국(六國)을 연합하는 합종책(合縱策)을 유세하여 육국의 재상을 지낸 종횡가(縱橫家) 소진(蘇秦)에 대한 기록이다. 그의 합종책으로 15년간 중원에 평화를 가져왔으나, 동문(同門)인 장의(張儀)의 등장으로 결국 비명횡사(非命橫死)하게 된다.

10. 「장의열전(張儀列傳)」

진(秦)나라 재상이 되어 소진의 합종책(合縱策)에 대항하여 연횡책(連橫/連衡策)으로 후에 진나라가 천하를 통일하는데 큰 역할을 한 종횡가(縱橫家) 장의(張儀)에 대한 기록이다.

11. 「저리자감무열전(樗里子甘茂列傳)」

진시황(秦始皇)이 육국을 통일하는데 가장 큰 공을 세운 진(秦)나라의 대표적인 종횡가(縱橫家) 저리자(樗里子)와 감무(甘茂)에 대한 기록이다.

12. 「양후열전(穰侯列傳)」

전국시대 중기 진(秦)나라 소왕(昭王)의 숙부로 누이가 섭정할 때 실권을 잡았으며, 후에 장군으로 임명되었다가 큰 공을 세워 양후(穰侯)에 봉해진 위염(魏冉)에 대한 기록이다.

13. 「백기왕전열전(白起王翦列傳)」

전국시대 진(秦)나라의 장수로 용병술에 뛰어나 소왕(昭王) 때 무안군(武安君)에 봉해졌으며 장평전(長平戰)에서 조나라 군사를 대파하여 포로 40여 만 명을 산채로 묻어버렸으나 후에 범저(范雎)의 시기를 받아 자결한 백기(白起: 公孫起)와, 진시황 때의 장수로 그 아들 왕분(王賁)과 함께 진이 통일하는데 한몫을 하였으나 진시황에게 어진 행실을 간하지 않았기 때문에 그 손자가 재앙을 입었던 왕전(王翦)에 대한 기록이다.

14. 「맹자순경열전(孟子荀卿列傳)」

공자(孔子)의 유가사상(儒家思想)을 계승하고 발전시킨 노(魯)나라 사람 맹자(孟子)와, 맹자의 사상을 더욱 발전시킨 전국시대 말기 사람 순자(荀子)에 대한 기록이다.

15. 「맹상군열전(孟嘗君列傳)」

제(齊)나라 왕족으로 평소 3천 명의 식객을 두었으며 계명구도(鷄鳴狗盜)의 고사로 유명한 전국시대 사공자(四公子)의 한사람인 맹상군(孟嘗君) 전문(田文)에 대한 기록이다.

16. 「평원군우경열전(平原君虞卿列傳)」

조(趙)나라 공자로 혜문왕(惠文王)과 효성왕(孝成王)때 재상을 지냈으며 모수자천(毛遂自薦)의 고사로 유명한 평원군(平原君) 조승(趙勝)과, 같은 시대에 상경(上卿)을 지내면서 조나라에 충성한 전략가 우경(虞卿)에 대한 기록이다.

17. 「위공자열전(魏公子列傳)」

전국시대 사공자(四公子)중에서 가장 어질고 능력 있는 인물로서 많은 인물들을 배출하였으며, 조나라 평원군(平原君)과는 의형제로 조나라를 도와 초(楚), 조(趙), 한(韓), 연(燕)나라와 연합하여 진(秦)나라를 크게 격퇴한 위(魏)나라 공자 신릉군(信陵君) 무기(無忌)에 대한 기록이다.

18. 「춘신군열전(春申君列傳)」

전국시대 사공자(四公子)의 한사람으로 변설(辯說)에 뛰어났으며, 진나라에 볼모로 잡혀갔다가 자신을 담보로 태자를 귀국시킨 공로로 왕이 된 고열왕(考烈王) 밑에서 20년간 재상을 지내면서 합종책(合縱策)을 추진하여 진에 맞섰고, 노나라를 멸망 시켜 초나라의 국위를 떨친 춘신군(春申君) 황헐(黃歇)에 대한 기록이다.

19. 「범저채택열전(范雎蔡澤列傳)」

범저(范雎)는 위(魏)나라 사람이고 채택(蔡澤)은 연(燕)나라 사람으로 모두 고향에서 불우하게 살다가 진(秦)나라에 들어와 재상이 되어 출세한 인물들이다. 진나라 소왕(昭王)을 도와 원교근공책(遠交近攻策)을 세우고 양후(穰侯)의 권한을 빼앗았던 범저와, 공을 세운 후에는 물러나는 것이 최상의 도리라고 재상인 범저를 설득하여 물러나게 한 후 재상이 되었으며 후에 스스로 물러나 평안한 말년을 보낸 채택에 대한 기록이다. 범저(范雎)는 북경중화서국(北京中華書局) 24사표점본(二十四史標點本) 『사기』에 '범수(范雎)'라고 되어있지만, 각종 판본과 후대 학자의 고증에 의해 '범저'로 고쳤다.

20. 「악의열전(樂毅列傳)」

전국시대 연(燕)나라의 장군으로 소왕(昭王)을 도와 조(趙), 초(楚), 한(韓), 위(魏)나라 연합군을 이끌고 제(齊)나라를 공격하여 성 70여 개를 함락시키는 큰 공을 세운 악의(樂毅)에 대한 기록이다.

21. 「염파인상여열전(廉頗藺相如列傳)」

조(趙)나라의 장군 염파(廉頗)와 재상 인상여(藺相如)에 대한 기록이다. 인상여는 진나라에 사신으로 가서 화씨의 구슬(和氏之璧)을 되찾아 오는데 공을 세워 재상의 자리에 올랐다. 이를 시기한 염파를 자기편으로 끌어들여 부형청죄(負荊請罪)로 문경지교(刎頸之交)가 된 고사는 유명하다.

22. 「전단열전(田單列傳)」

연(燕)나라의 악의(樂毅)가 연합군을 이끌고 제(齊)나라의 성 70여 개를 함락시켰을 때, 홀로 즉묵성(卽墨城)을 지키며 저항한 제나라의 전단(田單)에 대한 기록이다.

23. 「노중련추양열전(魯仲連鄒陽列傳)」

전국시대 제(齊)나라 사람으로 언변이 뛰어났으며, 명예와 부를 경시하고 의(義)를 추구한 노중련(魯仲連)과 추양(鄒陽)에 대한 기록이다.

24. 「굴원가생열전(屈原賈生列傳)」

초(楚)나라 회왕(懷王) 때 관리를 지냈으나 혼탁한 세상을 한탄하여 「회사(懷沙)」의 부(賦)를 짓고 멱라강(汨羅江)에 몸을 던져 자살한 애국 시인 굴원(屈原)과, 굴원이 죽은 지 백년이 지나 상수(湘水)에서 부를 지어 굴원을 추모하였으며 평소 높은 식견으로 나라를 위해 충성을 다했으나 여의치 않아 슬픔 속에 죽었던 가생(賈生)의 사적에 대한 기록이다.

25. 「여불위열전(呂不韋列傳)」

한(韓)나라 상인으로 진(秦)나라 공자 자초(子楚)를 매수하여 후에 진시황 때 상국(相國)에 등용되어 진나라 통일에 큰 공을 세웠으며, 불후의 명작 『여씨춘추(呂氏春秋)』를 남긴 여불위(呂不韋)에 대한 기록이다.

26. 「자객열전(刺客列傳)」

춘추전국시대의 다섯 명의 자객인 조말(曹沫), 전제(專諸), 예양(豫讓), 섭정(聶政), 형가(荊軻)에 대한 기록이다. 노(魯)나라 조말이 제환공(齊桓公)을 위협하고, 오(吳)나라 전제가 오왕 요(僚)를 죽이고, 진(晉)나라 예양이 조양자(趙襄子)를 찌르고, 지(軹) 땅의 섭정이 한(韓)나라 재상 협루(俠累)를 찌르고, 연(燕)나라 형가가 진왕(秦王) 정(政: 秦始皇)을 찌른 것을 기록하고 있다.

27. 「이사열전(李斯列傳)」

진시황을 도와 진나라의 법치주의 기반을 확립하는데 큰 기여를 하였으며, 진시황이 죽자 조고(趙高)의 음모를 돕다 결국 오형(五刑)을 받아 죽은 이사(李斯)에 대해 기록하고 있다.

28. 「몽염열전(蒙恬列傳)」

진(秦)나라 통일 후 북방을 지키면서 이민족을 징벌하고 만리장성을 쌓았으나, 진시황이 죽자 조고와 이사의 음모로 동생 몽의(蒙毅)와 함께 죽은 몽염(蒙恬)에 대한 기록이다.

29. 「장이진여열전(張耳陳餘列傳)」

장이(張耳)와 진여(陳餘)에 대한 기록이다. 이들 두 사람은 전국시대 말기 조(趙)나라 사람으로 서로 친구지간이었지만, 후에 정치적 혼란과 격변 속에 각자 다른 나라로 가서 원수가 되어 대립하게 된다. 진여는 조왕(趙王)을 옹립하여 장이를 격퇴하여 조나라에서 대왕(代王)이 되었으나, 후에 장이가 한(漢)나라에 투항하여 조나라를 멸망시키고 진여를 죽인 후 조나라 왕으로 봉해졌다.

30. 「위표팽월열전(魏豹彭越列傳)」

위표(魏豹)와 팽월(彭越)에 대한 기록이다. 위표는 초한전(楚漢戰) 때 항우(項羽)를 배반하고 유방(劉邦)에 투항하였다가, 한나라가 패하자 다시 한나라에 반기를 들어 유방은 한신(韓信)을 보내 위표를 죽였다. 팽월은 양(梁)나라에서 유방의 군대에 합류한 장군으로 초나라의 보급로를 차단하여 배후에서 항우를 곤경에 빠뜨렸다. 한나라 건국 후 여후(呂后)는 팽월이 모반을 꾀했다하여 그와 그의 일족을 죽이고 나라도 없애버렸다.

31. 「경포열전(黥布列傳)」

초한전 때 항우를 도와 구강왕(九江王)에 봉해졌으나 유방이 반간계(反間計)를 써 다시 한나라에 투항해 회남왕(淮南王)에 봉해졌고, 유방이 개국공신 한신과 팽월을 죽이는 것을 보고 한나라에 반기를 들었으나 싸움에 져 죽임을 당한 경포(黥布)에 대한 기록이다.

32. 「회음후열전(淮陰侯列傳)」

진(秦)나라 말 항우에게 의탁하려 했지만 여의치 못하자 유방에게로 달아났으나 소하(蕭何)의 추천으로 장수가 되었으며, 후에 항우와의 전쟁에서 큰 공을 세워 초왕(楚王)에 봉해졌다가 반역죄로 회음후(淮陰侯)에 강등되어 멸족(滅族)의 화를 당하게 되는 한신(韓信)에 대한 기록이다.

33. 「한신노관열전(韓信盧綰列傳)」

한나라 양왕(襄王)의 후손으로 유방을 도와 천하를 평정하여 그 공로로 한왕(漢王)에 봉해졌다 후에 흉노에 투항했다가 잡혀 죽은 한왕신(韓王信: 회음후 한신과 이름이 같아 구별하기 위해 붙인 이름)과, 유방과 같은 마을에서 자라 후에 유방을 도와 장안후(長安侯)에 봉해졌다 후에 연왕(燕王)이 된 노관(盧綰)에 대한 기록이다.

34. 「전담열전(田儋列傳)」

제(齊)나라 왕 전씨의 후예인 전담(田儋)과 그의 사촌동생 전영(田榮), 전횡(田橫)이 차례로 왕이 되었다가 패망하는 과정에 대한 기록이다. 전영은 항우의 논공행상(論功行賞)에서 반발하여 독립해서 제왕(齊王)이 되었으나 항우에게 패해 죽는다. 전횡은 전영의 동생으로 전영의 아들을 왕으로 세우고 자신은 재상이 되어 국사를 도맡았으며, 후에 싸움에 져 섬으로 도망갔으나 한나라 왕의 부름을 받고 치욕스럽게 느껴 목을 찌르고 자살하였다.

35. 「번역등관열전(樊酈滕灌列傳)」

한고조(漢高祖) 유방을 도와 한(漢)나라를 건국한 개국공신이며 장수인 번쾌(樊噲), 역상(酈商), 등영(滕嬰: 夏侯嬰), 관영(灌嬰)의 행적에 대한 기록이다. 이들은 모두 미천한 출신이었으나 시대의 조류에 편승하여 영웅이 된 인물들이다.

36. 「장승상열전(張丞相列傳)」

한(漢)나라 승상인 장창(張蒼)과, 강직한 성격으로 죽음도 불사하고 황제에게 직간(直諫)을 잘하여 소하(蕭何), 조참(曹參)도 두려워할 정도의 재상 주창(周昌)에 대한 기록이다. 그 외에도 재상을 지낸 임오(任敖), 신도가(申屠嘉) 등에 대한 기록도 들어있다.

37. 「역생육고열전(酈生陸賈列傳)」

한고조의 모사(謀士) 역이기(酈食其)와 육고(陸賈), 초나라의 모신(謀臣) 주건(朱建)의 사적에 대한 기록이다.

38. 「부근괴성열전(傅靳蒯成列傳)」

한고조의 측근 장수인 양릉후(陽陵侯) 부관(傅寬), 신무후(信武侯) 근흡(靳歙)과 괴성후(蒯成侯) 주설(周緤)에 대한 기록이다.

39. 「유경숙손통열전(劉敬叔孫通列傳)」

한나라 건국초기에 나라를 안정시키는 데 큰 공을 세운 유경(劉敬)과 숙손통(叔孫通)에 대한 기록이다. 유경은 장안(長安) 천도(遷都)를 진언한 인물이고, 숙손통은 진(秦)나라 학자로 항우를 추종하였다가 후에 유방에게 투항한 인물로 예법(禮法)을 관장하여 유방에게 황제의 고귀함을 깨우쳐준 인물이다.

40. 「계포난포열전(季布欒布列傳)」

항우의 사람으로 유방이 현상금까지 걸었으나 어떤 사람의 도움으로 살아나 유방이 벼슬까지 내렸으며 후에 명성을 얻어 "황금 백근을 얻는 것보다 계포 말 한마디 듣는 것이 더 낫다"는 말을 듣게 된 계포(季布)와,

팽월(彭越)과 친구지간으로 팽월이 사형을 당했을 때 황제의 명령을 무릅쓰고 그의 시체를 거둔 의협심을 지닌 난포(欒布)에 대한 기록이다.

41. 「원앙조조열전(袁盎晁錯列傳)」

지나치게 간언(諫言)을 잘하고 강직하여 주위에 많은 적을 만들어 결국 죽음을 당한 원앙(袁盎)과, 상앙(商鞅)의 형법학을 배워 기지가 있고 총명하였으나 원앙과 견원지간(犬猿之間)으로 기회가 있을 때마다 원앙을 죽이려다 오히려 원앙 때문에 죽음을 당한 조조(晁錯)에 대한 기록이다.

42. 「장석지풍당열전(張釋之馮唐列傳)」

직간(直諫)으로 한문제(漢文帝)의 실정(失政)을 바로잡고 황제를 현군(賢君)으로 만든 정위(廷尉) 장석지(張釋之)와 풍당(馮唐)에 대한 기록이다. 이 열전은 사마천의 아버지 사마담(司馬談)이 지었다는 설이 있다.

43. 「만석장숙열전(萬石張叔列傳)」

충성심과 근면으로 만석의 재산을 받아 만석군(萬石君)이라는 호를 얻은 석분(石奮)과, 건릉후(建陵侯) 위관(衛綰), 새후(塞侯) 직불의(直不疑), 낭중령(郎中令) 주인(周仁), 어사대부(御史大夫) 장숙(張叔)의 사적에 대한 기록이다.

44. 「전숙열전(田叔列傳)」

황로사상(黃老思想)을 가졌지만 오히려 공(公)을 위해 사사로움을 잊었으며, 재간(才幹)이 있고 청렴결백한 자질과 절조(節操)를 지닌 한(漢)나라 초기 제후국 조(趙)나라의 명신(名臣) 전숙(田叔)에 대한 기록이다.

45. 「편작창공열전(扁鵲倉公列傳)」

신의(神醫)인 편작(扁鵲) 진월인(秦越人)과 창공(倉公) 순우의(淳于意)의 사적에 대한 기록이다. 두 사람 모두 하늘이 내린 의술을 지녔으나 남의 시기를 받아 화를 입었다. 사마천은 이 두 사람을 두고 "여자는 아름답든 못생겼든 간에 궁중에 있으면 시샘을 받고, 선비는 어질든 어질지 않든

간에 조정에 들어가기만 하면 의심을 받는다"라고 하였다.

46. 「오왕비열전(吳王濞列傳)」

한경제(漢景帝)가 제후들의 봉토를 깎는 것에 불만을 품어 난을 일으켰다가 실패하여 멸족을 당한 한고조의 형 유중(劉仲)의 아들인 오왕(吳王) 유비(劉濞)에 대한 기록이다.

47. 「위기무안후열전(魏其武安侯列傳)」

위기후(魏其侯) 두영(竇嬰)과 무안후(武安侯) 전분(田蚡)에 대한 기록이다. 두영은 한문제(漢文帝)의 황후인 두태후(竇太后)의 사촌조카로 칠국의 난을 평정하여 위기후에 봉해졌고, 성품이 청렴결백하여 황제가 주는 하사금도 받지 않았다. 무안후 전분은 효경제(孝景帝)의 황후인 왕태후(王太后)의 친동생으로 위기후에 빌붙어 온갖 아첨으로 재상의 지위에 오르자 축재를 일삼고 위기후의 재산까지 뺏으려 하였다.

48. 「한장유열전(韓長孺列傳)」

복잡하고 독특한 성격의 소유자인 어사대부(御史大夫) 한안국(韓安國)에 대한 기록이다. 그는 평소 재물을 좋아하고 탐내기는 하였으나 자신보다 청렴하고 현명한 선비들을 추천하여 선비들이 그를 칭찬하고 앙모하였다. 한무제도 그의 재능을 인정하여 무안후가 죽자 그를 승상의 자리에 임명하려 했으나 다리를 심하게 절어 다른 사람을 기용했다.

49. 「이장군열전(李將軍列傳)」

명궁수(名弓手) 출신으로 한문제, 경제, 무제 때 70여 차례에 걸쳐 흉노(匈奴)와 싸워 공을 세워 비장군(飛將軍)으로까지 불린 장수 이광(李廣)에 대한 기록이다. 그의 재주를 시기하는 조정대신들에 의해 궁지에 몰려 결국 자살하게 되자, 당시 남녀노소 모두 그의 죽음을 슬퍼했다고 한다. 사마천이 변호하다 화를 당하게 된 장수 이릉(李陵)의 손자이기도 하다.

50. 「흉노열전(匈奴列傳)」

본래 한(漢)나라와 같은 민족이었으나 오랜 세월이 흘러 한나라와 적대 관계에 놓인 흉노족(匈奴族)에 대한 기록이다. 사마천은 이 열전에서 어진 장수를 가려 쓰는 방법을 논하였고, 흉노를 포용하고 화해정책을 쓰지 않는 것은 사람들이 권세를 얻기 위해 아첨하여 자기 주장이 채택되도록 하는 편견에 사로잡혔기 때문이라고 비평하였다.

51. 「위장군표기열전(衛將軍驃騎列傳)」

한무제의 외척이었던 대장군(大將軍) 위청(衛靑)과 표기장군(驃騎將軍) 곽거병(霍去病)이 흉노정벌에 혁혁한 공을 세운 것에 대한 비교적 객관적인 기록이다.

52. 「평진후주보열전(平津侯主父列傳)」

사마천 당대의 유학자인 평진후(平津侯) 공손홍(公孫弘)과 주보언(主父偃)의 사적에 대한 기록이다. 곡학아세(曲學阿世)라는 평을 들었던 공손홍은, 평소 검소하여 자신의 것을 남에게 다 나누어주고 자기 집에는 남은 것이 없었을 정도로 처세를 잘 하였다. 겉으로는 너그러우나 마음속은 각박하고 남을 의심하며 시기심이 많아 주보언을 죽이고 동중서(董仲舒)를 쫓아냈다. 주보언은 어려운 환경에서 벼슬에 오르자 뇌물로 축재하였으며, 남의 약점과 사생활을 들추어내는데 공이 많아 벼슬이 높아졌으나 결국 그 때문에 일족이 몰살당했다.

53. 「남월열전(南越列傳)」

남월(南越)은 진시황, 한무제 때 중국에 편입된 지역으로 진시황이 남월왕 조타(趙佗)를 내세워 나라를 세우는 과정과 당시 중국과의 관계 등에 대한 기록이다. 사마천은 이 외에도 주변의 여러 소수민족에 대해서도 상세히 기술하고 있다.

54. 「동월열전(東越列傳)」

동월(東越)은 남월의 동쪽으로 민월(閩越)이라고도 한다. 한나라 때 월왕(越王) 구천(句踐)의 후손인 무저(無諸)를 민월왕에 봉하고, 요(搖)를 동해왕(東海王)에 봉했는데, 이 두 사람이 다스린 지역에 대한 기록이다.

55. 「조선열전(朝鮮列傳)」

조선(朝鮮)은 지금의 한반도 지역으로 한나라 때 위만(衛滿)이 난을 일으켜 평양(平壤)에 도읍을 세웠는데, 한무제가 군대를 보내 복속(服屬)시키고 한사군(漢四郡)을 설치하는 과정에 대한 기록이다.

56. 「서남이열전(西南夷列傳)」

서남이(西南夷)는 지금의 사천(四川) 서부와 남부, 운남(雲南), 귀주(貴州) 지역으로 중국의 서남쪽지역이다. 이 일대의 수십 개 나라에 사는 소수민족의 지리 분포, 사회 풍속과 중국과의 관계 및 한무제의 개척 과정에 대한 기록이다.

57. 「사마상여열전(司馬相如列傳)」

한대의 걸출한 문학가 사마상여(司馬相如)에 대한 기록이다. 그는 자(字)가 장경(長卿)으로 책읽기를 좋아하였으며, 인상여(藺相如)의 사람됨을 흠모하여 자신의 이름을 상여(相如)로 바꾸었다. 사마천은 "사마상여의 문장은 너무 과장되고 수식이 지나치지만 그 요지는 절약과 검소이다"라고 평가하였다.

58. 「회남형산열전(淮南衡山列傳)」

한나라 황실에 반란을 꾀하다 멸족을 당한 한고조의 막내아들 유장(劉長)과 그의 아들들에 대한 기록으로, 세가에 편입시키지 못하고 열전에 넣어 기록하였다.

59. 「순리열전(循吏列傳)」

초(楚)나라의 처사(處士) 손숙오(孫叔敖), 정(鄭)나라의 열대부(列大夫) 자산(子産), 노(魯)나라의 박사(博士) 공의휴(公儀休), 초소왕(楚昭王) 때의 재상(宰相) 석사(石奢), 진문공(晉文公) 때의 옥관(獄官) 이리(李離) 등 선진시기(先秦時期)의 순리(循吏) 5명에 대한 기록이다. 순리란 법을 잘 지키고 청빈한 관리를 말한다.

60. 「급정열전(汲鄭列傳)」

한무제 때에 구경(九卿)을 지낸 급암(汲黯)과 정당시(鄭當時)에 대한 기록이다. 두 사람 모두 청렴하고 황제에게 직간(直諫)을 잘하여 한자리에 오래 있지를 못하였다. 급암은 사마천이 현실 정치와 세태를 비판하기 위해 빚어낸 이상적인 인물 형상이라고 볼 수 있다.

61. 「유림열전(儒林列傳)」

유학(儒學)의 발전사와 전승 관계에 대한 기록이다. 53명의 유림(儒林)을 통해 기술하고 있는데, 그 중 39명이 한무제 때의 인물이다. 사마천 자신이 『춘추』 사상에 바탕을 둔 황로사상(黃老思想)을 중시하고 있음을 보여준다. 유림 중 특히 공손홍과 동중서를 가장 비중 있게 서술하였다.

62. 「혹리열전(酷吏列傳)」

한나라 초기의 혹리(酷吏), 즉 포학한 관리 12명에 대한 기록이다. 그 중 10명이 한무제 때의 인물이다. 사마천이 「순리열전」을 기록하고 이어서 혹리들을 기술한 것은 그가 예의와 도의를 중시 여기고 폭정에 반대하고 있음을 보여주는 것이라 할 수 있다.

63. 「대원열전(大宛列傳)」

중국과의 교역으로 중국 통일과 경제발전에 도움을 준 대원(大宛), 대월지(大月氏), 대하(大夏), 강거(康居) 등의 서역지역에 대한 풍속과 장건(張騫)의 교류과정에 대한 기록이다.

64. 「유협열전(遊俠列傳)」

사마천은 비록 정의에 부합되지 않더라도 자신을 희생하며 말과 행동에 믿음이 있어 대가를 바라지 않고 다른 사람에게 도움을 주는 것을 의협(義俠)이라고 보았다. 사마천은 봉건적 질서와 도덕을 중시하면서도 불의에 맞서 목숨을 바쳐 가며 위험에 빠진 사람들을 구하는 서민 협객의 현실을 인정하고 있다. 유(儒)와 협(俠)을 대비하여 반대면을 묘사함으로써 정면으로 협(俠)을 표현하려고 하였다.

65. 「영행열전(佞幸列傳)」

황제 곁에 달라붙어 아부로 영달을 꾀하던 환관(宦官)과 외척(外戚) 등 권력 주변 인물들의 속성에 대한 비판적 기록이다. 한고조, 문제, 경제 때의 농신(弄臣)인 등통(鄧通)과 무제 때의 이연년(李延年) 등에 대해서 기술하고 있다. 사마천은 백세 후에도 그런 운명을 가진 자들은 언제나 있기 마련이라고 개탄하였다.

66. 「활계열전(滑稽列傳)」

순우곤(淳于髡), 우맹(優孟), 우전(優旃) 등 기지와 해학이 넘치는 인물에 대한 기록이다. 이들은 대부분 왜소하고 볼품없으며 지위도 없지만, 말재주와 풍자가 뛰어나 여러 사람들을 즐겁게 하고 웃겼다. 사마천은 이들의 사상 품격과 사회 효용을 높이 평가하였다.

67. 「일자열전(日者列傳)」

길흉을 점치는 역자(易者)인 일자(日者)에 대한 기록이다. 일자는 제왕 곁에 있어 국가의 운명을 좌우할 정도였으며, 과학이 일천했던 옛날에는 천지와 일월성신의 운행에 국사를 의지할 정도로 이들의 역할은 중요하였다. 이 전기 안에서 사마천이 도가사상(道家思想)과 복서(卜筮)라는 직업에 대해서 상당한 열정을 갖고 있음을 엿볼 수 있다.

68. 「귀책열전(龜策列傳)」

「일자열전」과 자매를 이루는 편으로, 복자(卜者)의 귀책(龜策)에 대한 기록이다. 귀책은 거북 껍질로 점을 치는 것을 말한다. 옛날에는 우주의 순행과 자연의 변화와 이치에 순응하는 세계관이 있어 점술가(占術家)와 태복(太僕)이라는 직업이 생겨났고 세습하였다. 사마천은 복서(卜筮)가 영험하여 효능이 있기에 경시할 수 없지만, 동시에 사람의 도의(道義)를 복서(卜筮) 위에 두어 사람의 행위를 중시해야 한다는 진보적 사상을 드러내었다.

69. 「화식열전(貨殖列傳)」

화식(貨殖)은 재산을 늘리는 것으로, 당시에 의식주가 경제생활에 큰 부분을 차지하고 있었다. 춘추 말기부터 한나라 초까지 상업으로 치부한 유명한 상인들의 활동에 대한 기록이다. 사마천은 부(富)를 얻는 데는 상업이 최상이고 부유해지는 데는 직업의 귀천이 없다는 재산 추구의 합리성을 논증하면서도 범려(范蠡)같이 깨끗하게 돈을 벌어 가난한 사람과 주위 사람들에게 나누어주는 부자의 상도(商道)를 함께 말하고 있다.

70. 「태사공자서(太史公自序)」

「태사공자서」는 열전의 맨 마지막에 놓여 있지만 『사기』 전체에 대한 서문(序文)이며 목록(目錄)이다. 『사기』 130편에 대한 간단한 해제(解題)가 들어 있고, 사마천의 가세(家世) 연원(淵源)과 그가 궁형(宮刑)을 받고 『사기』를 집필하게 된 동기를 밝히고 있으며, 『사기』의 구성 체제와 내용 및 규모 등에 대해서도 상세하게 설명하고 있다. 이러한 까닭에 「태사공자서」는 『사기』의 전체 내용을 이해하는 데 있어서 매우 중요한 문장으로 간주되고 있다.

▫ 주요참고문헌

[漢]司馬遷 撰, [宋]裴駰 集解, [唐]司馬貞 索隱, [唐]張守節 正義, 『史記』(二十四史標點本): 中華書局(北京), 1990年

[日本]瀧川資言 著, 『史記會注考證』: 臺灣宏業書局(臺北), 1994年

韓兆琦 編著, 『史記箋證』(1~9): 江西人民出版社(南昌), 2005年

韓兆琦 著, 『史記選注集評』: 廣西師範大學出版社(桂林), 2005年

韓兆琦 著, 『史記通論』: 廣西師範大學出版社(桂林), 1996年

韓兆琦 著, 『史記博議』: 臺灣文津出版社(臺北), 1995年

李長之 著, 『司馬遷之人格與風格』: 臺灣開明書店(臺北), 1968年

周先民 著, 『司馬遷的史傳文學世界』: 臺灣文津出版社(臺北), 1995年

林聰舜 著, 『史記的人物世界』: 臺灣三民書局(臺北), 2003年

倉修良 主編, 『史記辭典』: 山東教育出版社(濟南), 1994年

홍순창 지음, 『史記의 世界』: 영남대학교출판부(경북), 1982년

박혜숙 편역, 『司馬遷의 歷史認識』: 한길사(서울), 1988년

이성규 편역, 『史記--中國古代社會의 形成』: 서울대학교출판부(서울), 1988년

정범진 외 공역, 『史記』(本紀, 世家, 列傳): 도서출판까치(서울), 1994~1996년

ㅁ부록　사마천과 『사기』 관련 중요 사건 연보

- 기원전 2500년경, 용산문화(龍山文化) 시대.
- 기원전 2000년경, 우(禹)가 전설상의 하(夏)왕조를 열다.
- 기원전 1650년경, 탕왕(湯王)이 하(夏)의 걸왕(桀王)을 멸하고 상(商)왕조를 열다.
- 기원전 1400년경, 반경왕(盤庚王)이 은허(殷墟)로 천도하여 은(殷)왕조가 되다. 백이(伯夷)와 숙제(叔齊)가 수양산(首陽山)에서 굶어죽다.
- 기원전 1070년경, 주(周)의 문왕(文王)이 죽고 아들 서백발(西伯發)이 은의 주왕(紂王)을 멸하고 무왕(武王)이 되다. 국호를 주(周: 宗周)라 하고 호경(鎬京)에 도읍하다. 무왕이 죽고 성왕(成王)이 뒤를 이어 주공(周公)이 섭정하다.
- 기원전 1065년, 노(魯), 연(燕), 위(衛), 진(晉), 조(趙), 채(蔡), 오(吳), 진(陳), 송(宋), 제(齊), 초(楚) 등 제후국(諸侯國)이 생겨나다.
- 기원전 841년, 여왕(厲王)이 폭정을 하여 백성이 왕을 추방하고 여왕은 채(蔡)나라로 망명하다. 이때부터 14년간 공위(空位)시대로 공화백(共和伯)이 집정하다. 『사기』에서는 이때부터 연표를 시작하다.
- 기원전 827년, 선왕(宣王)이 주(周)왕조를 중흥시키다.
- 기원전 777년, 유왕(幽王)이 포사(褒似)를 총애하여 서주의 국운이 기울다.
- 기원전 771년, 신후(申侯)가 북방의 견융족(犬戎族)을 거느리고 호경(鎬京)을 공격하여 유왕을 여산(驪山)에서 죽이다. 서주(즉 宗周)가 멸망하다.

춘추시대(春秋時代)

- 기원전 770년, 평왕(平王)이 낙읍(洛邑)으로 천도하다. 동주(東周)시대가 열리다.
- 기원전 722년, 후에 공자가 노(魯)나라 역사 『춘추(春秋)』를 이 해부터 기원전 481년까지 기록하다.
- 기원전 694년, 제양공(齊襄公) 제아(諸兒)가 이복동생인 문강(文姜)과 불륜을 맺고, 문강이 노환공(魯桓公)에게 시집가다. 노환공이 문강과 함께 인사차 제나라에 들리자 제양공의 지시를 받은 팽생(彭生)이 노환공을 살해하다.
- 기원전 685년, 제환공(齊桓公)이 관중(管仲)을 재상으로 삼아 개혁 정치를 펴다.
- 기원전 681년, 제환공이 노장공(魯莊公)과 가(柯)에서 회합하던 중, 노의 장수 조말(曹沫)에게 협박당하여 영토를 반환하다.
- 기원전 679년, 제환공이 송(宋), 진(陳), 위(衛), 정(鄭)의 제후와 회합하여 춘추시대 최초의 패자가 되다. 제환공 42년 진공자(晉公子) 중이(重耳: 文公)에게 딸을 주고 후대하다.
- 기원전 666년, 진(晉)의 여희(驪姬)가 아들 해제(奚齊)를 옹립하기 위해 공자 신생(申生)과 중이(重耳)를 내쫓다.
- 기원전 655년, 진헌공(晉獻公)이 태자 신생(申生)을 죽이다. 공자 중이(重耳)는 적(狄)으로 피신하여 20여 년의 망명길에 오르다.
- 기원전 651년, 진헌공이 죽고 여희(驪姬)의 아들 해제(奚齊)와 도자(悼子)가 연이어 즉위하였으나 권력투쟁 중에 차례로 피살당하다.
- 기원전 645년, 관중(管仲)이 죽다.
- 기원전 643년, 제환공이 죽다. 공자 무궤(無詭)가 즉위하였으나 3개월

만에 태자 소(昭)에게 살해당하고, 태자 소(昭)가 효공(孝公)으로 즉위하다.

- 기원전 638년, 송양공(宋襄公)이 홍수에서 초(楚)와 싸워 패하다.
- 기원전 636년, 진혜공(晉惠公)이 죽고 태자 어(圉)가 즉위하여 회공(懷公)이 되었으나, 망명 하던 중이(重耳)가 19년 만에 귀국하여 회공을 물리치고 즉위하여 진문공(晉文公)이 되다.
- 기원전 632년 진문공이 춘추 2대 패자가 되다. 송(宋), 제(齊), 진(秦)나라의 연합군을 이끌고 성복(城濮) 전투에서 초(楚)를 격파하고, 천토(踐土)에서 회맹하여 패자가 되다.
- 기원전 628년, 진문공이 죽다.
- 기원전 623년, 진목공(秦穆公)이 서융(西戎)의 패자가 되다.
- 기원전 621년, 진목공이 죽다.
- 기원전 614년, 남방의 초장왕(楚莊王)이 즉위하다.
- 기원전 606년, 초장왕이 융(戎)을 정벌하고, 낙양에서 정(鼎)의 경중을 묻다.
- 기원전 602년, 황하의 흐름이 이동하다.
- 기원전 598년, 초장왕이 제후들과 진릉(辰陵)에서 회맹하고 패자가 되다.
- 기원전 591년, 초장왕이 죽다.
- 기원전 586년, 오(吳)나라의 수몽(壽夢)이 즉위하여 오나라의 초대 왕이 되다.
- 기원전 552년, 공자(孔子)가 노(魯)나라에서 태어나다.
- 기원전 547년, 제경공(齊景公)이 즉위하여 사마양저(司馬穰苴)를 기용하다.
- 기원전 539년, 제나라의 안영(晏嬰)이 사자(使者)로 진(晉)나라에 가다.
- 기원전 522년, 초나라의 오자서(伍子胥)가 오(吳)나라에 망명하다.
- 기원전 515년, 오나라의 공자 광(光)이 전제를 시켜 오왕 요(僚)를 시해하고 왕위에 오르다.

- 기원전 510년, 오나라가 월(越)나라를 처음 공격하다.
- 기원전 506년, 오왕 합려(闔閭)가 초나라를 격퇴하다.
- 기원전 501년, 공자가 노나라 대사구(大司寇)에 오르다.
- 기원전 497년, 공자가 노나라 재상이 되다.
- 기원전 496년, 월왕(越王) 구천(句踐)이 오나라 군사를 물리치다. 오왕 합려가 부상으로 죽고 아들 부차 (夫差)가 왕위에 오르다.
- 기원전 494년, 오왕 부차가 월왕 구천을 격퇴하고 회계산(會稽山)에 유폐시키다.
- 기원전 489년, 공자의 제자 안회(顔回)가 죽다.
- 기원전 484년, 오자서가 자살을 명받고 죽다.
- 기원전 482년, 오왕 부차가 황지에서 중원의 제후와 회맹하고 패자가 되다.
- 기원전 481년, 공자가 『춘추』를 저술하다.
- 기원전 479년, 공자가 세상을 떠나다.
- 기원전 473년, 월왕 구천이 오나라를 멸망시키고 회맹하여 패자가 되다. 오왕 부차는 자살하고 월왕 구천을 도와 와신상담(臥薪嘗膽)의 복수를 완성한 범려는 오나라를 떠나 제나라로 갔다가 다시 도(陶)로 가다.
- 기원전 465년, 월왕 구천이 죽다.
- 기원전 453년, 진(晉)나라의 한(韓), 위(魏), 조(趙) 세 집안이 지백(知伯)을 죽이고 진나라를 삼분(三晉)하다.
- 기원전 446년, 위(魏)나라 문후(文侯)가 즉위하다.

전국시대(戰國時代)

- 기원전 403년, 한(韓), 위(魏), 조(趙)가 주나라 왕으로부터 제후에 봉해지다.
- 기원전 386년, 제강공(齊康公)이 폐위됨으로써 여씨(呂氏: 姜氏)의 제나라가 끝나고 전씨(田氏)의 제나라가 뒤를 잇다. 전화(田和)가 태공(太公)에 즉위하다.
- 기원전 381년, 오나라에서 초나라로 망명해 온 오기(吳起)가 죽임을 당하다.
- 기원전 376년, 한(韓), 위(魏), 조(趙) 3국이 진성공(晉成公)을 폐하고 진나라를 멸망시키다.
- 기원전 372년, 맹자(孟子)가 태어나다.
- 기원전 370년, 위(魏)나라에 혜왕(惠王)이 즉위하다.
- 기원전 359년, 진효공(秦孝公)이 상앙(商鞅)을 등용하여 법을 새로이 정하고 개혁 정치를 펴다. 이로부터 진나라의 통일 대업의 기초가 마련되기 시작하다.
- 기원전 341년, 제나라 손빈(孫臏)이 마릉(馬陵)의 전투에서 위(魏)나라의 방연을 대파하다.
- 기원전 340년, 위(魏)나라가 진(秦)나라에 패하여 수도를 안읍(安邑)에서 대양(大梁)으로 옮기다. 이로부터 위(魏)나라를 양(梁)나라로 칭하다.
- 기원전 338년, 진효공(秦孝公)이 죽다. 상앙이 진(秦)나라에서 거열형(車裂刑)으로 처형되다.
- 기원전 337년, 한(韓)나라의 명재상 신불해(申不害)가 죽다.
- 기원전 333년, 소진(蘇秦)이 합종(合縱)을 완성시키고 육국의 재상을 겸하다.
- 기원전 328년, 장의(張儀)가 연횡(連橫)을 주창하고 진(秦)나라의 재상이

되다.

- 기원전 326년, 조(趙)나라에 무령왕(武靈王)이 즉위하다.
- 기원전 325년, 진(秦)나라의 혜문왕(惠文王)이 처음으로 왕이라 칭하기 시작하다.
- 기원전 323년, 한(韓), 연(燕)나라도 왕이라 칭하다.
- 기원전 320년, 제나라 위왕(威王)이 죽고 선왕(宣王)이 즉위하다.
- 기원전 317년, 소진이 연(燕)나라를 떠나 제(齊)나라의 고문으로 있다 정적들에 의해 죽임을 당하다.
- 기원전 312년, 진(秦)나라가 초(楚)나라의 군사를 격퇴하고 관중(關中)을 빼앗아 중원으로 진출하다.
- 기원전 307년, 진(秦)나라의 소양왕(昭襄王)이 즉위하다.
- 기원전 299년, 제(齊)나라의 맹상군(孟嘗君)이 진(秦)나라에 가서 재상에 취임하다.
- 기원전 298년, 맹상군이 진나라의 재상에서 쫓겨나 갇히게 되자 계명구도(鷄鳴狗盜)를 이용하여 진나라를 탈출, 제나라로 돌아오다.
- 기원전 293년, 진(秦)나라 장군 백기(白起)가 한(韓), 위(魏)나라와 싸워 대승하다.
- 기원전 289년, 이 무렵 맹자가 죽다.
- 기원전 286년, 제민왕(齊湣王)이 송(宋)나라를 멸망시키다.
- 기원전 284년, 연(燕)나라 장군 악의(樂毅)가 제나라를 공격하여 수도 임치(臨淄)를 함락시키고 70여 개의 성을 빼앗다.
- 기원전 283년, 조(趙)나라 장군 염파(廉頗)가 제나라를 공격하다. 인상여(藺相如)가 진나라에 파견되어 화씨의 구슬(和氏之璧)을 온전히 보존하고 되찾아오다.
- 기원전 279년, 연나라 장군 악의가 조나라로 망명하다. 제나라의 장수

전단(田單)이 악의 대신 임명된 연나라 장군 기겁(騎劫)을 상대로 화우지진(火牛之陣)의 계책을 이용하여 연나라를 대파하고 5년 전 빼앗긴 70여 개의 성을 되찾다.

- 기원전 278년, 초나라 굴원(屈原)이 멱라강(汨羅江)에 투신하여 자살하다.
- 기원전 276년, 위(魏)나라의 공자 무기(無忌)가 신릉군(信陵君)에 봉해지다.
- 기원전 273년, 범저(范雎)가 진(秦)나라의 객경에 오르다.
- 기원전 270년, 조(趙)나라 장수 조사(趙奢)가 진군(秦軍)을 크게 격파하다.
- 기원전 266년, 진(秦)나라의 소양왕(昭襄王)이 범저를 승상으로 삼아 응후(應侯)로 봉하다.
- 기원전 265년, 평원군(平原君)이 조(趙)나라 재상에 오르다.
- 기원전 263년, 초(楚)나라의 황헐(黃歇)이 재상에 오르고 춘신군(春申君)에 봉해지다.
- 기원전 260년, 진나라의 장군 백기(白起)가 장평전(長平戰)에서 항복한 조나라의 군사 40만 명을 산채로 묻어 죽이다. 조나라는 진나라의 계략에 말려 염파(廉頗) 장군을 해임하고 조사(趙奢)의 아들 조괄(趙括)을 내세웠다가 대패하다.
- 기원전 257년, 진나라가 조나라의 수도 한단(邯鄲)을 공격하였으나 위나라의 신릉군과 초나라의 춘신군이 조나라를 구원하여 진나라가 패하다. 이 공격을 반대한 진나라의 명장 백기는 왕명에 의해 자살하다.
- 기원전 256년, 진(秦)나라가 종주국 서주(西周)를 멸망시키다. 유방(劉邦)이 태어나다.
- 기원전 255년, 진(秦)나라의 승상 범저가 물러나고 채택(蔡澤)이 뒤를 이어 재상이 되다.
- 기원전 250년, 진(秦)나라 장양왕이 즉위하고 여불위(呂不韋)가 재상이 되다.

- 기원전 247년, 진(秦)나라의 태자 정(政: 秦始皇)이 즉위하다. 이사(李斯)가 진나라로 가다.
- 기원전 244년, 조(趙)나라가 이목(李牧)을 장군으로 하여 연(燕)나라를 공격하다.
- 기원전 243년, 위나라의 신릉군이 죽다.
- 기원전 238년, 초나라의 춘신군이 죽임을 당하다.
- 기원전 235년, 진나라의 여불위가 자살하다.
- 기원전 233년, 한비(韓非)가 진(秦)나라에 갔다가 이사(李斯)의 모함을 받아 살해되다.
- 기원전 232년, 항우(項羽)가 태어나다.
- 기원전 230년, 진(秦)나라가 한(韓)나라를 멸망시키다.
- 기원전 228년, 진(秦)나라가 조(趙)나라를 멸망시키다.
- 기원전 227년, 연(燕)나라의 태자 단(丹)이 형가(荊軻)를 진나라에 보내 진왕 정(政: 秦始皇)을 시해하려다 실패하다.
- 기원전 225년, 진(秦)나라가 위(魏)나라를 멸망시키다.
- 기원전 223년, 진(秦)나라가 초(楚)나라를 멸망시키다.
- 기원전 222년, 진(秦)나라가 연(燕)나라를 멸망시키다.
- 기원전 221년, 진(秦)나라가 제(齊)나라를 멸망시키다. 이로써 천하를 통일한 진왕 정(政)이 시황제(始皇帝)라 칭하고 전국을 36개 군(郡)으로 나누다.

진대(秦代)

- 기원전 220년, 시황제가 제1회 전국 순행하다.
- 기원전 219년, 시황제가 제2회 전국 순행하다. 태산(泰山)에서 봉선(封禪)을 행하다.
- 기원전 218년, 시황제가 제3회 전국 순행하다. 장량(張良)이 시황제를 시해하나 실패하다.
- 기원전 215년, 시황제가 제4회 전국 순행하다. 몽염(蒙恬)을 파견하여 흉노를 토벌하다.
- 기원전 214년, 남월(南越)을 공략하여 3군을 설치하다. 몽염이 만리장성을 쌓고, 이사가 재상의 자리에 오르다.
- 기원전 213년, 분서(焚書) 실시하다.
- 기원전 212년, 갱유(坑儒) 실시하다. 아방궁(阿房宮)을 축조하다.
- 기원전 210년, 시황제가 제5회 전국 순행 도중에 죽다. 환관 조고(趙高)가 승상 이사를 회유하여 시황제 장남 부소(夫蘇)와 몽염을 주살하고, 둘째아들 호해(胡亥)를 황제로 옹립하다.
- 기원전 209년, 진승(陳勝) · 오광(吳廣)의 난이 일어나다. 항우와 유방도 군사를 일으키다.
- 기원전 208년, 진승, 오광이 살해되다. 항량이 진나라 장군 장한에게 패하여 전사하다. 진나라의 승상 이사가 조고에게 주살되다. 조헐이 조나라 왕이 되다. 위표가 위나라 왕이 되다.
- 기원전 207년, 조고가 2세 황제 호해를 죽이고 자영(子嬰)을 3대 황제로 옹립하다. 자영이 조고를 죽이다.

전한(前漢)

- 기원전 206년, 진나라 황제 자영이 유방에게 항복하다. 항우가 관중에 들어가 홍문(鴻門)에서 유방과 회합하다. 항우가 자영을 죽이고 진나라를 멸망시키다. 항우는 서초(西楚)의 패왕(霸王)이라 하고, 유방은 한중왕(漢中王)에 봉해지다.
- 기원전 205년, 유방이 항우에게 반기를 들어 초한전(楚漢戰)이 발발하다.
- 기원전 203년, 항우와 유방이 천하를 양분하여 동을 초(楚)라 하고 서를 한(漢)이라 하다.
- 기원전 202년, 항우가 해하(垓下)의 전투에서 유방에게 패하여 오강(烏江)에서 자살하다. 유방이 황제(漢高祖)의 자리에 오르다.
- 기원전 200년, 한고조가 도읍을 장안(長安)으로 정하다.
- 기원전 196년, 한신이 주살당하다. 양왕(梁王) 팽월(彭越)이 모반을 꾀하다 주살당하다.
- 기원전 195년, 한고조가 죽고, 혜제(惠帝)가 즉위하다.
- 기원전 193년, 소하(蕭何)가 죽다.
- 기원전 190년, 조참(曹參)이 죽다.
- 기원전 188년, 혜제가 죽다. 여태후(呂太后)가 전횡하다.
- 기원전 180년, 여태후(呂太后)가 죽다. 여씨 일족이 주살당하다. 문제(文帝)가 즉위하다.
- 기원전 178년 진평(陳平)이 죽다.
- 기원전 157년, 문제(文帝)가 죽고, 경제(景帝)가 즉위하다.
- 기원전 154년, 오초 7국의 난을 주아부(周亞夫)가 평정하다. 조조(晁錯)가 사형 당하다.
- 기원전 145년, 경제(景帝) 중원(中元) 5년, 사마천(司馬遷)이 하양현(夏陽縣:

지금의 陝西省 韓城市 남쪽)의 농촌에서 태어나다.

- 기원전 144년, 사마천의 부친 사마담(司馬談)은 농사를 지으며 사마서원(司馬書院)에서 공부를 가르친 것으로 보인다.
- 기원전 142년, 사마천은 부친을 따라 서원에서 글자를 배우기 시작하다.
- 기원전 141년, 경제(景帝)가 죽고, 무제(武帝)가 즉위하다.
- 기원전 140년, 처음으로 건원(建元)이라는 연호를 정하다.
- 기원전 139년, 무제가 자신의 능원(陵園)인 무릉(茂陵)을 조성하기 시작하다. 사마천이 이 무렵부터 고문을 배우다.
- 기원전 138년, 사마담이 태사령(太史令)이 되자 장안으로 이주하여 천문과 역법을 주관하다.
- 기원전 136년, 오경박사(五經博士)를 설치하고 유학(儒學)을 국교화(國教化)하다. 사마천은 10세에 고향에서 농사를 짓고 목축을 하다.
- 기원전 135년, 황로사상(黃老思想)을 신봉하던 두태후(竇太后)가 죽자, 무제가 유가사상(儒家思想)에 입각한 정치를 마음껏 펼치기 시작하다.
- 기원전 134년, 유가(儒家)를 대표하는 동중서(董仲舒)가 전격 발탁되어 요직에 등용되다.
- 기원전 133년, 사마담이 잠시 고향으로 돌아와 사마천을 데리고 황하와 위수(渭水) 일대를 다니며 자료를 수집하다.
- 기원전 132년, 무제가 황하의 물줄기를 바꾸는 치수사업을 벌이고, 10만 명을 동원하여 황하를 막다.
- 기원전 130년, 장탕(張湯)이 율령(律令)을 정하다. 무제가 진황후(陳皇后)를 폐하다.
- 기원전 129년, 흉노가 침범하여 위청(衛靑), 곽거병(霍去病)에게 토벌하게 하다.
- 기원전 129-128년, 사마천은 동중서에게 『춘추공양전(春秋公羊傳)』을 배

우고, 공자의 후손인 공안국(孔安國)에게 『고문상서(古文尚書)』를 배우다.

- 기원전 127년, 무제가 봉건체제 강화를 위해 부보언의 건의에 따라 지방 호족과 부호들을 무릉으로 강제 이주시키다. 사마천이 장안으로 오다.
- 기원전 126년, 사마천은 학업을 일시 중단하고 아버지의 권유로 천하를 답사하기 시작하다. 약 2년에 걸친 답사는 후일 『사기』의 집필에 절대적인 영향을 미치게 된다.
- 기원전 125년, 흉노가 침입하다. 사마담은 무제를 수행해서 감천(甘泉)에 가다.
- 기원전 124년, 공손홍(公孫弘)이 승상이 되다. 급암(汲黯)이 우내사(右內史)에 임명되다. 사마천이 낭중(郎中)이 되어 처음 출사(出仕)하다.
- 기원전 122년, 사마천이 부친과 함께 무제를 수행하여 옹(雍)에 가서 제사를 지내다.
- 기원전 121년, 공손홍이 죽다. 곽거병이 흉노를 토벌하다.
- 기원전 117년, 사마상여(司馬相如), 곽거병이 죽다.
- 기원전 116년, 무제가 연호를 원정(元鼎)으로 바꾸다.
- 기원전 113년, 무제가 지방 순시에 나서다. 사마천은 부친과 함께 순시에 동행하여 각지의 민정과 풍속을 살피는 계기를 가지다.
- 기원전 111년, 사마천은 무제의 명을 받아 서남지방 문물을 관찰할 수 있는 계기를 가지다. 이 경험은 「화식열전(貨殖列傳)」의 저술에 큰 도움이 된다.
- 기원전 110년, 무제는 안정기반을 구축한 후 봉선(封禪) 대제(大祭)를 결심하다. 사마천은 봉선 대제를 위해 지방으로 가던 중 아버지가 위독하다는 전갈을 받고 낙양으로 되돌아오다. 사마담은 아들에게 태사령이 되어 달라는 유언을 남기고 죽다. 무제가 태산에서 봉선을 행하니 사마천은 참관하다.
- 기원전 109년, 무제가 치수사업을 벌이고, 사마천은 역대 치수사업을

개괄한 「하거서(河渠書)」를 쓰다.

- 기원전 108년, 건장궁(建章宮)을 축조하다. 태음력(太陰曆)을 시행하여 정월을 1월로 하다. 38세의 사마천은 부친 사마담의 뒤를 이어 태사령(太史令)이 되다.
- 기원전 104년, 사마천의 주도 하에 역법을 개정하여 태초력(太初曆)을 완성하다. 사마천은 역법 개정을 계기로 본격적인 『사기』의 저술에 착수하고, 집필 작업은 '이릉(李陵) 사건'이 일어날 때까지 6년 동안 계속되다.
- 기원전 99년, 이릉(李陵)이 흉노를 토벌하다 포로가 되다. 사마천이 흉노와의 전투에서 패한 이릉을 변호하다 황제의 심기를 건드려 사형을 선고받다.
- 기원전 98년, 사마천은 태사령(太史令) 직에서 파면되고, 황제무고죄로 사형이 확정되다.
- 기원전 97년, 사마천이 치욕을 감수하고 궁형(宮刑)을 자청하여 죽음을 면하다. 궁형을 받은 사마천이 사면되어 중서령(中書令)에 임명되다. 이 시기에 사마천은 『사기』의 완성을 위해 온힘을 쏟다.
- 기원전 96년, 무제가 연호를 태시(太始)로 바꾸다.
- 기원전 95-92년, 사마천은 무제를 수행하여 지방 여러 곳을 순시하고 돌아오다.
- 기원전 91년, 55세의 사마천은 친구인 임안(任安)이 옥에 갇혔다는 소식을 듣고서 서한 「보임소경서(報任少卿書)」를 보내, 그동안 옥에 갇히고 궁형에 처한 경위와 그에 더욱 분발하여 『사기』를 저술하는데 혼신의 힘을 쏟은 자신의 심경을 고백한다. 이 편지의 내용으로 보아 이 무렵 『사기』가 거의 완성된 것으로 보인다.
- 기원전 90년, 이광리(李廣利)가 흉노에 항복하다. 사마천이 향년 56세의 나이로 죽다.
- 기원전 87년, 무제가 죽고, 소제(昭帝)가 즉위하다.

역주자 제해성

경상남도 사천에서 태어나 진주에서 성장하였다.
계명대학교 중문학과를 졸업하고 현재 모교에서 후학을 가르치고 있다.
「『史記』在韓國的譯介與硏究」(『司馬遷與史記論集』第3輯: 中國, 陝西人民出版社),
「『史記』在韓國的流傳及影響」(『漢學研究通訊』23卷4期: 臺灣, 國家圖書館漢學研究中心),
「『左傳』 敍事의 小說的 特徵에 관하여」(『중국어문학』제37집),
「試論『左傳』人物描寫的小說因素」(『중국어문학』제40집),
「先秦史傳文學與中國古代小說淵源之關係淺論」(『중어중문학』제35집) 등
선진양한(先秦兩漢) 사전문학(史傳文學) 방면의 연구논문을 국내외에 발표하였다.

계명교양총서 43
사기정선

2007년 2월 25일 초판1쇄 인쇄
2007년 3월 1일 초판1쇄 발행

지은이 사마천
역주자 제해성
발행인 이진우
발행처 계명대학교출판부
등록 1970. 9. 1. (신고번호 제347-1998-1호)
주소 대구 달서구 신당동 1000번지
전화 053-580-6233 팩스 053-583-5213

값 8,000원

ISBN 978-89-7585-379-1 03820

⑸ 서한시기(西漢時期) 전도(全圖)

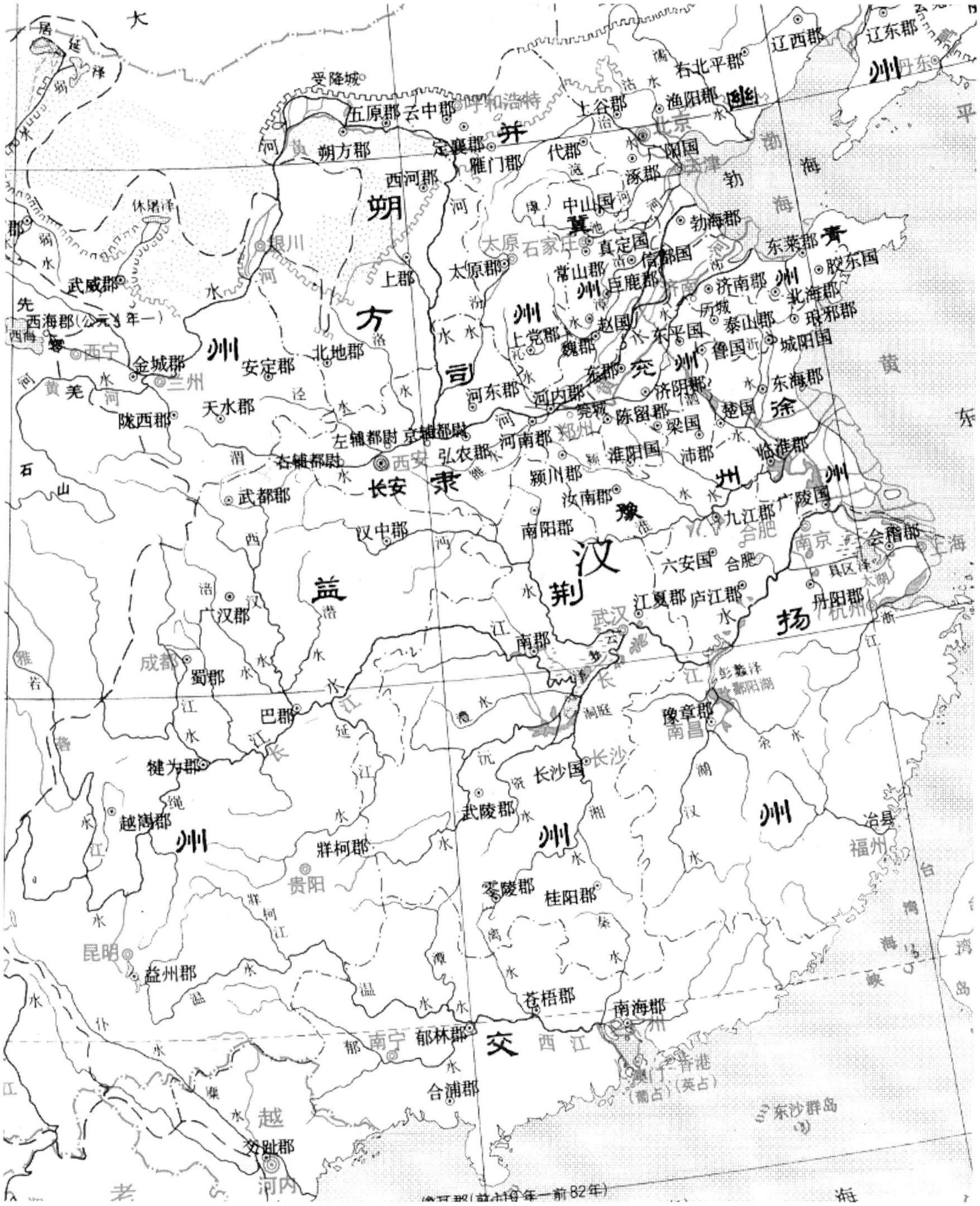

⑷ 진시기(秦時期) 전도(全圖)

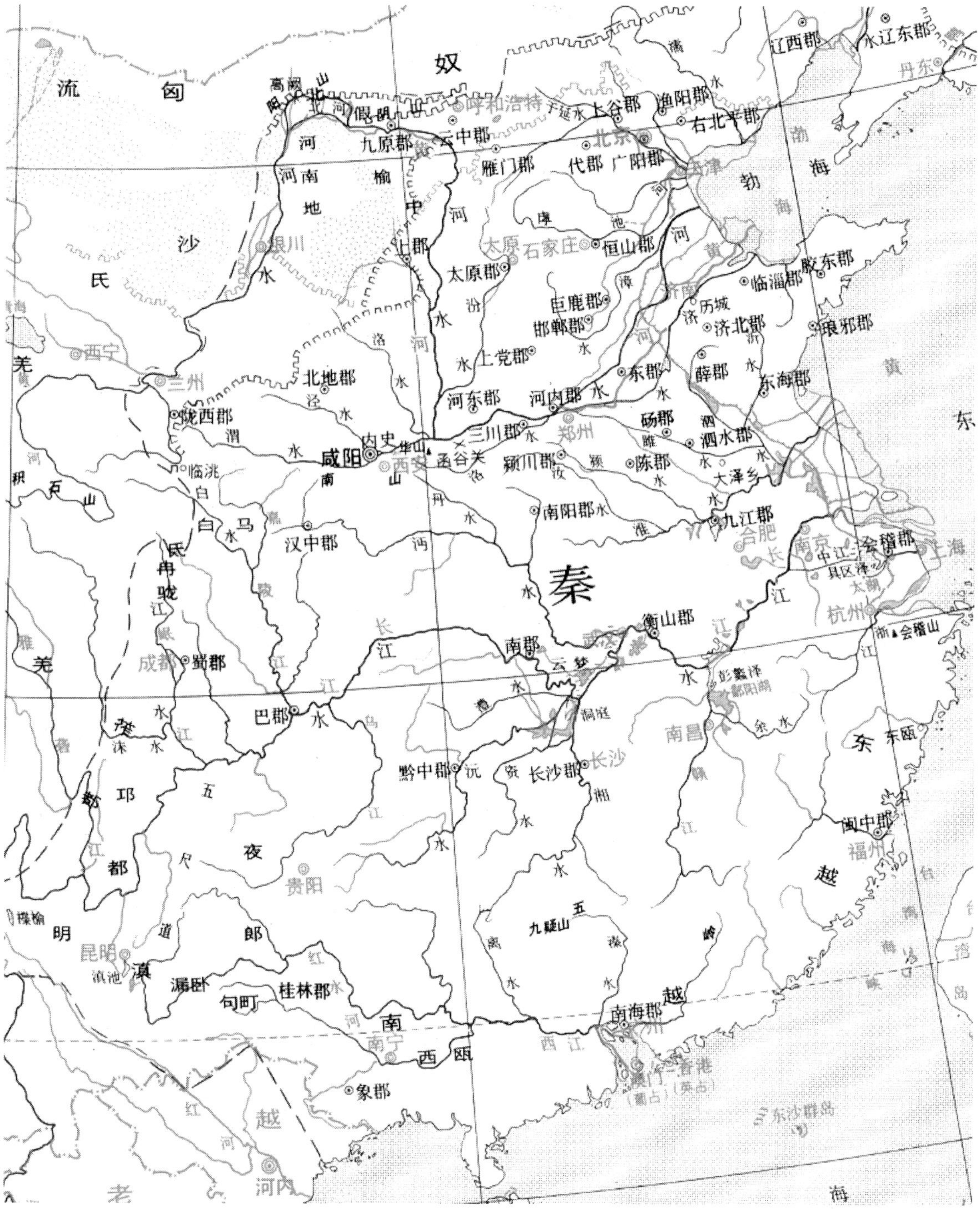

⑶ 전국시기(戰國時期) 전도(全圖)

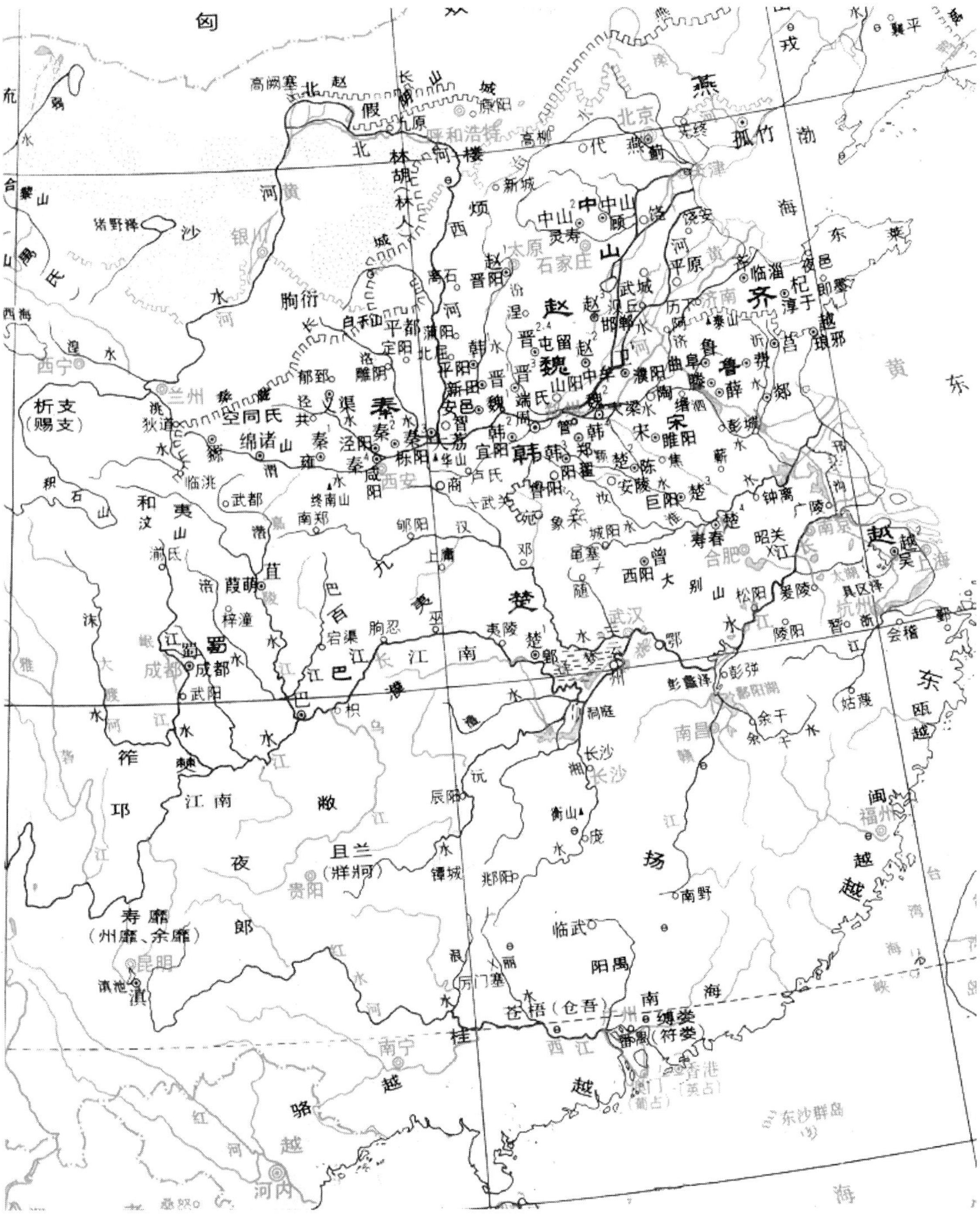

⑵ 춘추시기(春秋時期) 전도(全圖)

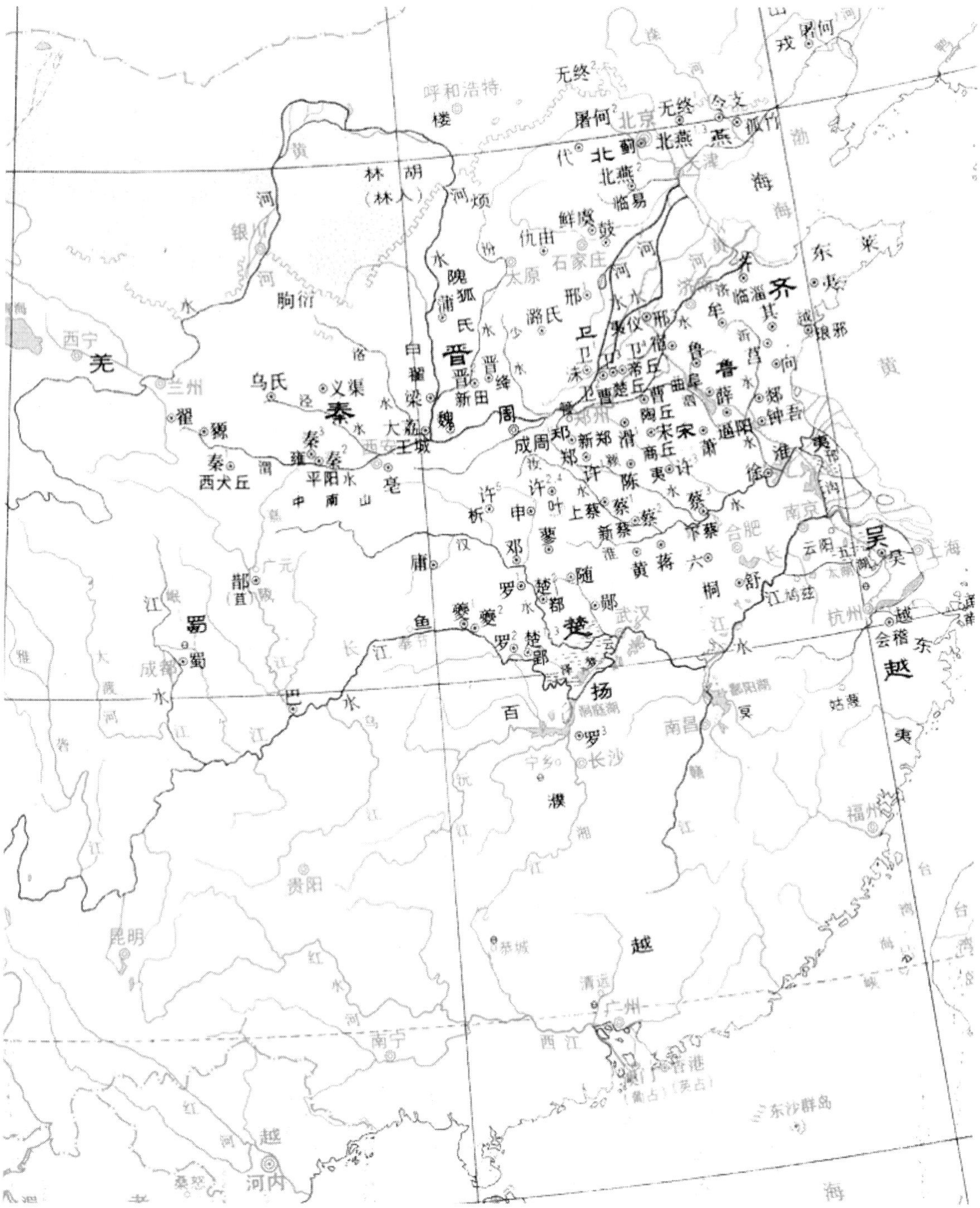

서주(西周)-춘추(春秋)-전국(戰國)-진(秦)-서한(西漢)시기 전도(全圖)

⑴ 서주시기(西周時期) 전도(全圖)

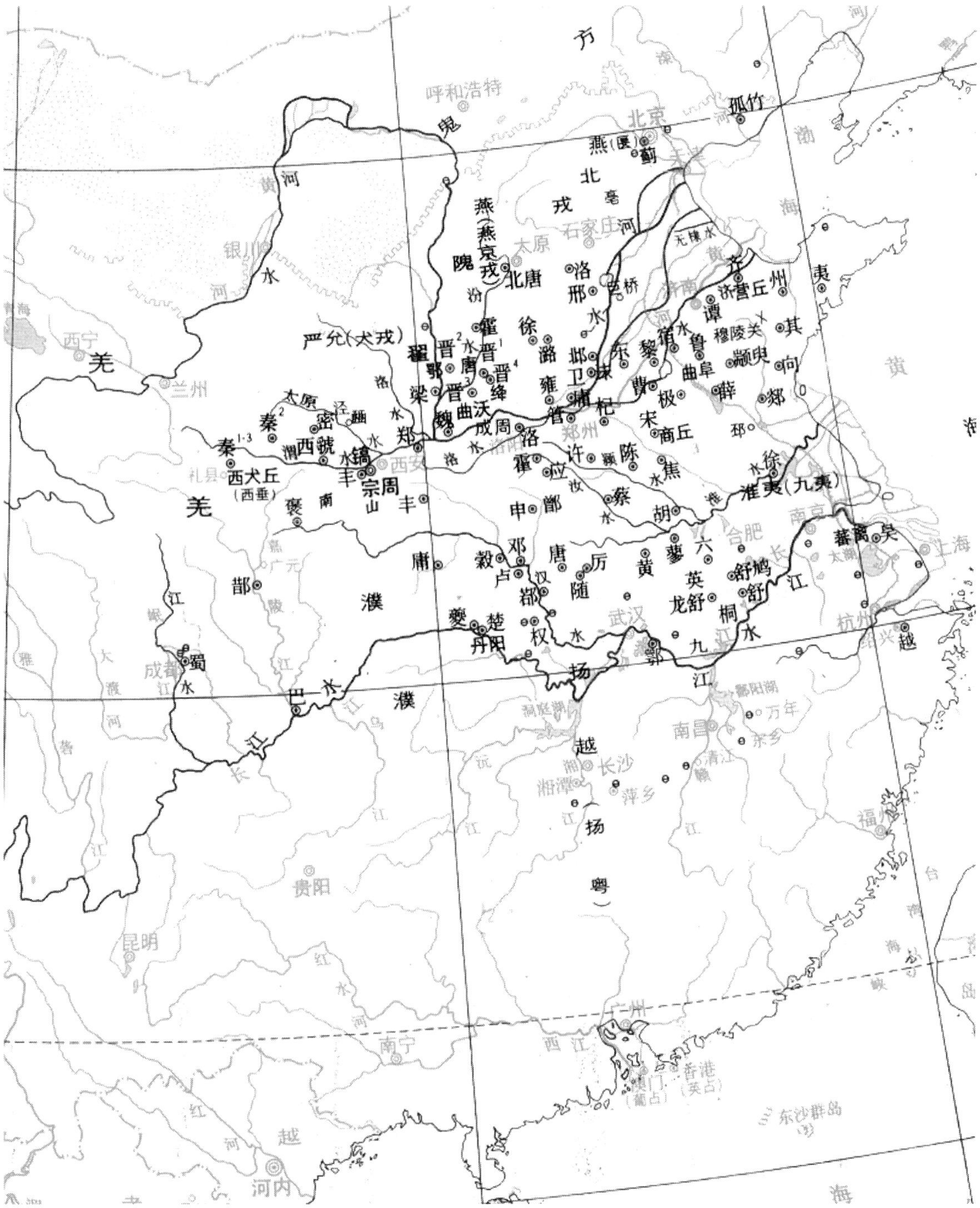